U0331193

和平建构的
复合路径

A Study on Israel's Complex Approach
to Peace and Security / by Ruan Xiang

阮 项◎著

地区冲突的多层制衡理论与案例研究

华东师范大学出版社
EAST CHINA NORMAL UNIVERSITY PRESS
·上海·

封面图片：

斜阳下的约旦河西岸吉瓦特泽夫(Giv'at Ze'ev)定居点

摄影者：

艾哈迈德·加拉布里(Ahmad Gharabli)

法新社／盖蒂图片社(Getty Images)

本书简介：

　　以色列学者格肖姆·戈伦伯格精辟地指出："除了在 1948 年宣布独立外，开始在被占领土上定居其公民可能是以色列历史上最重要的行动。"因此，研究以色列政治，西岸定居点是个绕不过去的议题。

　　在和平建构的复合路径的题旨下，本书在地区冲突理论中创制提出"多层制衡"的观察视角，以巴以领土纷争中的约旦河西岸犹太定居点问题为实例，通过例证和分析，检视其冲突中所蕴含的多层制衡机制，据此构想：巴以关系要从冲突模式转向和平友好模式，其路径必然是一种复合路径，它需要国际社会、中东地区、以色列国内三个层级的共同努力。

　　本书是中国学者研究西岸定居点问题为数不多的学术专著之一。本书的主要特点是：第一，作者具有希伯来语专业背景，多年以来一直在高校从事以色列问题的教学和研究；第二，本书以"多层制衡"的视角检视巴以冲突的发展趋势，取得独到的学术创获；第三，本书运用丰富的外文文献，在国内首次对西岸前哨基地作了深入研究。本书对于中国学术界推进巴以冲突研究和西岸定居点问题研究，具有重要的学术价值。

图书在版编目(CIP)数据

和平建构的复合路径/阮项著. —上海:华东师范大学出版社,2022

ISBN 978 - 7 - 5760 - 2704 - 4

Ⅰ.①和… Ⅱ.①阮… Ⅲ.①国际政治-研究 Ⅳ.①D5

中国版本图书馆 CIP 数据核字(2022)第 036692 号

和平建构的复合路径

著　　者　阮　项

责任编辑　朱妙津

责任校对　王丽平

装帧设计　卢晓红

出版发行　华东师范大学出版社

社　　址　上海市中山北路 3663 号

邮　　编　200062

客服电话　021 - 62865537

网　　店　http://hdsdcbs.tmall.com

印　刷　者　上海中华商务联合印刷有限公司

开　　本　700×1000　16 开

印　　张　19.5

字　　数　280 千字

版　　次　2022 年 6 月第一版

印　　次　2022 年 6 月第一次

书　　号　ISBN 978 - 7 - 5760 - 2704 - 4

定　　价　88.00 元

出 版 人　王　焰

(如发现本版图书有印订质量问题,请寄回本社客服中心调换或电话 021 - 62865537 联系)

目 录

附录 / 263

参考文献 / 287

第一章　导论

第一节　主题与理论范式

在和平建构的复合路径的题旨下,本书在地区冲突理论中创制提出"多层制衡"的观察视角,以巴以领土纷争中的约旦河西岸犹太定居点问题为实例,通过例证和分析,检视其冲突中所蕴含的多层制衡机制,据此构想：巴以关系要从冲突模式转向和平友好模式,其路径必然是一种复合路径,它需要国际社会、中东地区、以色列国内三个层级的共同努力。

一、研究主题与核心结论

巴以领土纷争中的约旦河西岸犹太定居点问题,既是本书的实例取向,也是本书的研究主题。为了阐明该研究主题的重要意义,本书的这部分内容首先简要介绍巴以领土纷争的历史起源,其次简要说明1967年第三次中东战争以及由此产生的巴勒斯坦被占领土和约旦河西岸犹太定居点问题,最后详细阐明本书的主要研究内容、独特研究视角以及由此得出的核心结论。

巴以领土纷争的起源至少可以追溯到19世纪末犹太复国主义运

动的诞生，以及随之而来的阿拉伯民族主义运动的兴起。这两个运动都以本民族的宗教经典作为依据，致力于在古称迦南、现称巴勒斯坦的地区为本民族争取领土主权。从 19 世纪末开始，得益于犹太复国主义运动的助推，散居在世界各地的犹太人为了逃避迫害便开始迁入巴勒斯坦地区。他们在巴勒斯坦地区购买土地，并逐渐聚居形成犹太定居点。20 世纪上半叶，在反犹主义的逼迫和犹太复国主义的推动下，犹太人掀起了一次次回归巴勒斯坦的移民浪潮。犹太移民的人口数量成倍增长，他们所购买的土地数量也极大增加，这在很大程度上改变了巴勒斯坦地区人口的构成比例。其结果是挤压了当地阿拉伯人的生存空间，并对当地阿拉伯人的身份产生了威胁。由此激发了旨在建立阿拉伯人民族家园的巴勒斯坦阿拉伯民族主义运动，这场运动中的强硬派把犹太复国运动和犹太人移民巴勒斯坦视作其事业的唯一敌人。

　　从 1920 年代开始，巴勒斯坦地区的犹太人和阿拉伯人便发生了一系列暴力冲突，这些暴力冲突主要以起义、暴动、叛乱和复仇的形式出现。随着犹阿认同截然相反的联合国关于巴勒斯坦地区领土划分方案的通过，以及 1948 年以色列依据该 181 号决议而建国，巴勒斯坦地区的暴力冲突形式由此演变为大规模的军事战争。为了争夺这一区域的领土，新成立的以色列国与周边的阿拉伯国家在 30 余年间发生了五次中东战争。在 1967 年的第三次中东战争（以色列方面称之为"六日战争"①）中，以色列占领了原联合国 181 号分治决议划分给阿拉伯人建

---

① 这场战争又称"六五战争"。以色列方面称"六日战争"，阿拉伯国家称"六月战争"。近代以来，叫做六日战争的，还有 1899 年 4 月 14—19 日在英国与香港新界的当地蓬蒂（Punti）定居者之间的战争，以及 2000 年 6 月 5—10 日在刚果民主共和国基桑加尼市周围发生的乌干达与卢旺达部队之间的战争。本书在阿以、巴以冲突的语境下，从文字简练计，作六日战争。对此的考虑，也基于肖宪教授著《中东国家通史·以色列卷》和陈天社教授著《阿拉伯世界与巴勒斯坦问题》对第三次中东战争的简称。前者以以色列为论题，作"六日战争"；后者以阿拉伯世界与巴勒斯坦为论题，作"六五战争"。借鉴上述体例，作为以以色列为论题的本书，作"六日战争"。

国的巴勒斯坦地区,包括约旦河西岸和加沙地带;在巴勒斯坦地区以外,以色列还占领了埃及的西奈半岛以及叙利亚的戈兰高地;原先划定的绿线变成了以色列管辖国内领土和占领区域的行政分界线。以色列分别于1982年和2005年从西奈半岛和加沙地带撤离,但它对约旦河西岸(包括东耶路撒冷在内)和戈兰高地的控制持续至今。针对所占领的不同区域,以色列政府分别制定了相应的管理政策。这些政策的重要内容之一是在占领区域建设犹太定居点的计划。在所占领的约旦河西岸区域,以色列政府建设犹太定居点的活动引发了巴以之间的一系列暴力冲突。

六日战争之后以色列的军事占领以及针对占领区域所实施的政策,对中东地区的地缘政治与和平进程产生了深刻而持久的影响。巴以冲突被称作世界上最为棘手的区域冲突,而约旦河西岸犹太定居点问题又是巴以和平进程的关键障碍之一。因此,这个议题不仅成为国际政治的焦点之一,而且一直以来都是中东区域研究——尤其是巴以冲突问题研究——的热点之一。无论是在国际学术界还是在中国学术界,国际法、国际关系、政治学、历史学和区域研究等领域的学者都从各自的学科角度切入,对该议题以及相关问题进行了细致入微的思考和研究。本书在借鉴国际和国内学术界已有的重要研究成果的基础上,围绕六日战争之后以色列在所占领约旦河西岸的犹太定居点活动,阐述与之相关的三个重要问题。这三个问题包括:第一,以色列政府西岸政策的形成;第二,约旦河西岸犹太定居点的巴以暴力冲突;第三,国际与国内社会对以色列在西岸犹太定居点活动的多层制衡。

在阐述上述问题的过程中,本书力图同时展现巴以关系中包含的两个重要方面。一方面是巴以关系中的冲突因素,其中包括领土纷争中所涉及的宗教冲突、民族冲突、军事冲突等等。另一方面是巴以关系中的制衡因素。这些制衡因素来自三个层级:国际、区域和国内三个层级。就国际层级而言,联合国和国际法院等国际组织,国际人道法和国际人权法,国际公民社会的联合行动,美国、英国、苏联-俄罗斯、欧盟等世界大国或联盟,都对约旦河西岸的犹太定居点活动和暴力冲突起到了重要的制衡作用。就区域层级而言,以色列周边的重要阿拉伯国家形成了一股重要的制衡力量。就国内层级而言,以色列国内的和平运动和人权组织都是极为重要的制衡因素。这些制衡既体现在军事、政治和法律的层面,也体现在经济、社会和文化的层面,亦体现在伦理和道德的层面。本书力图表明,这些多种多样的制衡因素相互交织在一起,对约旦河西岸的定居点活动形成了一股有力有效的制约力量,使得西岸地区的暴力冲突被制约在小规模的程度上,而不至于再次陷入大规模军事战争的地步。

概而言之,本书着力聚焦于约旦河西岸的犹太定居点问题,从以色列政府的西岸政策着手,选取"冲突与制衡"这一特殊视角,去呈现领土纷争中的巴以冲突与多层制衡。除此之外,本书第三章还选取了一些国际重要学者,通过他们的研究成果来展现目前国际学界对以色列所控制领土之合法性的争论。对于以色列主流意识形态所构建的合法性叙述,有些学者持赞成态度,另一些学者则提出了根本挑战和颠覆性的评论。这些学术争论对于巴以领土纷争背后的合法性叙事提出了许多极具启发性的深入反思。

本书最后得出的核心结论是:在约旦河西岸的巴以领土纷争中,源自各个层级和多个层面的制衡因素对巴以暴力冲突产生了极为重要的制约作用;在这种制约作用下,约旦河西岸的巴以暴力冲突,从高强度和大规模的军事战争转化为一种低烈度和小规模的暴力冲突,甚至转化为非军事冲突;这种冲突属于战争的残余,与其把它看作低烈度的战争,不如把它看作高烈度的犯罪活动,因此可以用治安化和司法化的手段来应对和解决;不过,鉴于巴以冲突是一种包含各种因素的复合冲突,对巴以冲突的制衡是一种多层级和多层面的复合制衡。因此,巴以关系要从冲突模式转向和平友好模式,其路径必然也是一种多重的和复合的路径,需要国际社会、中东地区、以色列国内三个层级的共同努力,需要法律、政治、经济、文化、伦理等多个层面因素的合力共振才能实现。

二、理论阐释的范式与路径

本书所讨论的主题是巴以冲突,而巴以冲突属于一种典型的地区冲突。关于地区冲突的理论阐释,目前国际学界至少存在三种有影响力的研究范式。本书在批评和借鉴这三种研究范式的基础上,提出"冲突与多层制衡"这一独特的观察视角与研究路径,据此重新检视巴以领土纷争中所包含的多面冲突因素以及所蕴含的多层制衡机制。

1. 冲突阐释的范式之一:"文明的冲突"理论

国际学界的第一种有影响力的冲突阐释范式是"文明的冲突"理论。该理论由享誉世界的哈佛大学教授塞缪尔·亨廷顿在其代表作《文明的冲突与世界秩序的重建》①当中提出。该理论承袭了自斯宾格勒和汤因比以来的文明史研究传统,以文明作为主要范式来重新认识后冷战时代的全球政治版图。其核心观点是,在两大意识形态对立阵营全面瓦解的后冷战时代,文化的因素将取代意识形态的、政治的或经济的因素,成为新世界格局中认同与冲突的主要根源。如亨廷顿所言,"文化和文化认同形成了冷战后世界上的结合、分类和冲突模式"。② 他把世界文明划分为八大文明体,即中华文明、日本文明、印度文明、伊斯兰文明、西方文明、东正教文明、拉丁美洲文明和可能存在的

---

① 中译本:[美]塞缪尔·亨廷顿.文明的冲突与世界秩序的重建[M].周琪,刘绯,张立平,等译,北京:新华出版社,2002.

② [美]塞缪尔·亨廷顿.文明的冲突与世界秩序的重建[M].周琪,刘绯,张立平,等译,北京:新华出版社,2002:4.

非洲文明。然后，他主张"全球政治的主要冲突将发生于不同文明之间。文明的冲突将左右全球政治，文明之间的断层线将成为未来的战斗线"，以及"不同文明间断层线上的邻近集团常常为领土和控制权进行争斗"。①

　　笔者认为，文明冲突论的重要贡献在于，在阐释地区冲突时把文化因素提高到了最主要的地位，而文化因素在国际政治学领域曾经长期受到忽视。然而，若要把这一阐释范式应用于巴以冲突的话，其有效性却值得质疑。首先，虽然巴勒斯坦地区的阿拉伯人可以被认为归属于伊斯兰文明，但是，以色列却难以被归入亨廷顿所说的任何一个大文明体。自建国以来，以色列文化一直处于传统与现代之间：一方面，它包含了以美国为代表的西方文明中的某些要素，例如宪政民主的政体、现代工业化的经济、具有多元特征的公民社会②；另一方面，它不断地在古老的犹太文明传统和文化记忆中寻找身份认同，这不仅体现在锡安主义者对犹太传统生活方式以及民族语言的保留和承袭，而且体现在以色列政府在政策制定过程中对犹太民族性的考虑。其次，文明冲突论这一阐释范式过分强调了文明之间的冲突因素，因而在一定程度上削弱了文明之间的融合因素。笔者赞同，从文明的角度来看，目前的巴以关系仍以冲突、对抗与区隔的模式为主，而对话、交流与融合的成分极少；但同时认为，巴以关系在冲突和对抗之中也存在许多层面的制衡要素，而这些制衡的要素在文明冲突论这一阐释范式中没有得到应有的强调。

---

① Samuel P. Huntington. The Clash of Civilizations? [J]. Foreign Affairs，Vol. 72，No. 3 (Summer，1993)，p. 22,29.

② 关于美国和以色列社会文化之比较的更详细讨论，参见 S. N. Eisenstadt. Jewish Civilization：The Jewish Historical Experience in a Comparative Perspective(中译本：[以] S. N. 艾森斯塔特. 比较视野下的犹太文化[M]. 胡浩，刘丽娟，张瑞，译，北京：中信出版社，2019.）。

2. 冲突阐释的范式之二：“地区安全复合体”理论

国际学界的第二种有影响力的冲突阐释范式是“地区安全复合体”理论。该理论的提出者是哥本哈根学派的代表人巴里·布赞，其代表作是《地区安全复合体与国际安全结构》①。该理论的重要意义在于：它改变了传统安全研究领域以国家和全球这两个层级为中心的研究路径，在这两个层级中间嵌入了地区和地区间这两个新层级，由此构成了地区安全研究的四层框架。通过聚焦于地区这一层级，该理论重新划定了全球安全版图，在这一版图当中，巴以冲突隶属于中东地区安全复合体当中的地中海东部沿岸次级复合体。该理论认为，“持续的冲突特征使中东成为一个几近完美的、经典的、以国家为中心的军事-政治型地区安全复合体”。② 也就是说，中东是一种典型的冲突形态的地区安全复合体，它的冲突形态主要呈现为该地区国家之间为了自身安全而产生的军事和政治冲突。该理论还提到，“中东的冲突形态被领土争端、意识形态之争、权力和地位之争、族群和文化对立等传统议程所推动。除此之外，还混杂着石油、水资源和宗教方面的争端。”③换句话说，中东的冲突形态涉及除安全之外的一系列广泛而复杂的因素。

笔者认为，尽管对于安全研究领域来说，“地区安全复合体”理论的提出是一次极为重要的革新，但是，如果单从该理论的分析框架去理解巴以冲突的话，则不足以完整呈现巴以冲突所涉及的错综复杂的因素。首先，该理论所设定的唯一视角是安全，而笔者在考察以色列政府西岸政策的形成过程时发现，除了安全之外，犹太性、民主性和道德正当性

---

① 中译本：［英］巴里·布赞，等. 地区安全复合体与国际安全结构［M］. 潘忠岐，孙霞，等译，上海：上海人民出版社，2010.

② ［英］巴里·布赞，等. 地区安全复合体与国际安全结构［M］. 潘忠岐，孙霞，等译，上海：上海人民出版社，2010：206.

③ ［英］巴里·布赞，等. 地区安全复合体与国际安全结构［M］. 潘忠岐，孙霞，等译，上海：上海人民出版社，2010：184.

等也是政府制定政策过程中的重要考量因素。尽管该理论曾经提到中东的冲突形态受到除安全以外的其他各种因素的驱动，但这些因素并没有被纳入"地区安全复合体"的分析架构之中。其次，该理论认为中东地区安全复合体的突出特征是持续的冲突，而笔者在考察国际和国内社会对以色列政府西岸政策的反应时发现，巴以领土纷争一方面包含错综复杂的冲突因素，另一方面受到来自国内公民社会、周边阿拉伯国家以及国际政治格局的多层制衡。因此笔者认为，比起单一的冲突视角，"冲突与制衡"的双重视角更有助于理解以色列政府西岸政策下的巴以冲突。

3. 冲突阐释的范式之三："残留的战争"理论

国际学界的第三种有影响力的冲突阐释范式是"残留的战争"理论。该理论的提出者是美国政治科学家、俄亥俄州立大学教授约翰·米勒。他对国际关系领域的一个突出贡献是，从战争观念演变史的角度去解释传统战争衰落的原因，分析传统战争衰落之后残留的暴力冲突的性质，并提出控制和根除残留暴力冲突的有效途径。他在这一领域的代表作是《远离世界末日：消逝的大国战争》以及《残留的战争》。[1] 这些著作的核心观点涉及事实层面、解释层面和决策层面的论断。

就事实层面而言，该理论认为，"从许多重要指标来考量，战争作为一种固定的机制已经开始明显衰落"。[2] 这具体表现为三个方面。首

---

[1] John Mueller. Retreat from Doomsday: The Obsolescence of Major War [M]. Basic Books, 1989; John Mueller. The Remnants of War [M]. Cornell University Press, 2004.《残留的战争》一书的英文原版，在出版当年作为国际关系年度最佳书籍而获得乔治敦大学的莱格德奖(Georgetown University's Lepgold Prize)，中译本见：[美]约翰·米勒. 残留的战争 [M]. 王俊生，文雅，译，北京：中国人民大学出版社，2011.

[2] [美]约翰·米勒. 残留的战争[M]. 王俊生，文雅，译，北京：中国人民大学出版社，2011：1.

先,各种传统的战争,尤其是大国之间的战争或发达国家之间的战争,其爆发的概率越来越小,可以说逐渐退出历史舞台;同样,一般的国际战争、传统的国家内战、殖民战争和意识形态战争也都有了明显的衰落。其次,至今仍然残留着两类相当活跃的战争,一种是发展中国家的、常常被称作"新战争"的非传统内战,另一种是发达国家为维护国际秩序而采取的武装行动,主要针对发生内部冲突或被独裁政府统治的国家。再次,还有一种残留的暴力冲突形式是恐怖主义,它是一种由个人或小群体基于某种特定目的而发动的、零星的武装暴力。① 总而言之,冷战后的冲突形式可以概括为战争的衰落与冲突的持续;残留的暴力冲突主要包括非传统的国家内战以及恐怖主义,它们主要以地区性的、小规模的、低烈度的、间断性的暴力冲突形式继续存在。

　　就解释层面而言,该理论包含两个核心论点。第一个核心论点涉及传统战争衰落的原因。米勒认为,发达国家间的战争之所以衰落,主要是因为人们的战争理念(关于战争的价值与效能)在 20 世纪发生了极为明显的转变;随着和平运动的兴起,战争机制不断遭到批判,继而被渐渐遗弃。② 第二个核心论点涉及传统战争衰落之后残留的暴力冲突的性质。这些残留的暴力冲突,常常被阐释为"种族冲突"或广义上的"文明冲突"(如亨廷顿的观点)。但在米勒看来,大部分残留的暴力冲突只是把种族、民族、文化和宗教信仰拿来当幌子而已;它们实质上更接近于一般的犯罪,因而可以被恰当地归结为高强度的犯罪活动而非低强度的战争;它们所产生的问题实质上更接近于治安问题,因而发达国家针

---

① ［美］约翰·米勒. 残留的战争［M］. 王俊生,文雅,译,北京: 中国人民大学出版社,2011:
　　1—4,167—168.
② ［美］约翰·米勒. 残留的战争［M］. 王俊生,文雅,译,北京: 中国人民大学出版社,2011: 2,
　　38—70.

对它们采取的武装行动就被米勒定性为"治安战"(policing war)。[1]

就决策层面而言,该理论提出两个重要观点。第一个观点涉及国际治安战的前景。米勒认为,由发达国家推行的治安战已经有许多卓有成效的维和行动,但这类行动由于各式各样的制约因素而难以被机制化,无法成为解决残留暴力冲突的长效机制。[2] 第二个观点涉及国际治安战的替代选项。米勒极力主张,由于当今众多发展中国家内战的祸根不是种族争端,而是政府的无能和低效,因此,组建高效而强有力的政府才是长期控制甚至最终根除内战的最合理途径。[3]

笔者认为,"残留的战争"理论提供了许多重要的洞见。首先,反战观念的流行与和平运动的兴起会对暴力冲突产生重要的制衡作用,这一点在巴以冲突中有很好的体现。例如,以色列公民社会中存在诸多反对战争和谋求和平的人权组织和公民运动,他们对和平观念的宣扬是巴以冲突的重要制衡因素之一。其次,大部分残留的暴力冲突可被看作高强度的犯罪活动,因此可被视作治安问题,这在以色列政府应对巴以暴力冲突的某些政策措施中已经得到反映。例如,对于在约旦河西岸占领区域发生的、以掷石袭击为典型的非军事暴力冲突,以色列政府采取的就是治安化和司法化的解决途径。

但另一方面,笔者不赞同的一点是,米勒把战争观念的转变视作战争衰落的主要因素,并且把战争衰落的其他因素视为战争观念转变的结果。笔者认为,这些因素之间的因果关系是难以断定的;因此,比较明智的做法是尽可能全面地识别战争衰落和冲突持续的诸多影响因

---

① [美]约翰·米勒. 残留的战争[M]. 王俊生,文雅,译,北京:中国人民大学出版社,2011:1—6,80—82,98—100,104—106,157—158.

② [美]约翰·米勒. 残留的战争[M]. 王俊生,文雅,译,北京:中国人民大学出版社,2011:2—3,143—162.

③ [美]约翰·米勒. 残留的战争[M]. 王俊生,文雅,译,北京:中国人民大学出版社,2011:3,176—185.

素,而不是单以战争观念的转变作为主要影响因素。

4. 本书的冲突阐释路径:"冲突与多层制衡"

在批评和借鉴上述三种已有的冲突阐释范式的基础上,结合本书对约旦河西岸巴以冲突的分析和思考,笔者提出以"冲突与制衡"的双重视角取代"冲突"这个单一视角,并且从多个层面来理解冲突与制衡。这就是本书所采取的"冲突与多层制衡"的研究路径。

具体而言,首先,本书对巴以冲突的考察并不局限于冲突的任何单一方面。巴以之间的冲突混杂着领土、安全、种族、民族、宗教、政治、经济、自然资源等方方面面的因素。其次,笔者认为巴以冲突同时包含着冲突和制衡两个方面。尤其是在约旦河西岸占领区域,巴以冲突之所以能被限制于小规模、低烈度、间断性的冲突形态,而不至于重新陷入大规模的军事战争冲突形态,正是因为冲突之中也蕴含了许多制衡的因素。再次,这些制衡因素来自三个不同的层级,既来自国际层级(联合国与国际法院等国际组织,国际人道法和国际人权法,国际公民社会的联合行动,美国、英国、苏联-俄罗斯、欧盟等大国或联合体),也来自地区层级(以色列周边的重要阿拉伯国家),亦来自国家层级(以色列国内的和平运动和人权组织)。而且,这些制衡因素属于各种不同的层面,包括法律层面(国际法、以色列国内法律、以色列在占领区所实施的法规)、政治层面(国际政治力量的介入、以色列政府内部多个党派的相互制约)、军事层面(以色列与周边阿拉伯国家的军事实力对比)、经济层面(对定居点产品的抵制),以及伦理和道德层面(对和平、人道和人权的呼吁)等等。

此外需要指出,本书所使用的"制衡"一词,既有别于国家权力学说中的"分权制衡"概念,也有别于国际关系理论中的"均势"概念。国家权力学说中的"分权制衡"是指:对国家权力进行适当分割,使之相互制约与平衡,从而避免权力的集中与滥用。国际关系理论中的"均势"

是指：国家可以通过阻止任何一个国家获得足够的军事力量而统治所有其他国家来确保自身的生存。而本书使用"多层制衡"一词来表述这样一种制约过程：约旦河西岸占领区域的巴以暴力冲突，之所以能被限制于小规模、低烈度、间断性，甚至非军事的冲突形态，是因为受制于来自各个层级和多种层面的制衡因素；这些相互交织的制衡因素对冲突产生了极大的制约作用，使冲突趋向于缓和而非恶化；尽管巴以双方常常僵持不下、和平进程长期陷于僵局，但在多重制约因素的合力作用下，巴以双方不至于再次倒向大规模的军事战争。简而言之，本书使用"制衡"来表达这样一个基本含义：某些因素的共同作用对冲突产生了制约，使冲突限制在一种低度不稳定的、不至于急剧恶化、但又尚未达到和解的中间状态。

另外需要说明的是本书的研究范围、历史时段以及案例选择。不同于上述三种研究范式通过对冲突的特定阐释来重新划分全球版图，本书的研究范围仅限于 1967 年六日战争至 2020 年约旦河西岸占领区域的巴以冲突。由于研究对象范围相对狭小，本书可以详细阐述以色列政府西岸政策的形成、约旦河西岸定居点的巴以暴力冲突形式、国际与国内社会对约旦河西岸定居点活动和巴以暴力冲突的多层制衡，并选择有代表意义的案例来详细展现其中的冲突与制衡。因此，不同于上述三种研究范式存在细节简化的倾向，本书所选取的多个案例研究能够更好地呈现细节的丰富性和历史的复杂性。

第二节　文献与本书章节

一、国内外研究概要

1. 国外相关研究文献（英语类）

国际学界关于巴以冲突的相关研究成果浩如烟海，其中与巴以冲突、巴勒斯坦被占领土、犹太定居点、犹太复国主义和民族主义相关的文献重点文献如下。这些文献既是本书展开研究的起点，也是读者进一步深入探讨的重要参考。

第一，《牛津以色列政治与社会手册》①是一个涉及多个方面的最新文集，涵盖了以色列的政治、社会和外交等重要方面。其中，《以色列作为一个研究领域：历史概述》一文追溯了以色列研究作为一个学术领域的发展；《以色列在约旦河西岸和加沙地带的政策》一文讨论了以色列在约旦河西岸和加沙的政策及其随时间的变化；《以色列的战争》一文介绍了以色列战争的历史概况，如何从与正规军的常规战争转变为主要与无国籍战斗人员的"低强度冲突"；《公民社会和以色列民主》一文研究以色列民间社会在促进民主巩固中的作用；《以色列的国家安全政策》一文概述了以色列国家安全政策随着时间的推移而演变，以应对威胁性质的变化；《以色列和阿拉伯世界》一文分析了以色列与阿拉伯国家在冲突过程中的关系，以及近年来这些关系的焦点所发生的变化。

第二是关于巴勒斯坦被占领土和犹太定居点的研究文献。《偶然的帝国：以色列和定居点的诞生，1967—1977》②强调了那些为被占领土上犹太定居点的成功活动创造宽松环境的因素。《以色列的占领》③着重阐述了以色列对西岸和加沙地带的长期管理，同时也考察了对巴勒斯坦社会的影响。《土地之主：占领区的以色列定居点之战》④全面检视了被占领土定居点项目的来源和意识形态，人口和政治

---

① Reuven Y. Hazan, Alan Dowty, Menachem Hofnung, Gideon Rahat (ed.). The Oxford Handbook of Israeli Politics and Society [M]. Oxford University Press, 2020.

② Gershom Gorenberg. The Accidental Empire: Israel and the Birth of the Settlements, 1967 - 1977 [M]. New York: Times Books, 2007.

③ Neve Gordon. Israel's Occupation [M]. Berkeley: University of California Press, 2008.

④ Idith Zertal, Akiva Eldar. Lords of the Land: The War over Israel's Settlements in the Occupied Territories [M]. New York: Nation, 2007.

的发展，对以色列政体以及以色列与其邻国之间冲突的影响。《宗教犹太复国主义和定居工程：意识形态、政治和公民不服从》①研究了在有争议的被占领土上建立犹太定居点运动的宗教犹太复国主义者的意识形态和犹太教话语。《定居在心脏地带：被占领土上的犹太原教旨主义》②根据作者 20 年的接触来描述约旦河西岸那些出于宗教动机的犹太定居者。《半个世纪的占领：以色列、巴勒斯坦和世界上最棘手的冲突》③由一位后犹太复国主义学者使用殖民理论框架来批评以色列的占领。

　　一批学者专门从法律层面对该问题做了非常深入的研究。《国际法和被占领土的管理：以色列占领西岸和加沙的二十年》④由来自不同背景的专家撰写，全面考察了交战国占领的国际法层面；这些章节是 1988 年 1 月在耶路撒冷举行的专门讨论巴勒斯坦被占领土管理问题的会议上所提交论文的修订版。《正义的占领：以色列最高法院和被占领土》⑤不仅谈到最高法院，而且谈到占领涉及的所有法律问题，包括《日内瓦公约》的适用性。《交战占领的国际法》⑥的作者丁斯坦教授被认为是以色列军事占领法方面的重要专家之一；他在这本书中讨论了交战占领引起的所有基本法律问题，包括对以色列高等法院相关判

---

① Moshe Hellinger, Isaac Hershkowitz, Bernard Susser. Religious Zionism and the Settlement Project: Ideology, Politics, and Civil Disobedience [M]. Albany: State University of New York Press, 2018.

② Michael Feige. Settling in the Hearts: Jewish Fundamentalism in the Occupied Territories [M]. Detroit: Wayne State University Press, 2009.

③ Gershon Shafir. A Half Century of Occupation: Israel, Palestine, and the World's Most Intractable Conflict [M]. Oakland: University of California Press, 2017.

④ Emma Playfair (ed.). International Law and the Administration of Occupied Territories: Two Decades of Israeli Occupation of the West Bank and Gaza [M]. Oxford: Clarendon, 1992.

⑤ David Kretzmer. The Occupation of Justice: The Supreme Court of Israel and the Occupied Territories [M]. Albany: State University of New York Press, 2002.

⑥ Yoram Dinstein. The International Law of Belligerent Occupation [M]. Cambridge, UK: Cambridge University Press, 2009.

例的分析。《排他性宪政的动力：以色列作为一个犹太民主国家》①基于对以色列法律制度的分析，认为以色列的犹太性与民主价值观有着内在的冲突。《为巴勒斯坦申辩：国际法视角》②的作者约翰·奎格利教授是巴以冲突的主要专家之一；这是他 1990 年出版的第一版的更新和修订版本，提出了对巴以冲突的国际法分析，把国际法的范畴和推理应用到巴以争端的历史叙述中。《马克斯·普朗克国际公法百科全书》③专门论述了巴以冲突的不同相关方面，包括以色列和巴勒斯坦被占领土、阿以冲突、交战占领的概念、耶路撒冷问题、国际法院关于隔离墙的咨询意见。

　　第三是关于巴以冲突的研究文献。《巴以冲突的历史》④提供了全面的历史介绍，被认为是同类著作中最好的一本。《劳特利奇巴以冲突手册》⑤对巴以冲突进行了全面概述，考察其历史背景、和平努力、国内政治和其他关键问题，并辅以冲突年表、关键文件和一系列地图。《巴以冲突：有争议的历史》⑥根据冲突双方的不同解释，分析其核心论点和历史叙述，并指出解决冲突的困难之处。《巴以冲突：每个人的必备知识》⑦涵盖了从 19 世纪起源到 21 世纪最新发展的冲突，解释了关键

① Mazen Masri. The Dynamics of Exclusionary Constitutionalism：Israel as a Jewish and Democratic State [M]. Oxford：Hart，2017.

② John Quigley. The Case for Palestine：An International Law Perspective [M]. Durham，NC，and London：Duke University Press，2005.

③ Rüdiger Wolfrum（ed）. The Max Planck Encyclopedia of Public International Law [M]. New York：Oxford University Press，2012.

④ Mark Tessler. A History of the Israeli-Palestinian Conflict [M]. 2rd ed. Bloomington：Indiana University Press，2009.

⑤ Joel Peters，David Newman（ed.）. The Routledge Handbook on the Israeli-Palestinian Conflict [M]. London：Routledge，2013.

⑥ Neil Caplan. The Israeli-Palestinian Conflict：Contested Histories [M]. Chichester，UK：Wiley-Blackwell，2010.

⑦ Dov Waxman. The Israeli-Palestinian Conflict：What Everyone Needs to Know [M]. New York：Oxford University Press，2019.

事件，检视了核心问题，并提出了双方的主张和论述。《巴以冲突：一百年的战争》①关注两个相互对立的民族主义运动，探讨了巴以冲突的历史。《巴以冲突百科全书》②除了常规条目之外，还包括许多与冲突相关的各种问题的文章和每个条目的参考书目。

　　第四是关于犹太复国主义与民族主义的研究文献。维塔尔所著三部曲为《犹太复国主义的起源》③、《犹太复国主义：形成时期》④、《犹太复国主义：关键阶段》⑤；第一卷涵盖了 1980 年代早期犹太复国主义的起源，直到 1897 年西奥多·赫茨尔成为主要人物之时；第二卷论述了1897—1907 年的十年，在此期间政治犹太复国主义演变成了"实用的"犹太复国主义，并且关注定居点的扩张；第三卷记录了动荡的 1908—1919 年，以《贝尔福宣言》的发布告终。《犹太复国主义和新社会的创建》⑥结合社会政治思想史和政治分析研究，对犹太复国主义和以色列国崛起之间联系的历史加以考察。《寻找以色列：一种观念的历史》⑦讲述了犹太复国主义者的梦想，及其与以色列作为一个特殊国家的现实之间的冲突。《犹太复国主义意识形态》⑧概述了犹太复国主义的历史和主要因素。《演进中的民族主义：以色列的家园、身份和宗

———————————

① James L. Gelvin. The Israel-Palestine Conflict: One Hundred Years of War [M]. 3rd ed. Cambridge, UK: Cambridge University Press, 2014.

② Cheryl A. Rubenberg (ed.). Encyclopedia of the Israeli-Palestinian Conflict [M]. 3 vols. Boulder, CO: Lynne Rienner, 2010.

③ David Vital. The Origins of Zionism [M]. Oxford University Press, USA, 1980.

④ David Vital. Zionism the Formative Years [M]. Oxford University Press, 1989.

⑤ David Vital. Zionism: The Crucial Phase [M]. Oxford University Press, 1987.

⑥ Ben Halpern, Yehuda Reinharz. Zionism and the Creation of a New Society [M]. Hanover, NH: University Press of New England, 2000.

⑦ Michael Brenner. In Search of Israel: The History of an Idea [M]. Princeton, NJ: Princeton University Press, 2018.

⑧ Shimoni, Gideon. The Zionist Ideology [M]. Hanover, NH: University Press of New England, 1995.

教,1925—2005》①分析了 1925—2005 年以色列民族主义的演变,主要关注土地、身份和犹太复国主义使命。《以色列右翼的崛起:从敖德萨到希伯伦》②研究了从 20 世纪初到内塔尼亚胡的犹太复国主义右翼。《弥赛亚主义、犹太复国主义和犹太宗教激进主义》③讨论了宗教正统派对犹太复国主义的各种回应,包括与宗教民族主义和巴勒斯坦被占领土定居点运动相一致的原教旨主义。《正义的受害者:犹太复国主义者与阿拉伯人的冲突历史,1881—1999》④概述了从开始到 2000 年犹太复国主义者和阿拉伯人之间的冲突。

　　第五是关于本书研究对象的互联网资源文献。比较重要的包括:以色列外交部网站(https://mfa. gov. il/MFA/Pages/default. aspx)提供了大量关于以色列及其对外关系的基本信息以及官方文件,包括法律、条约和协议的翻译,也包括新闻档案和视频、地图和文章的合集。"神形",即以色列占领领土人权信息中心(http://www. btselem. org)是一个成立于 1989 年的非政府组织。其主要活动旨在谴责中东被占领土上的侵犯人权行为。网站上有年度活动报告、视频、统计数据、证词、地图和其他相关材料。中东和平基金会网站(http://www. fmep. org/)以其正在进行的"关于以色列在巴勒斯坦被占领土定居点的报告"而闻名。联合国人权高级专员办事处(https://www. ohchr. org)于1993 年 12 月应联合国大会第 48/141 号决议而设立,同时,联合国人权理事会任命一名"联合国 1967 年以来巴勒斯坦被占领土人权状况特别

① Shelef, Nadav G. Evolving Nationalism: Homeland, Identity, and Religion in Israel, 1925 - 2005 [M]. Ithaca, NY: Cornell University Press, 2010.

② Shindler, Colin. The Rise of the Israeli Right: From Odessa to Hebron [M]. Cambridge, UK: Cambridge University Press, 2015.

③ Ravitsky, Aviezer. Messianism, Zionism, and Jewish Religious Radicalism [M]. Chicago: University of Chicago Press, 1996.

④ Benny Morris. Righteous Victims: A History of the Zionist-Arab Conflict, 1881 - 1999 [M]. New York: Vintage, 2001.

报告员"，以独立专家的身份负责调查以色列在巴勒斯坦被占领土上违反人权的情况。特别报告员必须对巴勒斯坦被占领土的人权状况进行审查、监测、咨询和公开报告。该网站提供与这一特别议程有关的工作的最新信息。《巴勒斯坦问题和联合国》(http://unispal. un. org/pdfs/DPI2499. pdf)这个文件详细介绍了联合国参与巴以冲突问题的情况。该报告可在联合国巴勒斯坦问题信息系统(联巴信息系统)上查阅，联巴信息系统是专门讨论这一主题的联合国官方网站。该网站提供有关联合国决议、地图等信息。它包括巴勒斯坦人民行使不可剥夺权利委员会活动的调查。

2. 国外相关研究文献(希伯来语、阿拉伯语类)

本书的研究对象为巴以冲突，作为冲突双方使用的民族语言，希伯来语、阿拉伯语关于此问题的研究文献，对本书启发研究思路、深入理解观点，具有独特的作用。以色列、巴勒斯坦以及阿拉伯国家的学者，在国际学术界发文时，大多使用英语，但也有部分论著，使用希伯来语或阿拉伯语。后者集中在希伯来语著作、面向犹太人的期刊和报纸；也集中在阿拉伯语著作及面向阿拉伯、巴勒斯坦人的期刊和报纸。这些希伯来语和阿拉伯语的原文文献，对于本书深入了解和理解阿以双方在关于领土、战争、冲突，以及被占领土犹太定居点问题等议题中的立场观点和民族感情，具有重要的、无可替代的参考价值。[①]

在希伯来语文献中，有两个重要的以色列政府法案。《脱离接触计划实施法(2005)》(又称《脱离接触补偿法》)[②]是 2005 年以色列实施"脱离接触计划"的配套法案。法案规定，随着以色列从加沙地带的撤离，

---

① 对于希伯来文文献的解读，笔者具有希伯来语的专业背景；对于阿拉伯文文献的解读，笔者得到了阿拉伯语专业学者的学术支持。

② חוק יישום תוכנית ההתנתקות (2005). חוק_יישום_תוכנית_ההתנתקות/https://he. wikipedia. org/wiki

加沙地带的犹太定居点以及撒马利亚北部的定居点①也将被撤除。撤离的以色列人将根据财产损失、家庭大小、居住时长等获得经济赔偿;同时规定,在法案规定日期之后未经许可在撤离地区滞留的,将被定为刑事犯罪,可处以监禁以及减少原补偿三分之一的处罚。②《犹地亚和撒马利亚定居点管理法(2017)》③详细规定了西岸犹太定居点的管理规则。法案中规定,定居点的土地所有权仍然归于原所有人,但以色列国拥有其使用权,并可将其交给"犹地亚和撒马利亚地区政府财产及遗弃财产专员"的所在机构。土地所有人将因此获得土地使用费的125％,或者以另一块土地作为补偿。上述两个法案,以希伯来语的形式,为犹太定居者,特别是年长而不通英语的犹太定居者,履行政府的定居点政策提供了辨析、理解文本含义的基础。

　　希伯来语文献中有两本阐述犹太人定居史的著作具有一定代表性。哈盖·休伯曼、亚伯拉罕·施瓦特的著作《排除一切困难:在犹地亚、撒马利亚、本雅明、约旦河谷定居 40 年(1967—2007)》④,首次书写了自 1967 年第一个定居点卡法尔埃齐翁(Kfar Etzion)的建立至 2007 年以来的 40 年间,犹太人在西岸建立定居点的完整叙事,其中包括 40 年来西岸定居点的政治与安全困境,以及多年来政府的全面支持。以色列边界研究的权威学者沙乌尔·阿里利博士所著的《以色列的所有边界:为独立、身份、定居和领土而奋斗的 100 年》⑤一书,将视角放在了近一百年,犹太人面对的生存之惑和边界之争。本书展开了对以下问题的探讨:以色列的边界之战与世界上其他的领土争端相比有什么

---

① 加沙地带 21 个定居点,西岸 4 个定居点。

② 但实际上最终未对违反规定的定居者实施制裁。

③ חוק להסדרת ההתיישבות ביהודה והשומרון (2017). חוק_להסדרת_ההתיישבות_ביהודה_והשומרון/wiki/org https://he.wikipedia.

④ חגי הוברמן, אברהם ושבות. כנגד כל הסיכויים: 40 שנות התיישבות ביהודה ושומרון, בנימין והבקעה, תשכ"ז-תשס"ז. אריאל: ספריית נצרים, 2008

⑤ שאול אריאלי. כל גבולות ישראל: מאה שנים של מאבק על עצמאות, זהות, התיישבות וטריטוריה. ידיעות ספרים, 2018

特别之处？以色列为何从未宣布过其最终边界？定居点是否能决定以色列的边界？以及将来是否可以？定居点是否真的阻碍了两国方案？等等。沙乌尔·阿里利认为，一百年来，边界问题从未离开过犹太民族和以色列的国家议程。以色列与巴勒斯坦的领土争端，更是以色列社会集体身份的定义之战，也是其看待自身环境、自己与其他民族和世界关系的战争。

希伯来语文献中，关于西岸定居点问题的重要论文有：《从库巴内亚（Kubaneya）到前哨基地：巴勒斯坦/以色列的犹太殖民主义巴勒斯坦概念化谱系》（霍尼达·加尼姆，《理论与批评》，2016）①，该文认为，巴勒斯坦概念自从犹太复国主义者构建犹太定居规划以来，在殖民定居者语境中，以独特的模式建构殖民者/定居者是土著话语重组的重要组成部分；相对于巴勒斯坦民族规划的持续衰落，犹太定居者殖民规划仍然是定居点活动激增和地缘政治边界不断形成的动态过程。《以色列国防军对犹地亚和撒马利亚以及加沙的控制：交战占领还是殖民占领》（亚法·齐尔伯什兹，《巴伊兰法学研究》，2004）②，该文对以军在西岸及加沙的占领是否属于殖民主义的角度展开探讨。《犹地亚和撒马利亚的城市政治地理》（伊利沙·埃弗拉特，《地理学视野》，2016）③关注了城市发展中的政治决定因素，通过西岸的阿里埃勒等大型定居点的案例，分析定居点在选址上的许多地理偏差所导致的政治决策，经常对社区空间设计产生负面影响。《犹太人居住区与强化飞地之间的非正式空间：以希伯伦的犹太定居点为例》（巴蒂亚·罗德，《以色列社会

---

① הונידה ע'אנם. מקובניה עד אל-בוארה: גנאלוגיה של ההמשגה הפלסטינית להתיישבות היהודית בפלסטין/ישראל.
תיאוריה וביקורת, 2016 , No. 47 , pp. 15 – 39

② יפה זילברשץ. שליטת צה"ל ביהודה, שומרון ועזה: תפיסה לוחמתית או כיבוש קולוניאלי. מחקרי משפט, 2004 ,
No. 2 , pp. 547 – 560

③ אלישע אפרת. גאוגרפיה פוליטית-עירונית ביהודה ושומרון. אופקים בגאוגרפיה, 2016 , No. 88 , pp. 28 – 40

学》,2011)①揭示了在移民状态下,一方面"非正式空间"使犹太定居社区隔都化,形成防御性的飞地;另一方面隔都本身又再次创造出城市"非正式空间"。《犹地亚和撒马利亚的极端正统派定居点》(利娅·卡汉纳,约瑟夫·希尔哈夫,《以色列社会问题》,2013)②的作者颠覆了习见的观点,即认为极端正统派定居者出于宗教原因,论证了在以色列自由的住房市场中他们的个体竞争力非常有限、但群体人口增长却十分迅速的情况下,西岸的极端正统派定居者的定居动机并非出于意识形态,而是来自对于居住空间不断增长的需求。

在阿拉伯语文献中,具代表性的论文有:《国际法对以色列在巴勒斯坦领土上的定居点的立场》(沙迪·什迪法特,阿里·阿尔·贾布拉,《灯塔研究杂志》,2015)③反映了阿拉伯学者的一贯立场。该文认为,以色列建立西岸定居点的合法性问题涉及冲突双方的历史、宗教以及复杂而矛盾的政治立场,对此,国际法应作为澄清有争议问题的"客观框架"。《1967—2005 年在占领区招募以色列情报"特工"》(阿德南·阿卜杜勒·拉赫曼·阿布·阿梅尔,《伊斯兰大学人道主义研究学报》,2014 年)④考察了以色列在巴勒斯坦被占领土的阿拉伯人中间发展出为以色列服务的特工的情况,指出,以色列军队于 1967 年占领了历史上属于巴勒斯坦的土地,其安全和情报部门也因此招募特工,在占领土地上建立间谍网络以监控巴勒斯坦的抵抗运动。论文从近距离观察这一现象,研究以军招募、雇佣间谍的方式与目的,以及巴勒斯坦的应对能力。阿拉伯语文献中,相当部分是巴勒斯坦的高等学校(Al-Quds

---

① ‏בתיה רודד. המרחב האפור שבין מבצר לגטו: המקרה של היישוב היהודי בחברון. סוציולוגיה ישראלית, 2011, No. 2, pp. 303 – 330‏

② ‏לי כהר ויוסף שלהב. התנחלויות חרדיות ביהודה ושומרון. סוגיות חברתיות בישראל, 2013, No. 16, pp. 41 – 62‏

③ ‏شادي الشديفات, علي الجبرة. موقف القانون الدولي من المستوطنات الإسرائيلية على الأراضي الفلسطينية. مجلة المناره للبحوث والدراسات, Vol. 21, No. 4, 2015‏

④ ‏عدنان عبد الرحمن ابو عامر. تجنيد المخابرات الإسرائيلية "للعملاء" في الأراضي المحتلة 1967-2005. مجلة الجامعة الإسلامية للبحوث الإنسانية, Vol. 22, No. 1, 2014‏

University 等)的阿拉伯裔研究生,以被占领土和犹太定居点为论题的学位论文,如:《在 1967 年被占领土上缺席者财产的法律地位》(艾达·法齐·阿卜杜拉·谢哈达,圣城大学,2016)[①];《以色列 1967—2006 年的定居政策:以希伯伦为例(案例研究)》(阿卜杜勒·拉赫曼·阿卜杜勒·阿齐兹,圣城大学,2009)[②],等等。

3. 国内相关研究文献

中国学界在这一领域也积累了许多重要的研究成果。与巴以冲突、巴勒斯坦被占领土、犹太定居点、本书所涉及的其他具体问题的重点文献如下。这些国内同行的研究文献,同样对笔者具有重要的启发作用,对读者进一步深入该专题也有重要助益。

第一是两本综述性质的专著,即《中国的中东文献研究综述:1949—2009》(成红,社会科学文献出版社,2011)和《犹太研究在中国三十年回顾:1978—2008》(潘光主编,上海社会科学院出版社,2008)。前者的部分内容专门梳理了巴勒斯坦、以色列、中东和平进程的相关研究文献;后者以专题的方式回顾了中国的犹太研究,其中部分章节涉及犹太复国主义、以色列和阿以冲突,索引部分列示了中国犹太研究的著述及相关读物。

第二是关于犹太定居点的研究文献。《阿以冲突中的犹太定居点问题研究》(李兴刚,云南大学出版社,2011)是本书出版之前,中国学界关于犹太定居点这个议题上的第一部研究专著,比较全面地介绍了与犹太定居点问题相关的方方面面。除了专著之外,还产生了一批学位论文。包括:《浅析西岸和加沙犹太人定居点》(潘芳,西北大学硕士学位论文,2004);《以色列在巴勒斯坦被占领土上的政策与实践研究》(张

① عايده فوزي عبدالله شحادة. الوضع القانوني لأملاك الغائبين في الأراضي المحتلة عام 1967م. جامعة القدس, 2016

② عبد الرحمن عبد العزيز القيق. سياسة الاستيطان الإسرائيلي 1967-2006: الخليل نموذجاً (دراسة حالة). جامعة القدس, 2009

艳明,西北大学硕士学位论文,2005);《巴以和解之路的绊脚石——艰难的以色列定居点问题的谈判》(杜雪芹,福建师范大学硕士学位论文,2012);《巴勒斯坦被占领土犹太定居点问题研究》(王颖,延安大学硕士学位论文,2017);《耶路撒冷犹太定居点问题研究》(吴宝岩,西北大学硕士学位论文,2013);《六日战争后以色列耶路撒冷统治政策研究(1967—1992)》(吴颖,华东师范大学硕士学位论文,2005)。这些学位论文对犹太定居点问题的不同方面进行了有益的研究。

　　第三是关于巴以冲突和阿以冲突的研究文献。《阿以冲突——问题与出路》(殷罡主编,国际文化出版公司,2002)是中国学界目前关于阿以冲突的唯一一部研究专著,其中专辟一章论述了被占领土犹太人定居点问题。除了专著之外,还产生了一批学位论文:《政治学视野中的巴以民族冲突》(马守途,中央民族大学博士学位论文,2009);《论巴以冲突中的宗教因素》(如海明,北京语言大学硕士学位论文,2006);《论巴以冲突》(涂剑,南昌大学硕士学位论文,2011);《阿以矛盾的建构和重塑》(高欢,外交学院硕士学位论文,2020);《阿以冲突中的民族宗教因素探析》(蒲婷婷,河北师范大学硕士学位论文,2005)。这部分研究文献为本书提供了许多有价值的背景知识。

　　第四是与本书所涉及具体问题相关的研究文献,本书的部分章节借鉴了这部分研究文献的重要成果。其中重要的期刊论文包括:《后奥斯陆时代巴勒斯坦被占领土上犹太定居点的新发展》(王宇,《国别和区域研究》,2019);《现代犹太宗教暴力的根源、特点及影响》(王宇,《学海》,2017);《末世论和全球社会政治冲突——以巴以冲突为例》(汪舒明,《阿拉伯世界研究》,2010);《信仰者集团崛起及其对以色列社会的影响》(汪舒明、缪开金,《西亚非洲》,2006);《信仰者集团与西岸犹太宗教—政治定居点问题研究》(欧振华、傅有德,《山东大学学报(哲学社会科学版)》,2018);《坚守与妥协:以色列极端正统派犹太人的基要主义》(宋立宏,《阿拉伯世界研究》,2020);《以色列"现在实现和平运动"

探析》(张礼刚、田焕云,《学海》,2012);《以色列和平主义运动探微》(王晋,《外交评论》,2013)。

综观国内关于巴以冲突、巴勒斯坦被占领土等问题的学术文献,可发现中国学者在约旦河西岸及其犹太定居点问题上的研究,在议题的广泛性、资料的丰富性、论题的深入性等方面,尚有不少可开拓的空间:对于研究当代以色列政治具有重要意义的约旦河西岸问题,中国学界较多涉及当局和政局层面而较少涉及公众和社会场景层面;当今巴以冲突中至关重要的"山顶青年"、"代价标签"等一些新问题在国内仅有零星研究或缺乏研究;关于约旦河西岸的许多国外文献,在国内还处于待开发状态。这些情况,既使本书增添了研究的难度,也使本书获得了更多的研究空间。

二、本研究主要特点

上述文献为本书的研究工作奠定了重要和必要的基础,通过借鉴、扩展已有研究和批判性思维的独创思考,最终形成的本书,体现出如下四个方面的特点:对研究路径的革新,对制衡概念的扩展,对特定案例的分析,以及对最新动态的追踪。

1. 对研究路径的革新

目前国际学界存在三种有影响力的冲突阐释范式。尽管它们对冲突本身提出了不同的阐释方式,但是都仅仅着眼于冲突,而且仅仅着眼于某一方面的冲突。因此,在这三种阐释范式中,一方面,冲突本身的复杂性没有得到应有的考量,也没有被纳入它们的分析框架之中;另一方面,制衡的一面几乎完全被忽视了,冲突与制衡之间的关联被打断了。

本书提出以"冲突与制衡"的双重视角取代"冲突"这个单一视角,

并且从多个层面来理解冲突与制衡。这两方面归纳起来可以称作"冲突与多层制衡"的研究路径。通过这个新的研究路径才能合理地解释一个问题，即，为何约旦河西岸占领区域的巴以冲突可以被限制在小规模的、低烈度的、间断性的暴力冲突形式，甚至转化为更低烈度的、非军事的暴力冲突形式，而不至于爆发大规模的军事战争。

2. 对制衡概念的扩展

在政治学研究领域中，"制衡"一词通常出现在两个学说之中。国家权力学说中有"分权制衡"的概念，其含义是通过对国家权力的适当分割来产生对权力的制约与平衡，以避免权力本身的集中与腐化。国际关系理论中有"均势"的概念，其含义是通过阻止任何一个国家获得足够的军事力量而统治所有其他国家来确保国家自身的生存。

本书运用"制衡"一词来解释巴以双方在约旦河西岸占领区域的冲突与共处。在多重制约因素的共同作用下，约旦河西岸占领区域的巴以冲突被限制在一种低度不稳定的、不至于急剧恶化但又尚未达到和解的中间状态。鉴于这些制约因素来自多个层级而且属于多个层面，笔者创制出"多层制衡"这一概念来进行表述。这就使得"制衡"一词的含义在新的分析话语中得到了扩展。

3. 对特定案例的分析

本书选取了多个重要案例并对它们进行详细分析，以便为本书的论点提供更有说服力的佐证。这些案例包括："阿隆计划"、吉沃奥兰前哨基地、掷石袭击、"山顶青年"群体、"代价标签"暴力活动、"现在就和平"运动、人权组织"神形"、"出于良心拒服兵役"运动、"打破沉默"运动等。

关于这些案例，国际学界已经有一定的研究，但中国学界仅有零星提及或完全没有提及。因此，对这些案例的细致呈现，将有助于国内学者在这一主题上的知识拓展。

4. 对最新动态的追踪

本书所研究的历史时段是从 1967 年六日战争至今,因此本书尽量追踪与约旦河西岸定居点活动有关的最新动态。例如,本书所涉及的许多数据都是截至 2020 年的最新数据;本书讨论了 2020 年以色列总理内塔尼亚胡与美国总统特朗普商定的"中东和平新计划";本书在阐述美国历届政府对约旦河西岸定居点活动所采取的立场时,把截至 2020 年美国政府的立场也纳入讨论。

三、本书章节结构

本书正文由五个章节和结论构成主体。附录包括本研究领域第一次系统编制的"西岸犹太定居点及相关事件大事年记(1967—2020 年)"。

第一章导论主要阐述本书的理论范式与研究意义,包括研究主题、理论范式、研究路径、核心结论,以及本研究特点;概述了本研究领域的国内外研究现状和文献资源;以及对本书的章节结构作了介绍。

第二章详细阐述以色列政府西岸政策所涉及的若干重要方面。第一节讨论约旦河西岸犹太定居点问题的历史背景,着重叙述三个方面,即犹太复国主义与犹太人移民巴勒斯坦之浪潮的兴起,六日战争的爆发和以色列对巴勒斯坦的占领,以及由此产生的约旦河西岸犹太定居点问题。第二节概述以色列政府西岸政策的两种主要立场,即以工党为代表的左翼立场以及由利库德集团所代表的右翼立场;介绍和分析以色列官方对西岸犹太定居点之合法性所提出的五个辩护理由;阐述以色列政府内部关于西岸政策所形成的四种思想观念,以及这些思想观念之间的相互冲突与制衡。第三节呈现在观念的冲突与制衡中产生的"阿隆计划",详细介绍该计划所提出的"可防御边界"战略构想;这一战略在工党西岸政策中得到反映,也在后来利库德集团所提出的"阿隆＋计划"和"中东和平新计划"中得到承续。

第三章着重探讨关于以色列所控制领土之合法性的学术争论。第一节介绍以色列宪法专家霍华德·格里夫对主流意识形态的支持立场;他认为"犹地亚和撒马利亚"不是"被占领土",而是"被解放的犹太民族家园领土";他质疑依据国际法把该地区定义为"被占领土"的做法,认为它的后果是创造了一个"占领神话"。第二节介绍英国地理学家格温·罗利所激发的关于"以色列地"的争论,他揭示以色列 10 阿高洛硬币的图案暗示了现代以色列的"大以色列"领土扩张目标,该事件因发酵到联合国安理会而成为重大学术争端。第三节介绍起于 1980 年代末的以色列新历史学家,他们对以色列主流意识形态所建构的合法性叙事提出了最为尖锐的批评。

第四章叙述和分析约旦河西岸犹太定居点的巴以暴力冲突。第一节概述从 1967 年六日战争至今在以色列所占领的约旦河西岸地区发生的暴力与恐怖袭击事件的走势,分析西岸巴勒斯坦人对犹太定居者的暴力袭击方式的总体变化,并以掷石袭击为例来细致呈现暴力袭击的非军事方式。第二节对西岸的合法定居点与非法前哨基地作出区分,展现西岸普通犹太定居点的"以色列阿德里卡卢特"安全防御模式及其蕴含的政治意识形态因素,并以"山顶青年"和与之相关的"代价标签"行动为例来分析西岸极端定居者的极端意识形态和暴力恐怖活动。第三节以"伊塔玛-阿瓦塔-亚宁"地区所发生的冲突为例来呈现巴以冲突中的暴力循环模式,通过分析表明这种暴力循环冲突的不可避免性,指出这一案例对于西岸普通定居点和前哨基地巴以暴力冲突的代表性意义。

第五章重点分析国际社会和以色列国内社会对西岸犹太定居点活动所形成的多层制衡。第一节从国际组织和国际公民社会这一层级出发,阐述联合国大会和安全理事会历次通过的关于以色列军事占领及定居点建设的决议,论述以色列所受的国际法约束以及国际法院对该问题所作的相关裁决,分析国际公民社会针对以色列的"抵制、撤资和制裁"联合行动。第二节从国际政治格局这一角度出发论述来自两个层级的制衡,一个层级是全球性的实力大国或联盟,如美国和英国、苏联-俄罗斯和欧盟;另一个层级是与以色列处于同一个地区安全复合体中的周边阿拉伯国家。第三节从以色列国内公民社会这一层级出发,阐述以色列的和平主义运动对以色列军事占领及定居点建设形成的重要制衡,其中所涉及的重要案例包括"现在就和平"运动、人权组织"神形"、"出于良心拒服兵役"运动以及"打破沉默"运动。

结论部分概括本书得出的核心结论,总结领土纷争中的巴以冲突与多层制衡,并提出巴以关系从冲突模式转化为和平友好模式的可能路径。

第二章　以色列政府在西岸兴建扩建
　　　　犹太定居点政策的形成

> 除了在 1948 年宣布独立外,开始在被占领土上定居其公民可
> 能是以色列历史上最重要的行动。
>
> ——格肖姆·戈伦伯格[①]

自 1967 年的六日战争以来,约旦河西岸政策越来越成为以色列历届政府施政纲领的关键部分。约旦河西岸犹太定居点的建设和扩张,主要是由以色列政府西岸政策所决定的。因此,本章从西岸政策来着手讨论约旦河西岸犹太定居点问题。西岸政策最初是在以色列工党政府内部的激烈讨论中形成的,后来的历届政府都延续了在约旦河西岸建设犹太定居点的基本政策,只是在西岸犹太定居点的位置、性质和规模等方面有所区别。

本章将讨论西岸政策所涉及的若干重要方面。首先将讨论西岸政策的历史背景,着重叙述三个方面,即犹太复国主义与犹太人移民巴勒

[①] 格肖姆·戈伦伯格(Gershom Gorenberg),以研究巴勒斯坦被占领土犹太定居点的起源而著称,《偶然的帝国:以色列和定居点的诞生,1967—1977》(*The Accidental Empire:Israel and the Birth of the Settlements,1967 - 1977*)一书的作者。此句引自:Gershom Gorenberg. Settlements:The Real Story [J]. The American Prospect,Summer 2017.

斯坦之浪潮的兴起,六日战争的爆发和以色列对巴勒斯坦领土的占领,以及由此产生的约旦河西岸犹太定居点问题。其次将概述西岸政策的两种主要立场,即以工党为代表的左翼立场以及由利库德集团所代表的右翼立场;介绍和分析以色列官方对西岸犹太定居点之合法性所提出的五个辩护理由;阐述以色列政府内部关于西岸政策所形成的四种思想观念,以及这些思想观念之间的相互冲突与制衡。最后将呈现在观念的冲突与制衡中产生的"阿隆计划",详细介绍该计划所提出的"可防御边界"战略构想;这一战略在工党西岸政策中得到反映,也在后来利库德集团所提出的"阿隆＋计划"和"中东和平新计划"中得到承续。

第一节　约旦河西岸犹太定居点问题的历史背景

犹太定居点的起源可以追溯到 19 世纪末至 20 世纪初犹太复国主义的兴起。当时,世界范围内的反犹主义以及对犹太人的普遍迫害,令散居各地的犹太人萌发了建立以色列民族国家的信念。他们希望复归希伯来圣经中的"应许之地",即古称迦南之地、后称巴勒斯坦的区域。在世界犹太复国主义组织的鼓励和犹太民族基金的资助下,犹太人掀起了一次次移民巴勒斯坦地区的浪潮。在奥斯曼帝国统治时期和英国委任统治时期,犹太移民已经在巴勒斯坦地区购买了许多土地,并在这些土地上建立了各种类型的犹太定居点。

然而,犹太人在移民定居巴勒斯坦的过程中与当地人发生了诸多摩擦,犹太人与阿拉伯人之间的冲突愈演愈烈。在以色列建国之后的30 余年间,以色列与周边阿拉伯国家发生了五次中东战争。在第三次中东战争(也即六日战争)中,以色列占领了周边阿拉伯人的大量领土,包括约旦河西岸和东耶路撒冷、加沙地带、西奈半岛和戈兰高地。以色列对这些地区的占领,尤其是对约旦河西岸巴勒斯坦领土持续至今的控制,深刻改变了之后几十年间中东地区的地缘政治。在约旦河西岸的占领区域,以色列政府积极推行定居点政策,鼓励、推动以色列公民以及犹太新移民到该区域定居。由于以色列和巴勒斯坦对约旦河西岸的法律地位持有不同理解,双方在约旦河西岸犹太定居点产生了剧烈的冲突,引发了一系列暴力事件。约旦河西岸犹太定居点问题由此产生。

一、巴勒斯坦的变迁

巴勒斯坦(Palestine),希伯来语作"פלשתינה",阿拉伯语作"فلسطين"。它的区域位置,以全球为视角,处于欧、亚、非三大洲交汇处;以地区为视角,西起地中海沿岸,南北东位于埃及、叙利亚、约旦之间(古代巴勒斯坦地域还与叙利亚和约旦有关)。巴勒斯坦作为犹太教和基督教的发源地,其中耶路撒冷作为犹太教、基督教、伊斯兰教三大教的共同圣地,既使巴勒斯坦成为宗教、文化、商贸的兴盛地区,也成为强权政治的角斗场和争战迭起、冲突不断的地区。

鉴于巴勒斯坦历史叙事中,犹太人和阿拉伯人持不同的史证和对立的史观,为求得相对而言的客观和中允,以下对"巴勒斯坦的变迁"的叙述主要取中国学者的研究成果[①];同时,对犹太人和阿拉伯人对"巴勒斯坦"的不同历史叙事,笔者在后文单独叙述。

1. 史前—公元前 63 年的巴勒斯坦: 犹太人祖先的迁徙和定居

人类在巴勒斯坦的定居非常早。考古学家发现,在今天以色列北部的卡麦尔山的洞穴中,发现了尼安德特人和早期的现代人类遗骸。

---

① 主要参考:杨辉.中东国家通史·巴勒斯坦卷[M].北京:商务印书馆,2002;肖宪.中东国家通史·以色列卷[M].北京:商务印书馆,2001;张玉龙.巴勒斯坦问题的由来与中东和平进程[J].渤海学刊,1996(3/4):45—55。

约公元前 7 世纪，今天巴勒斯坦的杰里科建有城堡建筑，被认为是一种
定居点。之后的古代巴勒斯坦，曾先后成为亚摩利人和迦南人之地、非
利士人之地。

约在公元前 3000—前 2500 年，包括迦南人和亚摩利人的闪族人，
从阿拉伯半岛迁徙到巴勒斯坦居住。包括巴勒斯坦在内的整个叙利
亚，在埃及塞拉毕特·卡迪姆考古发现的铭文中被称为"亚摩利人之
地"，也在埃及的泰尔·埃勒-阿玛尔纳考古发掘的文献中被称为"迦南
人之地"。迦南人分成许多部落，没有形成统一和强大的国家。公元前
1720 年开始，希克索斯王国统治迦南地约 150 年。约公元前 1580 年，
埃及击败希克索斯人，继而统治迦南地约 400 年。

在上述历史过程中，公元前 2 世纪，原来游牧于美索不达米亚、幼
发拉底河一带的一支闪族人，在族长亚伯拉罕的率领下，渡河来到迦南
地定居。因渡河而来，迦南人称其为希伯来人①。他们后来也被称为
以色列人②。约公元前 1700 年，迦南发生大饥荒，亚伯拉罕之孙雅各
带领以色列人③穿过西奈半岛，迁徙到埃及的尼罗河三角洲的歌珊定
居。公元前 1300 年，以色列人不堪忍受法老奴役，在摩西带领下，逃出
埃及。这些以色列人在西奈沙漠中辗转 40 余年，据《圣经》记载，摩西
在西奈山接受了耶和华授予的十条戒律，即"摩西十诫"。最后，走出埃
及的以色列人在约书亚的带领下，返回迦南地，重新征服了这块土地后
定居下来。

约公元前 13 世纪，来自地中海克里特等岛屿的非利士人进入迦南

---

① 在闪米特语中，"希伯来"的意思即"渡过"、"越过"。

② 后来亚伯拉罕的孙子雅各因与神摔跤获胜，雅各更名为以色列。雅各后来成为族长，因此，
他的后裔也即希伯来人，此后也被称为以色列人。"以色列"，即"与神角力者"。

③ 笔者在"巴勒斯坦的变迁"部分所参考的中国学者论著，称"希伯来人"和"以色列人"不一。
《旧约圣经》（中文本，中国基督教协会 2000 年版，南京）在希伯来人"下埃及"之后，称为"以
色列人"。本书以圣经用词为准。

地。他们在迦南地南部的地中海沿岸建立了加沙等五个城市国家。非利士人来到迦南地之后，把这块土地称为"非利士提亚"（Philistian），意即"非利士人之地"。后来罗马人在此统治时，把"巴勒斯坦"（Palaestina）作为这块土地的正式地名。该词一直沿用至今。

雅各的妻妾四人曾生育十二子，他们发展为十二个支派。公元前1028年，便雅悯支派的扫罗统一了十二支派，约公元前1020年，撒母耳封扫罗为王。扫罗去世后，公元前1011年，犹大支派的大卫正式建立起以耶路撒冷为国都的统一的以色列王国，犹太教成为国教。大卫去世后，其子所罗门即位，王国达到鼎盛。公元前930年所罗门去世后，统一的以色列王国很快分裂。北部的十个支派建立起以色列王国，首都为撒马利亚；南部的犹太支派和便雅悯支派建立起犹太王国，首都为耶路撒冷。（可见古代以色列王国和犹太王国以及现代以色列示意地图①）

公元前722年，北部的以色列王国被亚述帝国所灭，两万多以色列人被掳往亚述，在当地被同化。南部的犹太王国于公元前586年被新巴比伦所灭，以色列人沦为"巴比伦之囚"。公元前538年，波斯灭亡新巴比伦，被掳往巴比伦的犹太人返回巴勒斯坦。这支被保留下来的犹太支派，其后裔即后来的犹太人。公元前331年，希腊征服波斯，巴勒斯坦被希腊人统治。在此期间，犹太人于公元前142年建立了独立的国家马卡比王国。（可见马卡比王国示意地图②）

---

① 本书略。可访问 Historical Maps of Palestine：Israel in Biblical Times...［DB/OL］.（Source：USA CIA）. https://www. geographicguide. com/asia/maps/palestine. htm 读取（组图左上第1图）。该图中，橙色部分为大卫王时期的统一以色列王国版图（约公元前970年）；橙色加斜线部分为所罗门时期的犹太王国版图（约公元前930年）；白色轮廓为现代以色列版图，以色列西部浅色部分为地中海。

② 本书略。可访问 Historical Maps of Palestine：Israel in Biblical Times...［DB/OL］.（Source：USA CIA）. https://www. geographicguide. com/asia/maps/palestine. htm 读取（组图左上第2图）。该图中，橙色部分为马卡比王国版图（约公元前167—前142年）；白色轮廓为现代以色列版图，以色列西部浅色部分为地中海。

2. 公元前 63—1917 年的巴勒斯坦: 阿拉伯人定居和犹太人流散及复国运动

公元前 63 年,马卡比王国被罗马人所灭,从此开始了罗马人对巴勒斯坦的统治。公元前 4 年及公元 6 年、66 年、132 年犹太人相继起义,但遭到罗马人残酷镇压。之后,大部分犹太人离开巴勒斯坦。犹太民族在巴勒斯坦的建国和定居结束,大部分犹太人开始了向西亚、北非、欧洲、美洲等地的大流散。

公元 395 年,罗马帝国分裂为以意大利为中心的西罗马,以及以君士坦丁堡为首都的东罗马,即拜占庭帝国。1 世纪,基督教在巴勒斯坦诞生,统治巴勒斯坦至 7 世纪的拜占庭帝国将基督教定为国教,巴勒斯坦被基督教化。7 世纪,伊斯兰教兴起。640 年,伊斯兰征服巴勒斯坦,巴勒斯坦处于阿拉伯帝国统治之下,彻底变成阿拉伯人的家园。1517 年开始,奥斯曼帝国占领并统治巴勒斯坦达 400 年,在奥斯曼土耳其人统治下,巴勒斯坦继续保持了阿拉伯和伊斯兰特性。奥斯曼帝国在第一次世界大战中战败,离开巴勒斯坦。巴勒斯坦形成政治权力真空,其地位开始成为国际问题。

自公元前 63 年犹太人被罗马人从巴勒斯坦驱逐出去后,大多数犹太人在居住国坚信犹太教信仰和保持犹太习俗,不忘上帝赐予的"应许之地"迦南,并相互祷告"明年耶路撒冷见"。从 5 世纪起,流散在世界各地的犹太人愈来愈严重地受到歧视、排挤,甚至遭到杀戮,反犹主义直接威胁到犹太人的生存。到了 19 世纪末,一些犹太知识分子深入思考和探索犹太人的出路何在。[1] 他们最后的结论是,古代犹太人曾经在巴勒斯坦有过自己的国家,要永久性地解决当代犹太人问题,就必须重新恢复犹太人国家。摩西·赫斯最早从政治上提出了犹太复国主义

---

[1] 比如,摩西·赫斯(Moses Hess)于 1862 年出版《罗马与耶路撒冷》(*Rome and Jerusalem*)一书,认为,犹太人要彻底摆脱反犹主义,唯一的办法就是返乡复国。利奥·平斯克(Leon Pinsker)于 1882 年出版《自我解放》(*Auto-Emancipation*)一书,进一步提出了购地定居的行动计划。

思想。西奥多·赫茨尔于 1986 年出版《犹太国》①一书,第一次构建了既有复国理念,又有实施步骤的犹太复国主义纲领。1897 年 8 月 29 日,第一届犹太复国主义大会召开,通过了《巴塞尔纲领》,标志着多年酝酿的犹太复国主义正式形成思想运动。

自 1882 年至奥斯曼帝国统治结束期间,犹太人向巴勒斯坦进行了第一次和第二次阿利亚运动②,巴勒斯坦的犹太人数从 1882 年的约 2.4 万人③,增加到约 8.5 万人④,犹太农业定居点达到 43 个。随着犹太人的不断移民和购买阿拉伯人土地,引起了巴勒斯坦阿拉伯人的不安。第一次世界大战期间,1915 年下半年,英国为了利用阿拉伯人对付奥斯曼帝国,在《侯赛因-麦克马洪通信》中对阿拉伯人作出承诺,答应在战后建立一个包括巴勒斯坦的阿拉伯国家。但是,英国和法国于 1916 年 4 月达成《赛克斯-皮科协议》,对战后奥斯曼帝国包括巴勒斯坦的领土作了秘密安排,违背了对阿拉伯人的承诺。在犹太复国主义领袖魏兹曼⑤向英国提出草案之后,1917 年 11 月 2 日,英国政府以致函形式发表《贝尔福宣言》,表示"赞成在巴勒斯坦为犹太人民建立一个民族家园"。《贝尔福宣言》为后来国际社会赞同犹太人在巴勒斯坦建国奠定了基础。

3. 1922—1948 年的巴勒斯坦:犹太人与阿拉伯人的暴力冲突

1922 年,国际联盟授权英国对巴勒斯坦进行委任统治。委任统治

---

① 西奥多·赫茨尔(Theodor Herzl, 1860—1904),奥匈帝国犹太裔记者,现代政治锡安主义创始人。《犹太国》,原文书名:*Der Judenstaat*。

② 阿利亚(Aliyah),希伯来语意为"上升"。阿利亚运动,特指流散在世界各地的犹太人移居巴勒斯坦地区的大规模移民行动。

③ 本部分"巴勒斯坦的变迁"中涉及的有关数据见于前述文献:杨辉《中东国家通史·巴勒斯坦卷》,肖宪《中东国家通史·以色列卷》。需要指出的是,犹太人流散后,由于宗教原因,在阿利亚运动之前仍然一直不断有一些犹太人从海外去往巴勒斯坦,特别是其中的耶路撒冷等犹太圣地定居。

④ 又由于奥斯曼帝国对犹太移民的迫害和驱逐,到 1917 年,巴勒斯坦的犹太人又减少到 5.5 万人。

⑤ 魏兹曼(Chaim Weizmann, 1874—1952),俄国-英国-以色列化学家。赫茨尔逝世后,魏兹曼逐渐成为世界犹太复国主义运动的领导人。

时期的巴勒斯坦地区版图包括了后来的以色列和巴勒斯坦全部(可见英国委任统治时期巴勒斯坦示意地图①)。1918—1939年,犹太人进行了第三次、第四次和第五次阿利亚运动,巴勒斯坦的犹太人口达到45万②。犹太复国主义运动和不断到来的犹太移民,引起阿犹之间愈演愈烈的冲突。1921年5月,雅法发生阿拉伯人反对犹太人移民的暴力冲突,造成95人死亡。1929年8月,因争夺耶路撒冷西墙,阿犹发生暴力冲突,造成249人死亡。1936年,爆发阿拉伯人大起义。为了平衡阿犹利益、安抚阿拉伯人,1939年5月17日,英国政府发表《关于巴勒斯坦问题白皮书》,规定在五年内再接受犹太移民7.5万,之后犹太人移民须经阿拉伯人同意,引起犹太复国主义者的愤慨。之后,英犹矛盾激化,犹太人反对英国委任当局的行动发展为暴力和恐怖主义攻击。1946年7月22日,伊尔贡炸毁了英国行政和军事机构所在的耶路撒冷大卫王饭店的一侧,91人死亡。

　　无力调和阿犹分歧的英国政府于1947年2月14日宣布,决定将巴勒斯坦问题提交联合国处理。1947年5—9月,经过联合国特别委员会对巴勒斯坦进行调查,以及联合国成立专门委员会对调查后的建议方案进行讨论和修改后,1947年11月29日,联合国大会通过第181号决议,决定将巴勒斯坦分治为独立的犹太国家和独立的阿拉伯国家(可见第181号决议划定的犹太国和阿拉伯国示意地图③)。对此,犹太人表示接受,阿拉伯人表示强烈反对。1948年5月13日,英国结束

---

① 本书略。可访问 Historical Maps of Palestine: Israel in Biblical Times... [DB/OL]. (Source: USA CIA). https://www.geographicguide.com/asia/maps/palestine.htm 读取(组图右上图)。该图中,巴勒斯坦版图(黄色区域)中的橙色部分,为经过五次阿利亚运动后形成的犹太定居点(至1947年);通过示意图可见,橙色部分从内盖夫沙漠沿地中海至耶斯列谷,再到加利利海,形成了著名的"N"形犹太定居点群落。

② 而巴勒斯坦的阿拉伯人口,1939年时约100余万。

③ 本书略。可访问 Historical Maps of Palestine: Israel in Biblical Times... [DB/OL]. (Source: USA CIA). https://www.geographicguide.com/asia/maps/palestine.htm 读取(组图左下第1图)。该图中,橙色区域为1947年联合国第181号决议划定的未来犹太国版图;黄色区域为划定的未来阿拉伯国版图;其中,白色区域内的耶路撒冷为国际管辖区,最终地位待定。

在巴勒斯坦的委任统治,5 月 14 日,犹太人宣布以色列建国。

至此,据笔者归纳,"巴勒斯坦"的概念,从"古代的迦南地",嬗变为"联合国大会第 181 号分治决议所定义的,以英国委任统治时期巴勒斯坦为基础、除现代以色列国以外、耶路撒冷主权待定的领土",形成当代所称的巴勒斯坦。

二、以方和巴方对巴勒斯坦历史的不同叙事

1. 犹太人对巴勒斯坦的历史叙事之关键点

关于巴勒斯坦的历史,在此依据以色列外交部网站的《关于以色列的历史:事实(2010 年版)》[1],作为犹太人历史叙事的文本[2]。

在这个文本中,可见出犹太人对巴勒斯坦历史叙事的三个关键点。第一,突出"以色列地"(Land of Israel)或"埃雷兹以色列"(Eretz Yisrael)对自古代至现代迦南地/巴勒斯坦地名的指代。在以色列历史时间轴的叙述中,文本均以"以色列地"指称迦南地和巴勒斯坦,即使是对先祖亚伯拉罕的叙述,以强调这块土地的犹太属性。如:"约公元前 17 世纪,信奉一个神的犹太民族始祖——亚伯拉罕、以撒、雅各定居在以色列地"[3];"约前公元 13—前 12 世纪,走出埃及的以色列人再次在以色列地定居"[4]等。并且,在无法改变"英国对巴勒斯坦委任统治"这

---

① Facts About Israel:History (2010). https://mfa. gov. il/MFA/AboutIsrael/History/Pages/Facts％20about％20 Israel-％20History. aspx♯

② 以色列作为民主和开放的国家,即使犹太学者,也有多种叙事意识形态。因此,本书取以色列外交部所发布的以色列历史(包括迦南地希伯来人历史)这一犹太人相对"公认"的叙事文本,作为主流犹太人历史叙事的代表。

③ 此意在《旧约圣经》中,作"迦南地"。如创世记 17:5—8,讲到上帝与亚伯拉罕立约,上帝说:"我要将你现在寄居的地,就是迦南全地,赐给你和你的后裔,永远为业。"

④ 此意在《旧约圣经》中,作"迦南地"。如出埃及记 33:1,讲到上帝在西奈山对走出埃及的摩西所说的话:"我曾起誓应许亚伯拉罕、以撒、雅各说'依靠将迦南地赐给你的后裔。'现在你和你从埃及所领出来的百姓,要从这里往那地去。"

一固定词语的情形下，仍然强调以色列地："1922 年，国际联盟授权英国对巴勒斯坦（以色列地）进行委任统治"①。

第二，突出将《圣经》叙事作为重要历史依据，以支持亚伯拉罕和其子孙后裔在迦南地/巴勒斯坦的早期定居历史。在以色列历史的五个分期②中，第一个时期列为"圣经时代"，并阐述道："犹太人在以色列地头一千年的历史被记载在《圣经》中；在以色列地，形成了犹太人的文化、宗教和民族认同；在那里，它的存在延续了几个世纪，即使在大多数人被迫流亡之后也是如此。"

第三，突出以迦南地/巴勒斯坦土地上的考古发掘，证明犹太人自古以来在这块土地上的存在。上述文本指出："从史前到奥斯曼统治结束时期大量的物质遗迹，都在这片土地上留下了许多文化印记和证据。考古研究清楚地揭示了犹太人、圣经和以色列地之间的历史联系，揭示了犹太人在其祖国土地上的文化遗产、遗迹。这些可见的遗骸埋在土壤中，构成了犹太人民在其国家的过去、现在和未来之间的实际联系。"③

2. 阿拉伯人对巴勒斯坦的历史叙事之关键点

学者隆娅琳 2019 年发表关于"巴勒斯坦"历史的阿拉伯人叙事的研究论文。④ 隆娅琳考察了巴勒斯坦著名历史学家穆斯塔法·穆拉德以阿拉伯语所写的百科全书《我们的国家巴勒斯坦》⑤，循此对"巴勒斯坦"的阿拉伯人历史叙事要点作了分疏。

---

① 《关于以色列的历史：事实（2010 年版）》一文，此处的英文原文为："Britain granted Mandate for Palestine (Land of Israel) by League of Nations."。

② 五个历史分期为：圣经时代；第二圣殿时期；外国统治时期；犹太人回归巴勒斯坦和英国委任统治；以色列国。

③ Facts About Israel：History (2010). https://mfa. gov. il/MFA/AboutIsrael/History/Pages/Facts%20about%20 Israel-%20History. aspx#

④ 隆娅琳. 巴勒斯坦历史记忆中的认同建构[J]. 湖北第二师范学院学报，2019(5)：66—71.

⑤ 文献英译作"Mustafa Murad. Biladuna Filastin"。

隆娅琳指出：在可追溯至史前远古时代的巴勒斯坦古代历史中，阿拉伯人历史叙事主要突出强调了迦南时期的历史。第一，阿拉伯人历史叙事突出强调，今天语境下的巴勒斯坦人，其祖先即巴勒斯坦这块土地尚被称为迦南地时的居民——迦南人。迦南人早在公元前 3000 年之前已在这里定居，并创造了灿烂的迦南文明，早于古以色列人在此地定居。第二，阿拉伯人历史叙事突出强调，诸如迦南人、非利士人、阿莫尔人，他们事实上都属于阿拉伯人。公元前 4000—前 3000 年之间，大批阿拉伯人从阿拉伯半岛迁移至巴勒斯坦。迦南人和亚摩利人，历史上是同一部落的两支，其中亚摩利人在塞姆的东南地区（约旦东部）留居，而迦南人则定居在塞姆地区的海滨和西南地区（即巴勒斯坦）。正是因为这些迦南人，该地区被称为"迦南之地"，这也是该地区的第一个名称。

隆娅琳从巴勒斯坦历史著作中发现，这些历史学者均力图证明迦南地区古代居民的阿拉伯属性。巴勒斯坦历史学者认为，亚摩利人、耶布斯人、迦南人和非利士人均来自阿拉伯半岛；这些学者证明，当代巴勒斯坦人的主体部分，特别是农村人口，或是上述古代部落和人民的后代，或是伊斯兰征服巴勒斯坦后定居此地的阿拉伯穆斯林的后代。

据于上述文献，隆娅琳指出，阿拉伯人历史叙事的史证，观照了当代巴勒斯坦人的现实需求。第一，阿拉伯人历史叙事之所以倾向于强调当代巴勒斯坦人与迦南人的联系，突出其阿拉伯属性，有两个维度的考量。一方面，肯定当代巴勒斯坦人与巴勒斯坦这块土地的历史联系，构建巴勒斯坦人群体的历史起源及其历史连续性，维护了巴勒斯坦人群体历史存在的合法性，以及对巴勒斯坦土地的天然权利。另一方面，阿拉伯人历史叙事否认以色列建国的历史依据——犹太人的祖先曾在巴勒斯坦生活过，而且大卫王曾于公元前 11 世纪在巴勒斯坦建立过名为以色列的王国——由此否认了犹太人对巴勒斯坦领土的历史关联性。据此，阿拉伯人形成了巴勒斯坦不是"犹太人的固有家园"，而是"迦南人（也即阿拉伯人）的固有家园"的观点。第二，阿拉伯人历史叙事强调迦南人的阿拉伯属性,从而将古代迦南人与当代巴勒斯坦人联系了起来,从而证明今天的巴勒斯坦人是迦南人的后代。表明作为迦南人后裔的巴勒斯坦人,比长期消失于这块地区的古代犹太人的后裔,更是这块土地的合法拥有者,今天更有资格生活在这块土地上。

由此,巴勒斯坦历史学者的结论是:犹太人经历了进入迦南地、建立古犹太王国和以色列王国、被亚述人以及罗马人的驱逐等"进入又离开"的历史过程,这种进入又离开的情形,使犹太人与"进出"巴勒斯坦的其他民族别无二致。而阿拉伯人则一直存在于巴勒斯坦,他们从世界上有犹太人之前直到今天,一直生活在巴勒斯坦。所以,"阿拉伯人与巴勒斯坦的联系和历史权利是长久的、明显的、毫无争议的。……是阿拉伯人而不是犹太人对巴勒斯坦拥有历史联系和权利。犹太人回到巴勒斯坦并建立犹太国家是违背历史的,是世上史无前例的荒谬之事"[1]。

笔者通过以上对以色列、巴勒斯坦各自主流意识形态观点的解读后认识到,以色列(犹太人)和巴勒斯坦(阿拉伯人)对"巴勒斯坦"的历史叙事是严重对立和不可调和的;犹太人和阿拉伯人对于各自与巴勒斯坦的历史联系和权利,是存在严重分歧和难分是非的。因此,笔者对上述犹太观点和阿拉伯观点予以平衡介绍,并不意在对上述对立观点作出评判,而是意在为本书所论述的当代巴勒斯坦领土(联合国第181号分治决议所划定)上,围绕巴勒斯坦被占领土上的以色列定居点问题所展开的巴(阿)以冲突和相应的对以色列的制衡,提供一个背景参考。

三、六日战争与约旦河西岸定居点问题的产生

1. 从六日战争到西岸定居点的形成

约旦河西岸(West Bank)是1948年第一次中东战争中被约旦占领

---

① 巴勒斯坦历史学者此语,引自:隆娅琳.巴勒斯坦历史记忆中的认同建构[J].湖北第二师范学院学报,2019(5):67.

后约旦所命名的名称。它包括东耶路撒冷、希伯伦、杰里科、纳布卢斯、杰宁等巴勒斯坦地区重要的宗教圣城和主要的阿拉伯城镇及其周边地区，以及约旦河谷。这片土地原是联合国第 181 号决议划分给未来阿拉伯国领土的一部分。

（1）近代以来"约旦河西岸"从位置到概念的变化

本书对近代以来"约旦河西岸"的情况作一简略考察。作为地理概念，在奥斯曼帝国统治时期的黎凡特①地区，"约旦河西岸"这片土地的位置在耶路撒冷特别行政区连同贝鲁特省巴尔卡区的东部，死海与约旦河的西侧。②［可见一战前奥斯曼帝国的黎凡特部分地区（贝鲁特省、叙利亚省、耶路撒冷特别区）地图③］

---

① 黎凡特(Levant)，源于拉丁语 Levare(升起)之意，指日出之地。黎凡特是历史上一个模糊的地理概念，大致指地中海东岸，托罗斯山脉以南、阿拉伯沙漠以北和美索不达米亚以西地区。

② 对包含巴勒斯坦的黎凡特地区，奥斯曼帝国在历时 400 年的统治期间(1517—1917)，在其具体治理架构和区划上几经调整。在奥斯曼帝国后期的黎凡特地区，设五个省，即阿勒颇省(Vilayet of Aleppo)、代尔阿佐尔省(Vilayet of Dayr az-Zor)、贝鲁特省(Vilayet of Beirut)、耶路撒冷特别行政区(Independent Sanjuk of Jerusalem)、叙利亚省(Vilayet of Syria)。巴勒斯坦地区，大致涉及到三个省的相关区：北部为贝鲁特省的阿克区(Sanjuk of Acre)，包括阿克、海法、太巴列、萨费德、拿撒勒等地；中部为贝鲁特省的巴尔卡区(Sanjuk of Balqa)（另一说为"纳布卢斯区"。如：Butrus Abu-Manneh. The Rise of the Sanjak of Jerusalem in the Late Nineteenth Century ［M］.//In Ilan Pappé （ed.）. The Israel/Palestine Question. Routledge, 1999, p. 36.），包括纳布卢斯、卡勒基利亚、图尔卡姆、杰宁等地；南部为直属中央政府管辖的耶路撒冷特别行政区，包括耶路撒冷、伯利恒、雅法、希伯伦、加沙、贝尔谢巴等地。同时，南部还包括叙利亚省的马安区(Sanjuk of Maan)靠近内盖夫沙漠和亚喀巴一侧地区。（参见：Efraim Karsh. Palestine Betrayed ［M］. Yale University Press，2011；杨辉. 中东国家通史·巴勒斯坦卷［M］.北京：商务印书馆，2002.）

③ 本书略。可访问 https://upload. wikimedia. org/wikipedia/commons/6/6a/Ottoman_levant. png 读取。该图中奥斯曼帝国三个省区与巴勒斯坦以及以色列、巴勒斯坦国、约旦河西岸的变迁关系为：第一，一战前奥斯曼帝国在该地区的政区，为贝鲁特省、耶路撒冷特别行政区、叙利亚省。其中，贝鲁特省下辖巴尔卡区、阿卡区、贝鲁特区共 6 个区；叙利亚省下辖马安区共 4 个区。第二，上述耶路撒冷特别行政区，贝鲁特省的巴尔卡区、阿卡区和贝鲁特区南侧的一部分，以及叙利亚省的马安区西侧的一部分，变迁形成后来英国委任统治时期的"巴勒斯坦"版图，也是拟分治的犹(以)、阿(巴)两国的领土。第三，后来变迁为"约旦河西岸"的区域，在此地图上的位置为耶路撒冷特别行政区的东北侧和贝鲁特省巴尔卡区的西侧部分。

在作为同盟国的奥斯曼帝国于第一次世界大战中战败解体后,国际联盟授权英国对巴勒斯坦实施委任统治。在 1919—1923 年磋商委任统治事项期间,巴勒斯坦的地域范围发生了一些变化。1920 年 4 月协议国的圣勒摩会议讨论受委任统治的巴勒斯坦,还包括约旦河以东地区。但到了 1922 年,英国决定不让约旦承担委任统治巴勒斯坦条款的义务,1923 年,英国巴勒斯坦高级专员宣布外约旦独立。此时,英国委任统治时期的巴勒斯坦,"约旦河西岸"与地中海东岸一样,只是一个边界概念。

变化发生在第一次中东战争(1948 年 5 月—1949 年 3 月)之后。犹太人于 1948 年 5 月 14 日宣布建立以色列国。次日,埃及、约旦、伊拉克、叙利亚、黎巴嫩等阿拉伯国家向以色列宣战,第一次中东战争爆发。至 1949 年停战时,以色列占领了第 181 号决议划定的大部分阿拉伯国领土;埃及占领了加沙地带 258 平方公里土地,约旦占领了约旦河西岸 4 800 平方公里土地。[①] 约旦占领约旦河以西这块领土后,将其命名为"约旦河西岸"。之后,"West Bank"(中文作"约旦河西岸"或"西岸")成为既是地理性质又是政治性质的概念。

(2) 六日战争以来西岸定居点的形成和发展

"西岸定居点"(完整表述作"约旦河西岸犹太定居点")的概念,形成于 1967 年六日战争后。

六日战争涉及西奈半岛、加沙地带和约旦河西岸等多片领土。此战之前,在 1956 年第二次中东战争(1956 年 10—11 月)中,以色列占领了加沙地带和整个西奈半岛,战后 1957 年 3 月,以色列按停火协议从西奈半岛和加沙地带撤出。1967 年 6 月 5—10 日,以色列与约旦、叙利亚和埃及之间爆发了第三次中东战争。这场战争以色列用先发制人战

---

① 参见:中国驻巴勒斯坦国办事处网. 2017 - 07 - 17. http://www.pschinaoffice.org/chn/zjblst/

术,经过六天的激烈战斗,以以色列获胜,占领西奈半岛、戈兰高地,从埃及手中夺取加沙地带、从约旦手中夺取包括东耶路撒冷的约旦河西岸而告终。[①] 至此,"约旦河西岸"以及其他一些领土,成为阿拉伯和巴勒斯坦被占领土。

以色列在 1967 年占领上述领土后,均在所占领土上建立起犹太定居点。其中西奈半岛犹太定居点、加沙地带犹太定居点、戈兰高地犹太定居点,目前或已撤出,或以色列对其行使主权(被视为吞并)。

其一,西奈半岛定居点。以色列在六日战争占领西奈半岛后,先后在亚喀巴湾和地中海沿岸建立了 12 个犹太定居点。之后,以色列按照 1979 年埃以签署的《埃及—以色列和平条约》,已在 1982 年将西奈半岛所建立的定居点全部拆除或移交埃及[②],定居者全部撤出。其二,加沙地带定居点。以色列在六日战争占领加沙地带后,先后建立了 21个犹太定居点。之后,对这些定居点,以色列已于 2005 年 9 月按照所拟定的"脱离接触计划"作了拆除,定居者全部撤出。根据"脱离接触计划",以色列同时对约旦河西岸北部的 4 个犹太定居点实施了拆除和定居者撤离行动。其三,戈兰高地定居点。关于戈兰高地,以色列已通过《戈兰高地法》[③]对其行使主权,并从 1967 年六日战争开始至1992 年先后建立了 32 个犹太定居点[④]。本书的讨论对象聚焦于西岸

---

① 后爆发第四次中东战争(1973 年 10 月 6—26 日),埃及和叙利亚分别突袭并试图夺回六年前被以色列占领的西奈半岛和戈兰高地,并攻破以色列的"巴列夫防线"。但以色列迅速扭转战局。这场战争在领土方面的最后结果是:埃及在西奈半岛夺回了一小部分土地,而以色列在戈兰高地获得了更多的土地。

② 以色列建在海湾上的 3 个定居点奥菲拉、迪扎哈夫和尼维奥特保持原状,移交给埃及。

③ 以色列于 1981 年通过了《戈兰高地法》,该法将以色列法律适用于该领土。1981 年 12 月 17日,联合国安理会一致通过第 497 号决议,宣布以色列的《戈兰高地法》无效且没有国际法律效力,并要求以色列撤销其决定。

④ Yigal Kipnis. The Golan Heights: Political History, Settlement and Geography since 1949 [M].//Routledge Studies. Middle Eastern Politics. Taylor & Francis, 2013, pp. 130 - 144.

定居点,戈兰高地定居点不纳入本书讨论范围。

由此,在当代关于以色列的政治议题中,巴勒斯坦被占领土上的犹太定居点问题,基本上就等同于西岸定居点问题。

以色列在西岸的犹太定居点,经过53年来的发展,定居点数量逐步增多,定居者人数快速增长。至2020年,西岸有128个政府批准的定居点,另有约100个未经政府批准、被当局列为"非法"的定居点;至2020年犹太定居者人数,西岸约为46.3万人(1999年为17.7万人)[1],东耶路撒冷约为22万人[2],即西岸定居者总人数约为68.3万人。据以色列中央统计局数据,至2020年以色列总人口估计为929.1万人[3],据此,西岸犹太定居者人数约占以色列总人口的7.4%。

以色列和巴勒斯坦,分别在西岸构建了行政政区。

巴勒斯坦民族权力机构在西岸的行政政区为11个省[4],分别是:杰宁省、图巴斯省、图勒凯尔姆省、纳布卢斯省、盖勒吉利耶省、萨尔费特省、拉姆安拉和阿尔比雷赫省、杰里科省、耶路撒冷省(包括东耶路撒冷)、伯利恒省、希伯伦省。按照《奥斯陆第二协议》,西岸划分为A区、B区和C区。A区由巴勒斯坦民族权力机构全面控制民事和安全;B区由巴勒斯坦控制民事和以巴联合控制安全;C区由以色列全面控制民事和安全。以色列在西岸的定居点不在巴勒斯坦当局的管辖范围内。

以色列共有6个区,分别为耶路撒冷区、北部区、海法区、中部区、

① 据犹太虚拟图书馆(Jewish Virtual Library). https://www.jewishvirtuallibrary.org/israeli-settlements-population-in-the-west-bank

② 据耶路撒冷公共事务中心(About the Jerusalem Center for Public Affairs). https://jcpa.org/article/jerusalems-changing-demographics-an-overview-of-the-new-jerusalem-statistical-yearbook/

③ https://www.cbs.gov.il/en/mediarelease/Pages/2020/Population-of-Israel-on-the-Eve-of-2021.aspx

④ 据 https://en.wikipedia.org/wiki/Governorates_of_Palestine

南部区、犹地亚和撒马利亚区。其中的犹地亚和撒马利亚区,管理约旦河西岸地区;耶路撒冷区管理耶路撒冷。犹地亚和撒马利亚区由以色列国防军中央司令部管理。犹地亚和撒马利亚区按照军事职能,分为8个军事管理区[1]：米纳什赫区(杰宁地区)、哈比克区(约旦河谷)、朔姆龙区(纳布卢斯地区)、埃弗莱伊姆区(图勒凯尔姆地区)、本雅明区(拉姆安拉/阿尔比雷赫地区)、马加比姆区(马加比姆地区)、埃特锡安区(伯利恒地区)和耶胡达区(希伯伦地区)。(可见约旦河西岸犹太定居点地图[2])

以色列对西岸定居点的管理,由犹地亚和撒马利亚区之下的地区委员会负责。以色列共有地区委员会54个(见本书附录"以色列的地区委员会及所属的区列表"),其中8个或所在地为西岸,或所在地为靠近绿线的地区委员会,管理着128个西岸定居点：约旦河谷地区委员会,管理21个西岸定居点;古什埃齐翁地区委员会,管理17个西岸定居点;哈赫夫隆地区委员会,管理16个西岸定居点;赫维尔莫迪因地区委员会,管理1个西岸定居点;马特本雅明地区委员会,管理31个西岸定居点;梅吉洛特地区委员会,管理6个西岸定居点;肖姆龙地区委员会,管理36个西岸定居点。[见本书附录"西岸全部128个定居点及所属地区委员会列表(截至2019年)"]

2. 作为问题的"西岸定居点"

关于"西岸定居点问题"这一议题,有多种层面、多种视角的分析框

---

[1] 据 https://en. wikipedia. org/wiki/Judea_and_Samaria_Area

[2] 本书略。可访问 https://www. bbc. com/news/world-middle-east-38458884 读取。资料来源：B'Tselem,据 BBC, 2019 - 11 - 18。此图的图例中,巴勒斯坦建成区,即 A 区;巴勒斯坦民事控制区域,即 B 区;以色列军事和民事控制区域为 C 区。建成区,英国国家统计局(ONS)对其定义为：至少包括20公顷,具有村、镇或城市特征的建成地区。(2011 Census: Characteristics of Built-Up Areas. Office for National Statistics. 2013 - 06 - 28)

架。笔者认为，它可以指向西岸定居点所带来的四个方面问题。

一是持续占领、扩大边界、在占领领土上定居所带来的违反国际人道法问题。指以色列在1967年六日战争后，在约旦河西岸行使了以色列的民事管辖权和军事控制权；即以色列所控制的领土范围，在以色列东部，将1947年联合国第181号决议划定的以色列国接壤未来阿拉伯国的东部边界，往东推进到了与约旦的接壤处。从六日战争之后，以色列政府在西岸不断授权建立和扩建犹太定居点，以及犹太宗教定居者不断在西岸建立未经以色列政府授权的前哨基地。这些行为违反国际法，特别是《日内瓦第四公约》关于战争后占领国撤离和占领国不得将平民迁入被占领土的规定，也违反了联合国等国际组织要求以色列结束占领并撤出定居点的决议。

二是为了维持占领和定居所带来的违反国际人权法问题。以色列在对西岸实施占领和控制中，以及以色列在西岸不断扩大定居点和增加定居人口的过程中，所实施的建造隔离墙、建立军事基地、设置路障、限制巴勒斯坦人通行自由、拆毁巴勒斯坦人房屋，以及剥夺巴勒斯坦人自决权、安全执法中暴力行为，违反了国际人权法，也违反了联合国等国际组织对此的谴责性决议。

三是定居点与军事占领之间互为依存关系所带来的永久地位谈判与两国解决方案长期无望问题。西岸定居点有多种类型，它们都与军事机构形成关联。一种是离以色列本土较远的早期定居点，集中在约旦河谷一带，具有边界防御功能，它们与占领部队之间在一定程度上形成军事与平民一体化结构。另外三种类型的定居点：一是犹太教正统派聚居的定居点，特别是深入山区、靠近阿拉伯人社区的孤立定居点；二是因居住性价比高而定居西岸的世俗犹太人定居点；三是激进的右翼犹太人所建立的未经以色列政府授权的前哨基地，它们均需要得到以色列驻西岸部队的军事保卫。由此，定居点与军事占领，两者形成互为依存的逻辑关系——在以色列坚持安全边界的理由之外，定居点需要得到军事保卫,定居点的存在又为以色列的军事存在提供了理由。同时,以色列在定居点之间修建的道路,在把各个定居点连接起来的同时,巴勒斯坦领土被分割开来。这样,以色列追求的保障其"绝对安全"的系数得到了提高,但同时也带来了巴勒斯坦领土的碎片化问题,以致作为"最终地位"谈判的若干重要议题变得更缺少了巴以共识的基础,两国解决方案也因巴勒斯坦实质性建国变得遥遥无期,使巴勒斯坦问题继续成为全球"最棘手问题"之一。

　　四是西岸定居点也给以色列带来了代价问题。国内从事犹太定居点问题研究的学者李兴刚 2006 年的论文①,依据以色列资料,专文分析了以色列在所占领土上建立犹太定居点所额外付出的经济代价问题(在同时存在西奈半岛和加沙地带定居点时,西岸定居点也占多数,因此开支主要用于西岸定居点)。其一,军事开支。如 2003 年国防开支预算为 435 亿谢克尔,直接或间接用于定居点的军费开支为 15 亿—25亿谢克尔,还不包括通过国防部流向定居点的非军事开支以及应对因提法达的专项补助金。其二,自来水供应系统开支。分散且多位于山上的定居点供水成本很高,因建自来水供水系统,总投资约为 4 亿谢克尔。其三,供电系统开支。截至 2000 年,西岸架设输电线路总投资约6.7 亿谢克尔。其四,道路建设开支。2006 年之前,以色列在西岸修筑与维护道路的开支在 100 亿谢克尔以上。其五,给予定居者的个税减免成本。如 2001 年定居者个税减免 1.3 亿谢克尔,当时西岸定居者为主要部分。其六,住房建设成本和购房补贴开支。如 1992 年,定居点住房建设开支 19 亿谢克尔,2003 年为 5 亿谢克尔;2002 年以色列政府支付定居点购房补贴 7 000 万谢克尔。由此证明,以色列在西岸维持占领和犹太定居点,需要付出昂贵的经济代价,成为牵制以色列政府经济资源和军事资源配置的重要因素。它与政治代价一起,使西岸定居

① 李兴刚.以色列在被占领土建定居点的经济代价[J].国际资料信息,2006(6).

点问题成为一个长期存在的对以色列的挑战。

第二节 以色列政府关于兴建扩建西岸犹太定居点的政策

关于如何处置约旦河西岸地区的巴勒斯坦被占领土这一问题,以色列政府形成了两种主要立场。其中一种是以工党为代表的左翼立场,另一种是由利库德集团所代表的右翼立场。从列维·艾希科尔、果尔达·梅厄、伊扎克·拉宾到埃胡德·巴拉克所领导的历届政府来看,工党政府对于西岸犹太定居点问题总体上持较为温和的立场;他们仅仅主张根据国家安全的需要而在西岸部分地区建造犹太定居点。相比之下,由利库德集团的梅纳赫姆·贝京、伊扎克·沙米尔和本雅明·内塔尼亚胡所领导的历届政府,则对该问题持较为激进的立场;他们既迎合极右翼势力在整个西岸地区建造犹太定居点的想法,但又忌惮巴勒斯坦人口消解以色列国家的犹太性,最终在西岸定居点政策上表现出摇摆于中右与极右之间的矛盾立场。

就以色列的官方说法而言,约旦河西岸的犹太定居点具备五个合法理由,即基于历史权利、基于《巴勒斯坦委任统治书》的授权、基于约旦非法占领西岸时期禁令的无效性、基于不违背《日内瓦第四公约》以及不违背《奥斯陆协议》。但事实上,在以色列政府西岸政策的背后,存在着关于如何处置巴勒斯坦被占领土的更为丰富的讨论。其中包含的四种主要思想观念分别是和解主义、功能主义、领土主义和吞并主义,它们形成了以色列政府的内部争议与制衡。国家安全、民主性质、犹太性质、宗教理念与道德正义成为若干相互冲突与制衡的因素。其结果是,领土主义和功能主义成为以色列政府在西岸问题上的主流意识形态。不过,和解主义与吞并主义作为非主流的思想观念,仍然在以色列政治与社会中长期存在。

一、以色列对占领西岸的合法性辩解

自 1967 年六日战争以色列占领约旦河西岸（及其他阿拉伯领土）以来，以色列政府从历史、法理、政治现状切入，历经 1960 年代末以色列国际法专家的论证以及近 40 余年来以色列官方的不断补充、调整，对约旦河西岸问题形成了系统的、完整的官方立场。

以色列政府对约旦河西岸问题的官方立场，刊载于以色列外交部网上。稍早的为 2007 年版的《以色列定居点是否合法？》（可视为 1.0 版），最新版本为 2015 年版的《以色列定居点和国际法》（可视为 2.0 版）①。两文角度有异、互为补充，一并构成完整的以色列官方立场。

纵观以上两文，以色列政府对约旦河西岸问题的持论可集中归纳为以下五点。

1. 犹太人在约旦河西岸定居基于历史权利

以色列官方指出，西岸的犹太人定居点现象并非 1967 年六日战争后才出现，其中一部分定居点在现代以色列国成立前即已存在。例如，在奥斯曼帝国统治时期，在希伯伦一直存在着犹太人定居点（犹太人一直居住到 1929 年希伯伦大屠杀之前）。又如，1948 年以色列建国前，在英国委任统治时期又建立起耶路撒冷北部的尼维亚阿科夫②、犹地亚南部的古什埃齐翁定居区③和死海以北的犹太社区等定居点。因此，当代西岸的以色列人定居点实际上是在前几代犹太人社区的所在

---

① Are Israeli settlements legal?；Israeli Settlements and International Law，见以色列外交部网 https://www.mfa.gov.il。

② 尼维亚阿科夫（Neve Ya'acov）。

③ 古什埃齐翁定居区（Gush Etzion bloc），有学者作"古什埃齐翁定居集团"。对"bloc"有"定居区"和"定居集团"两种译法。本书均作"……定居区"（...bloc）。

地重新建立的。

2.《巴勒斯坦委任统治书》赋予了犹太人在巴勒斯坦地区定居的合法权利

国际联盟①依据《国际联盟盟约》第 22 条的规定,于 1922 年通过《巴勒斯坦委任统治书》。以色列引证《巴勒斯坦委任统治书》,指出该文件在承认"犹太人与巴勒斯坦的历史联系"和"重建其民族家园的理由"②之后,在第 6 条中具体规定:"巴勒斯坦行政当局在确保不影响其他人口的权利和地位的同时,应在适当条件下为犹太移民提供便利,并应与第 4 条所述的犹太机构合作,鼓励犹太人在包括非公共用途的国有土地上定居。"③即委任当局承认犹太人在以色列土地上定居的合法性。

3. 大流散后禁止犹太人定居西岸仅在约旦非法占领西岸时期

以色列官方指出,一千多年来唯一禁止犹太人在西岸定居的政府是约旦占领行政当局。在其统治的 19 年(1948—1967 年)中,约旦宣布向犹太人出售土地属于死罪。然而,约旦的占领从未被国际社会承认,它的禁令不具合法性,因此犹太人在西岸建造房屋的权利以及所获

---

① 国际联盟(League of Nations),简称国联,联合国(United Nations)前身,1919 年 1 月成立,总部设在瑞士日内瓦,1946 年 4 月解散。联合国于 1945 年 10 月成立,总部设在美国纽约。

② 《巴勒斯坦委任统治书》此处原文为"在该地区重建其民族家园的理由"(grounds for reconstituting their national home in that country),"在该地区"(in that country)一词在《以色列定居点和国际法》一文中没有出现,而它实际上对支持以色列的持论是增益的。

③ 此语中犹太人定居的"土地"范围,《以色列定居点和国际法》的原文为"close settlement by Jews on the land, including State lands not required for public use",提到的是"非公共用途的国有土地";而此文引用的《巴勒斯坦统治委任书》第 6 条,此处原文则为"close settlement by Jews, on the land, including State lands and waste lands not required for public purposes",即"国有土地和非公共用途的荒芜土地"两种土地。《以色列定居点和国际法》致误原因不知。

得土地的私人合法所有权至今仍然有效。换言之，犹太人在约旦占领西岸期间在该地区建立的定居点，不会因当年约旦的禁令而失去合法性。

4. 以色列在西岸的存在并不违反《日内瓦第四公约》

以色列认为，《日内瓦第四公约》仅适用于拥有主权的国家之领土，不适用于约旦河西岸的情形。以色列认为，1967 年以色列从非法占领者约旦手中夺得的西岸，是解体后的奥斯曼帝国弃置、英国委任统治结束继而阿拉伯人拒绝联合国第 181 号分治决议后放弃的地区，该地区并无主权归属。耶路撒冷和约旦河西岸在历史上也从未受到巴勒斯坦阿拉伯主权的约束。《日内瓦第四公约》的"总则"规定，"本公约适用于两个或两个以上缔约国间所产生之一切经过宣战的战争或任何其他武装冲突"，"凡在一缔约国的领土一部分或全部被占领之场合……适用本公约"。以色列据此认为，1967 年六日战争之前西岸没有国际公认的合法主权，所以，当西岸的控制权移交给以色列时，不能认为该地区的属性为"占领区"。

以色列还认为，犹太人自愿在其古老家园和巴勒斯坦社区旁建立家园和社区的情况，与《日内瓦第四公约》第 49 条第 6 款所设想的强制人口移送不符。对于第 49 条第 6 款"占领国不得将其本国平民之一部分驱逐或移送至其所占领之领土"的规定，以色列认为，一方面，以色列公民既没有被驱逐出境，也没有被转移到这些领土；另一方面，关于强迫人口移送到被占领主权领土的规定不应被视为禁止个人自愿返回他们或其祖先被强行驱逐的城镇和村庄，国家也不禁止任何个人对土地的私人所有权。

5. 建造和扩建西岸定居点不违反以巴已达成的协议

以色列认为，自 1993 年《临时自治安排原则宣言》（奥斯陆协议）

以来以色列与巴勒斯坦人之间达成的各项协议都没有禁止建造或扩
建定居点。这些协议特别规定,定居点等问题的解决保留在以巴和
谈最后阶段进行的永久地位谈判之中。① 双方明确同意,在达成永久
地位协议之前,巴勒斯坦权力机构对定居点或以色列人没有管辖权或
控制权。

此外,《以色列—巴勒斯坦关于西岸和加沙地带的临时协定》(奥斯
陆第二协议)所载禁止单方面步骤改变西岸地位的规定并不意味着禁
止定居活动。② 以色列认为,禁止单方面措施的目的是确保双方在永
久地位谈判结果之前,不采取任何措施(例如通过兼并或单方面宣布建
国)改变该领土的法律地位。房屋的建造对整个地区的最终永久地位
没有影响。以色列进一步辩称,如果此规定适用于建筑,则会导致不合
理的解释,即任何一方均不得建造房屋以满足其各自社区的需求。

以色列政府对约旦河西岸问题的上述持论,形成对联合国等国际
组织的谴责以及阿拉伯或巴勒斯坦方面的指控的辩解论据,也构成以
色列在联合国大会上关于巴以冲突与和平的重要发言的一些基本
观点。

然而,这些阐述并非无懈可击,某些推理明显存在牵强之处。如
关于《巴勒斯坦委任统治书》赋予了犹太人在巴勒斯坦地区定居的合
法权利的阐述。显然,英国委任统治时期的巴勒斯坦与联合国 181 号
分治决议之后的巴勒斯坦并非同一概念,也就是说,分治决议对"巴
勒斯坦地区"作了重新定义,历史上的合法性无法证明变化了的现实

---

① 如《以色列—巴勒斯坦关于西岸和加沙地带的临时协定》第 17 条第 1 款规定:"将在永久地
位谈判中谈判的问题,包括耶路撒冷、定居点、特定的军事地点、巴勒斯坦难民、边界、对外
关系和以色列人。"

② 这个表述是《以色列定居点是否合法?》一文的原话。在《以色列—巴勒斯坦关于西岸和加
沙地带的临时协定》文本中出现的不是禁则,而是引导性表述:"双方均认为西岸和加沙为
单一领土单位,其完整和地位将在过渡时期内得到保存。"(第 11 条第 1 款)

的合理性。不过,可能在以色列的认知中,阿拉伯人以1948年的战争摧毁了自己原来可以获得的权利,"巴勒斯坦"的概念缺乏了重新定义的基础。

上述以色列作为犹太人在巴勒斯坦地区具有合法定居权依据之一的《巴勒斯坦委任统治书》,阿拉伯人在联合国通过巴以分治决议前,即予以了否认。在联合国1947年《联合国巴勒斯坦问题特别委员会提交大会的报告》中反映了阿拉伯人的观点。《报告》指出:阿拉伯人坚持的立场是,纳入了《贝尔福宣言》的《巴勒斯坦委任统治书》是非法的,阿拉伯国家拒绝承认它有任何效力。它们认为,《巴勒斯坦委任统治书》的条款与《国际联盟盟约》第22条的文字和精神不符。第一,阿拉伯国家认为,尽管《国际联盟盟约》第22条第4款规定某些社区已达到一定的发展阶段,可以临时承认它们作为"独立国家"的存在,在行政权力和委任统治的形式下,仅在有限时期内以行政咨询和协助的形式接受监护,直到它们能够独立为止,但是,《巴勒斯坦委任统治书》违反这一规定,故意忽略立即临时承认该领土的独立,并在《委任书》第1条中将"立法和行政管理的全部权力"赋予委任统治者。第二,阿拉伯国家认为,《国际联盟盟约》第22条第4款规定,这些社区的意愿必须是选择委任统治国时的主要考虑因素。但是,巴勒斯坦社区的意愿并没有成为"选择委任统治国时的主要考虑因素"。第三,阿拉伯国家认为,《巴勒斯坦委任统治书》违反了民族自决的原则和权利。第四,更为釜底抽薪的是,阿拉伯国家提出,批准《巴勒斯坦委任统治书》时,阿拉伯国家不是国际联盟的成员,因此不受其批准的《巴勒斯坦委任统治书》的约束。值得指出的是,阿拉伯国家上述阐述的第一点,实际上提出了英国委任统治期间,原本阿拉伯社区是可以按《国际联盟盟约》第22条第4款规定,临时被承认其在巴勒斯坦地区"独立国家"地位的。这一观点与以色列对犹太复国主义兴起后犹太人在巴勒斯坦的定居权和建立犹太民族家园乃至建立犹太国的立场相去甚远,完全对立。

二、早期以色列政府对所占领土的四种处置意见和争议

1967 年六日战争结束后不久,以色列政府内阁成员对于如何处置所占领的巴勒斯坦领土问题,产生多种争议性观点。这一争议,表层意义是政府对于所占领土处置的方式争议,但在深层意义上所争论的焦点,是探讨哪一种处置方式能够实现和平;一旦实现和平,它对以色列的未来边界以及西岸和加沙的政治又会带来什么。这场辩论导致了跨越政党界限的鸽派和鹰派的出现。在这场持续的观点交锋和各自构想的方案中,以色列政府内部就如何实现与约旦的和平,以及巴勒斯坦被占领土的未来问题出现了和解主义、功能主义、领土主义和吞并主义四种主要的思想观念或立场。① 前面三者分别由工党②的三个前身以色列地工党③、拉菲党、劳工团结党作为代表。有学者认为,功能主义思想表达的是工具主义立场,它有助于指导以色列的近期政策,同时搁置撤军问题;

---

① Yehuda Lukacs. Israel, Jordan, and the Peace Process [M]. Syracuse University Press, 1977, p. 6.

② 以色列工党的变迁比较复杂,主要情况为:以色列工党(HaAvoda)于 1968 年由"以色列地工党"(Mapai,马帕伊)、"劳工团结党-锡安工人党"(Ahdut HaAvoda-Poale Zion)、"以色列劳工名单党"(Rafi,拉菲党)合并而成。大卫·本-古里安于 1919 年从 1901 年成立的"锡安工人党"(Poale Zion)出走后成立了"劳工团结党"(Ahdut HaAvoda),该党在与"青年工人党"(Hapoel Hatzair)合作 10 年之后于 1930 年合并为"以色列地工人党"。1944 年,"以色列地工人党"内部的亲苏组织宣告脱离并组建"劳工团结运动"(Ahdut HaAvoda Movement),1946 年,该党与"左翼锡安工人党"(Poale Zion Left)合并为"劳工团结锡安工人运动"(Ahdut HaAvoda Poale Zion Movement)。1948 年,"劳工团结锡安工人运动"与"青年卫士运动工人党"(Hashomer Hatzair Workers Party)合并为"团结劳工党"(Mapam)。1954 年,"团结劳工党"内部分离出"劳工团结党-锡安工人党"。1965 年大卫·本-古里安从"以色列地工党"脱离后组建了"以色列劳工名单党"。以色列工党的历史集中表现为"劳工"和"锡安"两大政治角色的转换。见:钮松. 以色列工党:历史沉浮与政治角色转换[N]. 中国社会科学报,2016 - 07 - 28(5).

③ "以色列地工党"应读为"以色列地‖工党"。

其他三种思想是意识形态的,集中在以色列撤军的程度和可取性上。①

和解主义(reconciliationist)思想以阿巴·埃班②和皮纳斯·萨皮尔③为代表。和解主义的立场属于鸽派。工党的许多成员,以及其他左翼政党的成员都坚持这一立场。对于约旦河西岸和加沙的以色列所占领土,和解主义者认为,应该由道德和正义而不是圣经或盲目的安全考虑来决定解决方案的条件。就国家安全而言,和解主义者反对西岸应作为“以色列堡垒”的思想;他们相信以色列放弃这些领土仍能维持其安全;他们把安全定义为一个积极的过程,需要以色列与周边阿拉伯国家进行社会、文化、政治、经济的交流,使以色列与邻国之间相互依存,而不是依靠军事手段来保证以色列的生存。较大一部分和解主义者认为以色列绝对没有必要在西岸维持军事存在以保证其安全利益,呼吁以色列撤出大部分领土,只对边界作微小改动以适应以色列的安全需要即可。就国家的民主性质而言,和解主义者认为,除非实现和平,否则以色列不可能在强行统治 100 多万巴勒斯坦人的同时永远保持其民主性质。他们还表示赞同领土主义支持者提出的人口统计学论点,即如果维持现状,以色列将失去其犹太性质,成为事实上的双民族国家(binational state)。此外,有的和解主义的支持者还认为,现实状况要求以色列撤回到 1967 年的边界并同巴解组织进行谈判。支持这一立场的主要人物是以色列军事情报部门负责人约沙法特·哈尔卡比(Yehoshafat Harkabi)将军。④

---

① Yehuda Lukacs. Israel, Jordan, and the Peace Process [M]. Syracuse University Press, 1977, p. 6.

② 阿巴·埃班(Abba Eban, 1940—2002),六日战争前后十余年中,任以色列外交部长,政党派别先后为左翼的以色列地工党、劳工结盟党(Alignment)、工党。阿巴·埃班也是著名学者。

③ 皮纳斯·萨皮尔(Pinhas Sapir),六日战争前后十余年中,任以色列财政部长、贸易和工业部长,政党派别先后为左翼的以色列地工党、劳工结盟党、工党。

④ Yehuda Lukacs. Israel, Jordan, and the Peace Process [M]. Syracuse University Press, 1977, p. 14.

功能主义(functionalist)思想以摩西·达扬①和西蒙·佩雷斯②为代表。功能主义者是工党中的极端鹰派。达扬主张对以色列所占领土采取功能主义做法,即淡化人口论据的权重。他认为人口权重问题可以通过增加犹太移民或向西岸居民提供约旦公民身份来解决,提出将西岸融入以色列经济。根据这一判断,达扬以国防部长的身份与约旦启动了"开放桥梁"(open bridges)政策,允许西岸的巴勒斯坦人与他们在约旦的亲戚朋友保持联系,以此作为以色列占领下的西岸巴勒斯坦人的"压力释放阀"。③ 同时,达扬创造了"等待阿拉伯来电"一语,它表达了以色列这样一种期望:以色列掌握了这些领土并可以维持现状,因此阿拉伯人应该抓住这一主动权。关于与约旦的正式和平,达扬在1967年9月3日提出了一项和平条约,该条约将授权约旦在以色列维持军事控制的同时对约旦河西岸实行民政管理。④ 不过,和解主义者,特别是财政部长萨皮尔对这种做法表示异议,他甚至把达扬的政策形容为"悄悄吞并"。⑤ 佩雷斯对西岸的意识形态意义并不看重,对佩雷斯来说,安全考虑是最重要的。佩雷斯和达扬一样,支持在约旦河西岸"领土妥协"的想法,但并没有说明以色列为换取和平的撤军程度。⑥

---

① 摩西·达扬(Moshe Dayan),六日战争前后十余年中,任以色列农业部长、国防部长,政党派别先后为左翼的以色列地工党、拉菲党、工党。

② 西蒙·佩雷斯(Shimon Peres),六日战争前后十余年中,任以色列国防部副部长、移民吸收部长、交通和通信部长、信息部长、国防部长,政党派别先后为左翼的以色列地工党、拉菲党、工党。

③ William E. Farrell. Dayan Said to Offer Arabs of West Bank Internal Autonomy [N]. The New York Times, 1977-09-12.

④ Yehuda Lukacs. Israel, Jordan, and the Peace Process [M]. Syracuse University Press, 1977, pp. 6-7.

⑤ Hassan A. Barari. Israeli Politics and the Middle East Peace Process, 1988-2002 [M]. Routledge, 2004, pp. 16-18.

⑥ Yehuda Lukacs. Israel, Jordan, and the Peace Process [M]. Syracuse University Press, 1977, p. 8.

　　领土主义(territorialist)思想以伊加尔·阿隆①为代表。领土主义思想因"阿隆计划"而成为该计划的代名词。领土主义所持的是中间路线,伊扎克·拉宾②和工党的相当一部分成员支持这种观点。领土主义者主张领土是安全的重要组成部分,因此,西岸的部分地区必须由以色列管控。该观点主张以色列控制西岸人口稀少地区,维持以色列在约旦河沿岸的军事存在,将边界东扩到耶路撒冷以南和约旦河谷,并主张将西岸的其余部分归还约旦。在 1992 年的竞选活动中,拉宾区分了西岸的"政治"定居点和"安全"定居点,明确将这种区分建立在"阿隆计划"的基础上。③

　　吞并主义(annexationist)思想以梅纳赫姆·贝京④为代表。支持这一立场的主要是以色列右翼派别,包括大多数宗教党派。贝京希望约旦河西岸并入以色列,作为其"埃雷兹以色列"构想的一部分。贝京反对与约旦谈判,曾拒绝承认约旦是一个国家。在以色列建国后最初几年,赫鲁特⑤的官方出版物对"约旦"一词还加上引号表示"所谓的"之意,该党认为约旦是以色列历史土地的一部分。然而,1967 年以后,贝京在某种程度上改变了想法,并支持达扬在约旦河西岸和加沙地带的行动,因为它们没有排除日后吞并这些领土的可能性。贝京将一个国家的历史权利原则与具体的政治现实作了区分;前者从长远来看是

---

① 伊加尔·阿隆(Yigal Allon),六日战争前后十余年中,任以色列劳工部长、移民吸收部长、教育和文化部长、副总理、临时总理。政党派别为劳工结盟党、工党。

② 伊扎克·拉宾(Yitzhak Rabin),六日战争前后十余年中,任以色列国防军参谋长、驻美国大使、劳工部长、总理。政党派别为工党。

③ Yehuda Lukacs. Israel, Jordan, and the Peace Process [M]. Syracuse University Press, 1977, pp. 8 - 9.

④ 梅纳赫姆·贝京(Menachem Begin),创立政党赫鲁特,为以色列右翼代表人物和反对派领袖。1977 年任以色列总理。

⑤ 赫鲁特(Herut),以色列右翼政党,1988 年正式合并为利库德集团。"Herut"在希伯来语中为"自由"意。

可以实现的,而后者必须在当前解决。①

　　六日战争之后的 10 年中,以色列的政治格局内充满派系冲突和意识形态分歧,其中对巴勒斯坦被占领土处置方式的不同思想观念的冲突,导致以色列政府对西岸的最终地位缺乏共识。但是,这些思想观念在相互冲突的同时,比较现实的那些思想,融合而成为以色列处理巴勒斯坦被占领土的主流意识形态。

　　和解主义主张放弃西岸无损以色列安全的观点,或者说只对部分边界略作调整即撤出西岸的主张,即使在六日战争后左翼占意识形态主导地位的 10 年中,也难以为主流意识形态所接受。领土主义与功能主义的主张较为符合以色列的主流价值观。在思想理念层面上,领土主义所秉持的维持对西岸战略地区占领是国家安全之必须的观点,以及功能主义所奉行的把西岸经济融入以色列这种温和占领的做法,形成了阿隆的“可防御边界”思想和达扬的“功能整合”②思想;在现实的技术层面上,领土主义者通过犹太人定居点建设、功能主义通过巴勒斯坦对以色列经济的依附,在六日战争之后不断地造就着西岸的现实图景。而吞并主义主张的把西岸并入以色列的激进想法,至少受到西岸阿拉伯人口因素对以色列国家犹太性的制约,缺乏现实操作性,因而吞并主义实际上是在一定程度上认同了领土主义的“部分吞并”思想和功能主义的“悄悄吞并”思想。概而言之,和解主义和吞并主义没有形成以色列的主流意识形态,而领土主义和功能主义对“阿隆计划”的政治

---

① Yehuda Lukacs. Israel, Jordan, and the Peace Process [M]. Syracuse University Press, 1977, pp. 10 - 11.

② 达扬的“功能整合”思想源自功能主义理论。按照功能主义先驱大卫·米特拉尼(David Mitrany)的观点,作为国际关系理论中的功能主义,所主张的国家间的社会和经济合作将侵蚀领土占取国家在现代世界中“无处不在”却“不过时”的地位,这种侵蚀的结果将会导致一个更和平的世界。这一理论认为,国家之间的政治问题可以分解为技术问题,从而形成一个累积过程,打破国家之间冲突的障碍。可参见 David Mitrany. The progress of international government [M]. London: Allen & Unwin, 1933, p. 101.

框架设计起到了基础性的作用,事实上成为以色列在处置巴勒斯坦被占领土问题上的具有较高认同度的意识形态。

三、以色列政府对西岸犹太定居点的兴建扩建政策

1. 影响所占领土定居点政策的驱动因素和主导力量

1967 年六日战争后,约旦河西岸以及其他一些阿拉伯领土,处于以色列控制之下。对所占领土的控制,是一种特殊的政府治理。希伯来大学政治学者奥伦·巴拉克认为,尽管以色列政府也要处理经济、社会和文化等领域的问题,但是所占领土上的治理重点是政治安全问题。[①] 在对西岸等所占领土的治理上,以色列与本土的治理不同,政府在这些领土内有政策,但往往对外界来说是模棱两可或模糊不清的,以及在这方面采取的许多措施具有临时性质;并且,其政策是渐进的,其特点混合了正式和非正式的因素。[②] 以色列在 1967—2020 年的 53 年中,主要由左翼立场的工党(以及联盟)和右翼立场的利库德集团执政(其中中间派的前进党执政 3 年多)[③]。政治倾向相异的政党,以及奉行不同策略的政府总理和内阁,在所占领土的政策上有一些差异,但从

[①] Oren Barak. Israel's Policy in and Toward the West Bank and the Gaza Strip [M]. //Reuven Y. Hazan, Alan Dowty, Menachem Hofnung, Gideon Rahat (ed.). The Oxford Handbook of Israeli Politics and Society. Oxford University Press, 2020.

[②] W. Streeck, K. Thelen. Introduction: Institutional change in advanced political economies [M]. //W. Streeck, K. Thelen (ed.). Beyond continuity: nstitutional change in advanced political economies. Oxford: Oxford University Press, 2005. pp. 1 - 39.

[③] 以 53 年历任以色列总理为视角,执政党派情况为:六日战争至 1977 年 6 月 20 日的 10 年中,由工党(以及联盟)执政;1977 年,利库德集团首次赢得大选,之后,至 2001 年 3 月 7 日的 23 余年中,利库德集团和工党(以及联盟)交替执政;2001 年 3 月 7 日至 2009 年 3 月 31 日的 8 年中,利库德集团和前进党(后 3 年多)先后执政;2009 年 3 月 31 日至今的 11 余年中由利库德集团执政。参见以色列议会网, https://main. knesset. gov. il/en/mk/government/Pages/governments. aspx? govid = 30&govId = 28

历史的进程看,连续性因素超过了变化因素。①

对所占领土的议题上,尤其是约旦河西岸,犹太定居点是一个核心问题。在所占领土上兴建和扩建犹太定居点,是以色列政府自六日战争以来的既定政策。学者李兴刚指出,以色列在所占领土上的定居点政策,具有三个驱动因素。一是宗教性因素。犹太教正统派认为,六日战争的胜利暗含着弥赛亚的信息,是耶和华承诺将"应许之地"赐予上帝选民的应验。只有保持犹太定居点和定居者的存在,才能保证犹太特征在犹地亚和撒马利亚②的存在。二是谈判筹码因素。以色列政府表示,除非作为广泛和平协议的一部分,否则以色列不会从被管理领土③上撤离。犹太定居点的建设或冻结,成为了以色列在巴以谈判中的一个重要筹码。同时,以色列在所占领土上军事管控与定居点两者共同存在,限制了巴以谈判中以色列的让步空间,缩小了以色列政府作出决定的自由度。三是造就共存事实因素。以色列在所占领土上建立的犹太定居点,造就了犹太人和巴勒斯坦人共生共存的场景。它一方面强化了以色列国存在的事实,逐步改变了阿拉伯人拒绝承认以色列国的立场;另一方面使得巴勒斯坦人在达成与以色列全面和解之前,逐渐习惯于犹太人在他们中间的存在。④

政府政策的制定,一定具有主导者。鉴于以色列政府在所占领土上定居点政策的复杂性,其主导者并非只有以色列政府,而是来自多个方面。首先,直接主导者。它们是国家政治机构,即政府和议会。同时,所占领土的安全管控措施融入在犹太定居点政策中,所以政策的直接主

---

① Oren Barak. Israel's Policy in and Toward the West Bank and the Gaza Strip [M]. //Reuven Y. Hazan, Alan Dowty, Menachem Hofnung, Gideon Rahat (ed.). The Oxford Handbook of Israeli Politics and Society. Oxford University Press, 2020.

② 以色列官方对约旦河西岸的称名。

③ 以色列官方对所占领土的正式说法是"被管理领土"。

④ 参见:李兴刚.阿以冲突中的犹太定居点问题研究[M].昆明:云南大学出版社,2011:132—135.

导者也包括各种国家安全机构,如以色列国防军、以色列安全局①和以色列警察②。其次,间接主导者。自 1948 年以来,以色列存在着一个由退休安全官员及平民组成的"非正式安全网络"(informal security network),它对以色列许多领域,特别是国家安全领域产生着很大的影响。这个网络自 1967 年以来在所占领土的安全治理上,在以色列定居点政策的制定中发挥着不可忽视的主导作用。③

　　另外,左右以色列定居点政策的主体,还包括许多重要的影响者。其一,关键行为者。在以色列政策形成过程中发挥关键作用的行为者包括定居者运动,以及代表定居者利益的耶沙委员会(Yesha Council)等组织。它们一方面有能力获得定居者的支持,另一方面它们有能力绕过以色列的政治机构,与国家安全机构和上述非正式安全网络进行协调。其二,政策实施者。以色列的定居点政策是由国家机构以及犹太机构和犹太民族基金等组织以及定居者实施的。其三,其他行为者。它们包括法院系统、官方和私营媒体、学术机构和民间社会团体。这些行为者通常赋予政府的定居点政策以合法性。其四,外部行为者。它们包括国际社会的各种主体,如以色列的最重要盟国美国,苏联-俄罗斯、欧洲国家,以及联合国等国际组织,还有以色列周边的阿拉伯国家。另外,以色列所占领土上的巴勒斯坦人、以色列国内的阿拉伯裔公民、散居国外的巴勒斯坦人,他们的预期和实际的反应,也对以色列的定居点政策,构成一定程度的影响。④

----

① 以色列安全局(General Security Service, GSS)。

② Oren Barak. Israel's Policy in and Toward the West Bank and the Gaza Strip [M]. //Reuven Y. Hazan, Alan Dowty, Menachem Hofnung, Gideon Rahat (ed.). The Oxford Handbook of Israeli Politics and Society. Oxford University Press, 2020.

③ Gabriel Sheffer, Oren Barak. Israel's Security Networks: A Theoretical and Comparative Perspective [M]. NY: Cambridge University Press, 2013.

④ Oren Barak. Israel's Policy in and Toward the West Bank and the Gaza Strip [M]. //Reuven Y. Hazan, Alan Dowty, Menachem Hofnung, Gideon Rahat (ed.). The Oxford Handbook of Israeli Politics and Society. Oxford University Press, 2020.

2. 工党政府的西岸定居点政策

1967 年六日战争以来,以色列工党(以及联盟)在以色列政坛历经了 8 任、6 位总理。他们是列维·艾希科尔、伊加尔·阿隆(代理总理)、果尔达·梅厄、伊扎克·拉宾、西蒙·佩雷斯、埃胡德·巴拉克。六日战争后的头十年,是工党连续执政;中间是与利库德集团交替执政;而自 2001 年以来工党则没有再赢得大选。

在以色列所占领土问题上,工党保持了谨慎、克制、温和的态度,主张以联合国第 242 号决议和第 338 号决议为基础解决巴以冲突。在巴以谈判中,坚持"土地换和平"的原则。有研究指出,虽然目前在以色列政坛,代表中左翼政治倾向的以工党和前进党的影响在减弱,选民的支持率在减少,但是,实现巴以和解,以色列仍然需要温和派,以搭建与巴勒斯坦沟通的渠道和桥梁。[①]

工党在执政期间,在所占领土和犹太定居点政策上,提出了以下一些方案。(1)"阿隆计划"。"阿隆计划"的核心是在西岸构筑"可防御边界",计划包括在约旦河谷建立犹太定居点、以色列将吞并耶路撒冷走廊地区等内容。该计划对以色列在西岸兴建定居点政策产生深远影响,经过"阿隆+计划"的升级,它并且成为利库德集团的定居点方案(本书详述见后)。(2)桥梁开放。由国防部长达扬提出,主张开放约旦河上的桥梁,以及北部边界。主张约旦、以色列、巴勒斯坦人的共处,鼓励以色列所占领土与以色列本土的经济一体化。(3)加利利文件。由不管部部长以色列·加利利(Yisrael Galili)在达扬"未来四年被管理领土上的政策"的基础上拟定的方案。"加利利文件",允许私人在以色列所占领土上自由购地和定居,允许以色列企业家在西岸和加沙地带投资建厂,密切以色列所占领土与以色列本土的经济关系。(4)十四点计划。由外交部长阿巴·埃班起草的竞选纲

---

① 王颖.巴勒斯坦被占领土犹太定居点问题研究[D].延安大学,2017.

领,撤销了"加利利文件"中允许私人购地和定居的政策,强调领土问题的解决必须保证国家的犹太性,其中第 12 条承诺继续巩固在被管理领土上的犹太定居点。(5)佩雷斯共管方案。在美国劝说以色列与约旦脱离接触的压力下,总理佩雷斯草拟的一项与约旦妥协、不涉及主权归属、保持控制约旦河谷、以色列和约旦共管西岸的方案。与约旦共管的想法,对 1980 年代的一些解决方案产生了潜在的影响。①

3. 利库德集团政府的西岸定居点政策

利库德集团②在 1977 年的大选中胜出,之后在以色列的政坛上日趋处于优势地位,历经了 6 任、4 位总理。他们是梅纳赫姆·贝京、伊扎克·沙米尔、阿里埃勒·沙龙、本雅明·内塔尼亚胡。

与工党的温和态度不同,在以色列所占领土问题上,利库德集团秉持强硬的态度,主张"和平换和平"的原则。有研究指出,和平与安全,是以色列建国以来的两个核心关切。而本应相互联系、不可分割的两者,在以色列是分裂的。工党以追求和平为原则,利库德集团以追求安全为宗旨。③

利库德集团执政以后,以色列所占领土犹太定居点建设加快了进程。在所占领土和定居点政策上,利库德集团政府提出了以下一些计划。(1)德罗布尔斯计划。利库德集团首次执政,即接受了"德罗布尔斯计划",该计划的正式名称为《1979—1983 年犹地亚和撒马利亚定居点发展总体计划》。该计划规划到 1983 年在西岸建设的定居点,将容纳 10 万定居者。同时,以色列政府出台了吸引定居者的优惠政策,规

---

① 参见:张艳明.以色列在巴勒斯坦被占领土上的政策与实践研究[D].西北大学,2005.

② 利库德集团(字面意思是"团结";英文为 Likud),又称全国自由联盟,是以色列的一个右翼政党,在 1973 年选举的准备中由赫鲁特和以色列民主党合并组成。

③ 王颖.巴勒斯坦被占领土犹太定居点问题研究[D].延安大学,2017.

定将以色列本土同样地产的三分之一至一半的补贴给予西岸的购房者；并建造连接以色列本土和西岸的道路，使定居者能够工作在以色列、居住在西岸。(2)沙龙计划。1977年，时任农业部长的沙龙拟定了一项定居点计划，详细规划了对以色列安全至关重要而需要吞并的地区。按照该计划，整个西岸只有少量阿拉伯人口稠密地区不在以色列的主权之下。这个计划最终没有被政府采纳。但是，沙龙利用担任农业部长，以色列土地局在其管辖下的有利条件，四年之中在西岸共建造了64个犹太定居点。① (3)渐进吞并。其中包括，修正"阿隆计划"，推出不受地域限制的新的定居点举措；强调在西岸阿拉伯人口稠密地区建立定居点；兴建大型犹太定居区，使这类定居区成为历次巴以谈判都不纳入撤离议题的"共识定居点"；鼓励在巴勒斯坦被占领土上创造"土地既成事实"，把它作为最终吞并定居点的重要方式。②

　　值得指出的是，虽然在态度上和具体政策上，工党与利库德集团有所不同，但是在兴建和扩建以色列所占领土上的犹太定居点的基本立场上，两党是相似的。通过定居点强化和固化"可防御边界"，这条关系到以色列存亡的主导思想，是不同政治倾向政党和不同策略政府共同的原则。

第三节　以色列的西岸共识：建构"可防御边界"

　　关于以色列政府如何处置包括约旦河西岸在内的所占领土，上述四种思想观念之间产生了相互竞争与制衡。在这一过程中，逐渐形成了对以色列政府西岸政策产生深远影响的"阿隆计划"。该计划的核心

---

① 参见：李兴刚.阿以冲突中的犹太定居点问题研究[M].昆明：云南大学出版社,2011：154—172.

② 参见：张艳明.以色列在巴勒斯坦被占领土上的政策与实践研究[D].西北大学,2005.

是构想了以色列东部的"可防御边界",而且这一构想主要是基于以色列国家安全和犹太性质这两个考虑。依据该计划,第一,以色列将对约旦河谷实行绝对的安全控制,并使得耶路撒冷通向海岸平原的道路形成安全走廊;第二,约旦河西岸的其余地区,尤其是阿拉伯人口稠密地区,将不会被纳入以色列控制范围;第三,以色列政府应尽快推进在约旦河谷等地的犹太定居点建设。

"阿隆计划"曾经提交给以色列内阁进行讨论,但历届以色列内阁从未正式批准过该计划,因此该计划从未变成以色列政府的正式文件。但尽管如此,该计划对于以色列政府西岸政策来说仍具有重要的历史意义,因为它为以色列未来几十年的西岸政治与安全图景提供了一个具有必要性和灵活性的规划。它成为 1967—1977 年间工党政府在西岸问题上的指导方针,促使工党政府在约旦河谷等地建立了 21 个犹太社区。不仅如此,它还启发了后续利库德政府关于未来西岸政策的构想。例如,1977 年内塔尼亚胡政府提出的"阿隆+计划",以及 2020 年内塔尼亚胡与特朗普商定的"中东和平新计划",都可以看到"阿隆计划"的"可防御边界"战略的影子。因此可以说,尽管以色列历届政府的西岸政策有所变动和摆荡,但"阿隆计划"的"可防御边界"战略是历届政府西岸政策的一个重要根基。

一、"阿隆计划"的形成与历史意义

六日战争结束后不到十天,1967 年 6 月 19 日,以色列内阁举行秘密会议讨论如何处置占领区。其他问题没有成为讨论的障碍,只有西岸领土是部长们认为棘手的问题,内阁在该地区的未来问题上分歧很大。由于无法为西岸的处理制定一致的政策,这种无法确定路线的策略形成了以色列对西岸问题"决定不做决定"(deciding not to decide)的特别政策。① 在这一过程中，产生了对以色列政治生态影响深远的"阿隆计划"。

1."阿隆计划"与"可防御边界"

1967 年 7 月 26 日，劳工部长阿隆向总理艾希科尔提交了一份解决巴勒斯坦问题的计划，这个计划后来被称为"阿隆计划"（Allon Plan）。从文献来看，有两点是以色列政界、学术界的共识：第一，阿隆所提交的该计划，并无个人冠名的计划名称，"阿隆计划"是后来人们所称的非正式名称；第二，"阿隆计划"从来没有成为过政府的正式文件。关于"阿隆计划"文本，具有文本（text）之义的，是刊载于以色列外交部网站上的"The Allon Plan"，而它的来源是刊载于中东网的"The Allon Plan-1967"。该文本显然也不是阿隆所提交的原始文本，而是经他人提炼整理的文本。它除了前后两段简要的评介性文字以外，主体内容为四段文字和一幅地图（地图②和原说明文字如下）：

一、以色列将保留对约旦河谷和"高地背后"（back of the mountain）的控制。以色列军事战略家认为，这种控制是军事上控制西岸所必需的。该地区大部分是沙漠，没有巴勒斯坦人定居或使用。但是，该计划将控制巴勒斯坦人进入约旦，并将建立几个单独的飞地。

二、约旦河将继续作为以色列的东部边界，使以色列能够防止外

① Ron Skolnik. Has Israel Ever Truly Intended to Withdraw from the West Bank?［J］. Jewish Currents，Summer 2017.

② 本书地图略。可访问 http://www.mideastweb.org/alonplan.htm 读取。该地图是 1968 年 9 月 27 日以色列与约旦国王侯赛因会谈时展示的"阿隆地图"。西岸地图中点状部分为计划并入以色列的约旦河谷等地区；西岸地图中斜线部分为以色列计划放弃，让巴勒斯坦自治，或退回约旦的地区［图中东西向穿过杰里科的走廊，是阿隆在与约旦国王会谈前修改增加的（据 Reuven Pedatzur，The 'Jordanian option,' the plan that refuses to die［N］. Haaretz，2007 - 07 - 25.）。另：图中的箭头与连线，是"阿隆计划"设计的连接同一类主权归属地区的自由通行的道路。］

国军队越过西岸并集结以进攻以色列中心地区。

三、以色列将吞并耶路撒冷走廊①地区,以确保通往耶路撒冷的通道。

四、巴勒斯坦人将获得三个人口稠密的飞地的控制权——北部飞地包括纳布卢斯、杰宁、图勒凯尔姆和拉姆安拉,南部飞地包括希伯伦和伯利恒,东部飞地包括杰里科,其中有一个通往约旦的过境点。飞地将通过道路连接起来。

阿隆在 1976 年第 1 期的《外交事务》②上发表《以色列:可防御边界的理由》(Israel:The Case for Defensible Borders)一文。该文构建了至今以来对以色列政治影响非常大的"可防御边界"(defensible borders)的理论框架。在此理论框架下的"阿隆计划",基于两个基本考虑。

第一个考虑是以西岸确保以色列永久安全的国家战略。其中包括在西岸建立以色列"可防御边界"、在耶路撒冷通向海岸平原的道路形成安全走廊。

关于在西岸建立以色列"可防御边界"。以色列吸取建国以后与阿拉伯国家战争的经验教训,认为必须对西岸东部的约旦河谷③实行绝

---

① 耶路撒冷走廊(Jerusalem corridor),是以雅法/特拉维夫—耶路撒冷公路的靠近耶路撒冷一段,连接耶路撒冷和以色列沿海平原地区的狭长地带。它的范围大致是:北边位于雅法/特拉维夫至耶路撒冷老路近耶路撒冷一段;南边位于埃拉谷(Ella Valley)[与古什埃齐翁(Gush Etzion)在同一维度上];西边位于拉特伦(Latrun)、沙尔哈盖(Sha'ar HaGai)、贝特谢梅什(Beit Shemesh)一带;东边位于西岸边界。这条耶路撒冷走廊,对耶路撒冷具有非常重要的军事战略意义。自 1947 年联合国通过分治决议后随即爆发的阿以民众冲突开始,至1948 年第一次中东战争期间,因耶路撒冷走廊被攻击而数次阻断了将武器、食物等物资运入被围困中的耶路撒冷的唯一通路。特别是其中的拉特伦,是雅法/特拉维夫至耶路撒冷公路的必经之地,它能借助居高俯瞰这条公路的有利地形,向往来耶路撒冷的车辆发动攻击并瘫痪这条公路。
② 《外交事务》(Foreign Affairs),美国外交关系协会主办的杂志。
③ 约旦河谷,即"阿隆计划"地图中位于东部,南北走向的 10 至 15 公里宽的点状地区,面积约占西岸的 25%。见:Peter Beinart. The Crisis of Zionism [M]. Picador,2013.

对的安全控制。在西岸，与阿拉伯人聚居的西部相比，东部约 998 平方公里①的约旦河谷人烟稀少。据阿隆当时的计算，约旦河谷地区的阿拉伯人口约为 1.4 万人，可基本上不涉及安置阿拉伯人的"人口问题"；该地区拥有足够的土地和水资源，可大规模定居犹太人。② 以色列将通过在这些较为荒芜的地区建立犹太人定居点和常设军事基地来实现安全目标。也就是说，把以色列的东部边界从 1949 年停火线向东推到约旦河、死海一线与约旦边境线上。西岸的约旦河谷底地与石灰岩丘陵组成的撒马利亚山、犹地亚山之间平均高度 700 至 900 米落差③，就成为对以色列东部具有坚固防御作用的天然屏障，这就是阿隆提出的可保证以色列绝对安全的"可防御边界"。这样就能消除如下潜在危险：敌对的阿拉伯国家可能利用西岸东部隐蔽、西部能够俯瞰以色列的有利地形，特别是能轻易突破以色列地理上脆弱的"细腰"，瞬间向特拉维夫等以色列中心城市发动军事进攻。1995 年以后，除杰里科以外的约旦河谷均为以色列全面实行民事和安全控制的 C 区范围。④ 以上考虑体现在"阿隆计划"的第一点和第二点中。

关于耶路撒冷通向海岸平原的道路形成安全走廊。耶路撒冷的地

---

① 因为约旦河谷并非政区，而是一个边界模糊的地理区域，它的面积缺乏权威数据。此处面积数字来源于 Adam Rasgon. Palestinians in Jordan Valley Fear Annexation Would Choke Off Their Villages [N]. The New York Times，June 24，2020。

② Daniel Dishon（ed.）. Middle East Record，Volume Four，1968 [M]. New York：John Wiley and Sons，Jerusalem：Israel Universities Press，1973.

③ Editors of Encyclopaedia Britannica. West Bank [EB/OL]. https://www.britannica.com/place/West-Bank

④ 根据 1995 年以巴签署的《关于约旦河西岸和加沙地带的临时协定》（Interim Agreement on the West Bank and the Gaza Strip）（即《奥斯陆第二协议》（Oslo II）），将以色列占领的西岸划分为三个行政区：A 区、B 区和 C 区。在达成最终地位协议之前，对不同地区赋予了不同的地位：A 区由巴勒斯坦权力机构全面控制民事和安全；B 区由巴勒斯坦民事控制和以巴联合安全控制；C 区由以色列全面控制民事和安全。

理位置,北东南三侧面向约旦河西岸,西侧面向以色列。1948年第一次中东战争,以色列占领了西耶路撒冷,在阿以冲突不断的形势下,通向以色列的雅法/特拉维夫——耶路撒冷公路成为耶路撒冷的交通命脉。对于耶路撒冷西侧的通道,阿隆关注其中的两个关键点。

　　第一个关键点是拉特伦突出处[①]。在雅法/特拉维夫——耶路撒冷公路从平原进入耶路撒冷之前,必须从一个要冲下面通过。这个要冲就是距耶路撒冷以西25公里、位于阿亚龙谷(Ayalon Valley)山顶的拉特伦突出处。拉特伦俯瞰着通往耶路撒冷的道路,若控制了拉特伦即控制了耶路撒冷走廊,可见拉特伦战略地位之重要。拉特伦在1948年英国结束委任统治时被移交给了约旦。接着,5月14日以色列建国,第一次中东战争爆发,约旦军队封锁了从沿海平原到耶路撒冷的道路,并利用拉特伦制高点向下面道路上行驶的以色列车辆开火,有效地对耶路撒冷和那里的犹太居民实施了军事围困。为了绕过这条被封锁的道路,以色列军队在美国陆军上校丹尼尔·马库斯(Daniel Marcus)的指挥下,历经一个多月,在看似无法通行的山脉上修建了一条通往耶路撒冷的临时道路,结束了约旦对耶路撒冷的封锁。这条应急道路后被命名为与二战时同样应急修建的"滇缅公路"相仿的"缅甸公路"(Burma Road)。[②]1967年六日战争,以色列从约旦手中夺取西岸和东耶路撒冷,拉特伦被以色列占领。历史让阿隆意识到,以色列通往耶路撒冷的道路是耶路撒冷安全的命脉,必须保证这条道路周边一定区域内形成一条安全通行的走廊,并且拉特伦等联合国第181号分治决议划给阿拉伯的领土需在以色列的控制之下。

[①] 拉特伦(Latrun),即本书所列的"阿隆计划"地图中,西岸西侧边界靠中间处点状区域的向西突出处。

[②] Benny Morris. 1948: A History of the First Arab-Israeli War [M]. Yale University Press, 2009, pp. 230 - 231.

　　第二个关键点是古什埃齐翁定居区[①]。它和拉特伦一南一北，"守卫"于耶路撒冷通向沿海平原的道路的两侧。从犹太人的角度看，它在以色列建国之时的"建立、防御和陷落"被描述为"以色列在建国中主要事件之一"，在以色列的集体记忆中发挥了重要作用。[②] 1948 年之前，卡法尔埃齐翁（Kfar Etzion）、马苏奥伊特扎克（Massuot Yitzhak）、恩兹祖里姆（Ein Tzurim）、莱沃迪姆（Revadim）等四个犹太人定居点[③]形成了古什埃齐翁定居区，该定居区在 1947 年 11 月 29 日联合国第 181 号分治决议中是划给阿拉伯国的其中一部分。但哈加纳部队决定不撤离，于是从 1947 年 11 月 29 日起，卡法尔埃齐翁定居点受到约旦军队围困。接着，在 1948 年第一次中东战争爆发前，卡法尔埃齐翁定居点被约旦军队摧毁，而整个古什埃齐翁定居区，则于 5 月 13 日、以色列建国的前一天，在约旦军队大举进攻下被摧毁。至 1967 年六日战争，古什埃齐翁连同西岸被以色列占领。[④] 由此，阿隆需要重新定义古什埃齐翁定居区对耶路撒冷通道的安全意义，当然也涵盖了它的意识形态和政治意义。以上考虑体现在"阿隆计划"的第三点中。

　　第二个考虑是排除西岸阿拉伯人口稠密地区以保证以色列国家性质的犹太性。

　　六日战争后，以色列政府排除了把约旦河西岸的阿拉伯人口纳入

---

① 本书所列的"阿隆计划"地图中，与拉特伦南北对视、单独的点状区域，即古什埃齐翁定居区。

② David Ohana. Kfar Etzion: The Community of Memory and the Myth of Return [J]. Israel Studies，Vol. 7，No. 2，2002，pp. 145－174.

③ 它们是在英国委任统治时期，在犹太人于 1920 年代和 1930 年代向阿拉伯人购买的土地上，于 1940—1947 年建立起来的。

④ 在古什埃齐翁定居区被摧毁的过程中，曾发生大屠杀事件。1948—1967 年西岸被约旦占领期间的 19 年中，一些躲过屠杀的幸存者聚集在以色列与约旦西岸的边境，并注视着那里一棵巨大的象征古什埃齐翁的"孤独的橡树"，这成为每年以色列独立日在这里举行的聚会仪式。

一个扩大的以色列的可能性,因为这将极大地改变以色列作为犹太国家的人口取向。为此,对于西岸涵盖大量阿拉伯人的地区,阿隆认为或让其成为巴勒斯坦自治领土,或将其退回约旦——包括划出一条穿过杰里科到约旦的走廊,这也是阿隆的领土妥协想法和以色列应避免统治另一个民族之想法[①]的具体化。这个考虑体现在"阿隆计划"的第四点中。

2. "阿隆计划"对 1960 年代西岸犹太人定居点问题的影响

"阿隆计划"于 1967 年 7 月 13 日完成,7 月 26 日提交以色列内阁。在此之前的 6 月份,联盟政治委员会[②]对"阿隆计划"进行了讨论,引发了以色列公众的辩论,并在世界新闻界得到了广泛报道[③]。

一般认为,"阿隆计划"的核心是关于西岸问题。对于这份系统拟定的、并正式提交内阁的实质性的和平计划,以色列内阁既未批准也未拒绝,也即"阿隆计划"从来也没有变成政府的正式文件。然而,它对以色列政府的西岸领土政策和定居点政策产生着久远的影响。"阿隆计划"提出后,尽管左右翼观点不同的内阁部长们对该计划政治概念意见分歧,但是,该计划的执行部分,即在西岸以色列控制地区建立犹太人定居点的构想,获得了部长们的广泛支持。就"阿隆计划"放弃西岸阿拉伯人口聚居区域的领土、仅将约旦河谷(以及某些具有特殊意义的地点)地区的领土并入以色列的构想,反对吞并领土的人认为这是一个未

---

① Anita Shapira. Yigal Allon, Native Son: A Biography [M]. University of Pennsylvania Press, 2007.

② 联盟政治委员会(Ma'arach's Political Committee, MPC)。联盟(Ma'arach),是 1960 年代和 1990 年代以色列主要左翼政党。1965 年成立时,是马帕杰(Mapaj)和劳工联盟(Achdut ha-avoda)的联盟,三年后解散,这两个党和拉菲(Rafi)合并为工党。新的政党 Ma'arach 成立于 1969 年,是工党和马帕姆(Mapam)的联盟。

③ 6 月 10 日以色列《国土报》(*Haaretz*)、6 月 11 日法国《世界报》(*Le Monde*)、6 月 18 日美国《纽约时报》、6 月 22 日英国《经济学人》等。

来政治解决西岸问题的框架,它将为国家安全问题和人口问题提供答案;支持吞并领土的人认为这项计划弊端较小,它不会完全关闭或部分关闭吞并的大门。该计划的灵活性,为六日战争后的临时局势造成的所有问题提供了答案。①

特拉维夫大学历史学家安妮塔·沙皮拉在其《土生土长的儿子:伊加尔·阿隆传》一书中指出,安全、人口、道德被认为是"阿隆计划"的三个支柱。②

关于沙皮拉所述的"道德",海法大学历史学家、另一本阿隆传记《伊加尔·阿隆:被忽视的政治遗产,1949—1980 年》作者乌迪·马诺尔有一段阐释。他将阿隆计划支柱之一的道德作为一种道义的正当性,站在以色列的立场上指出:"作为'阿隆计划'出发点的道德基础——即我们对以色列土地的权利,以及我们没有征服不是我们自己的领土而是解放我们家园的事实,我们对伯利恒和纳布卢斯拥有对提比利亚和特拉维夫的同等权利;除此之外,我们还有自卫的权利,以及约旦河西岸和加沙地带在强加于我们的正义战争中获得解放的事实。因此,没有理由要求我们撤出。"③

"安全"和"人口"所涉及的问题,则直接与巴勒斯坦或约旦的政治诉求相关;"安全"问题又与怎么建立定居点和建立什么性质的定居点有关。对此,"阿隆计划"提出后,以色列经历了"巴勒斯坦选项"和"约旦选项"的过程,以及关于建立定居点性质的讨论过程。

---

① 1967 年 12 月 22 日以色列希伯来语报纸《达瓦尔报》(*Davar*)的评论。见 Daniel Dishon (ed.). Middle East Record, Volume Four, 1968 [M]. New York: John Wiley and Sons, Jerusalem: Israel Universities Press, 1973.

② Anita Shapira. Yigal Allon, Native Son: A Biography [M]. University of Pennsylvania Press, 2007.

③ Udi Manor. Yigal Allon: A Neglected Political Legacy, 1949‑1980 [M]. Sussex Academic Press, 2017.

3. 早期"阿隆计划"在"巴勒斯坦选项"和"约旦选项"失败后的修改

所谓"巴勒斯坦选项",其方案是在受以色列安全控制的前提下,在西岸建立一个非军事化的巴勒斯坦实体;所谓"约旦选项",其方案是将西岸大部分领土(阿拉伯人口稠密地区)的控制权移交给约旦。提出"阿隆计划"的前后阶段,始终伴随着以色列政府在巴勒斯坦取向和约旦取向之间的犹疑和波动,甚至也包括阿隆本人在两者之间的变化。

六日战争之后,以色列政府决定,仅考虑过渡解决方案,而不就约旦河西岸的长期未来作出决定。

政府明确反对任何让以色列接受西岸阿拉伯人口稠密地区的解决方案,那么,摆在政府桌上的,就只剩下"巴勒斯坦选项"(Palestinian option)或"约旦选项"(Jordanian option)为基础的办法。① 就"巴勒斯坦选项"而言,在六日战争结束后的内阁会议上,对这样一个巴勒斯坦实体,是给予自治地位,还是给予独立地位,政府的部长们犹豫不决。最后,总理艾希科尔、国防部长达扬、劳工部长阿隆和情报部长加利利定下基调,赞成"巴勒斯坦选项"。其时,尚未完成"阿隆计划"的阿隆不但赞成"巴勒斯坦选项",并且明确反对"约旦选项"。他在"阿隆计划"完成的前二十几天,即 1967 年 6 月 19 日的内阁会议上说过一句著名的话:"我们最不愿意做的一件事,就是把西岸哪怕是一寸土地归还约旦。我们不能认为侯赛因永远存在——今天是侯赛因(Hussein),但明天可能就是纳布尔西(Nabulsi)了……"② 从中可见,因为无法保证约旦的政权永远不与以色列为敌,所以在阿隆的心目中,他是希望"巴勒斯坦选

① Ronald Ranta. Political Decision Making and Non-Decisions: The Case of Israel and the Occupied Territories [M]. Palgrave Macmillan, 2015.

② Reuven Pedatzur. The 'Jordanian Option,' the Plan That Refuses to Die [N]. Haaretz, 2007 - 07 - 25.

项"成功的,"约旦选项"只是退而求其次、甚或是最后别无选择后的无奈之策。

确定"巴勒斯坦选项"的方案后,艾希科尔总理指派精通阿拉伯事务的埃莉亚胡·萨森①研究在西岸建立一个巴勒斯坦实体的可能性。萨森在与西岸的巴勒斯坦知名人士接触后指出,分成独立派、民族主义者(巴解组织)和亲约旦派的西岸的巴勒斯坦领导人,普遍愿意与以色列达成协议,但是均坚持与以色列之间达成的任何协议都必须包括东耶路撒冷、加沙地带和难民问题的解决方案,而这些都是以色列坚持不讨论的问题。② 1968 年 5—8 月,以色列与巴勒斯坦的几个市长讨论有限自治的议题。西岸几个市的市长,曾提出实行自治的要求,但是不久都收回了他们的要求。只有希伯伦市是例外,自 1940 年代以来一直担任希伯伦市长的阿里·贾巴里(Ali al-Ja'bari)愿意进一步讨论自治的具体方案。作为艾希科尔总理的代表,萨森提出了实现巴勒斯坦自治的四种备选方案,其中包括任命贾巴里为西岸总督,或者任命贾巴里为希伯伦地区总督。③ 之后,以色列政府根据西岸除希伯伦市以外的市对自治计划的反对态度,意识到了任命贾巴里为西岸总督的不可行;贾巴里也接受了仅在希伯伦地区自治的方案。但就在以色列政府最终讨论对贾巴里的希伯伦地区总督任命的前一天,贾巴里声称改变了主意,

---

① 埃莉亚胡·萨森(Eliyahu Sasson,1902—1978),出生于奥斯曼帝国时期叙利亚大马士革,于 1927 年移民到巴勒斯坦。在阿拉伯事务方面,他在以色列建国前担任过阿拉伯部门的负责人,建国后担任过外交部中东事务部部长、以色列驻土耳其使节等职。

② Ronald Ranta. Political Decision Making and Non-Decisions: The Case of Israel and the Occupied Territories [M]. Palgrave Macmillan,2015.

③ 四种备选方案为:(1)任命贾巴里为西岸总督。(2)给予伯利恒、拉姆安拉和杰里科地区自治权,因为占这些城市多数人口的基督教徒不愿被贾巴里统治。(3)给予西岸所有地区自治权,从希伯伦和伯利恒开始。(4)只允许希伯伦自治并任命贾巴里为该地区的总督。见 Ronald Ranta. Political Decision Making and Non-Decisions: The Case of Israel and the Occupied Territories [M]. Palgrave Macmillan,2015.

要求任命他为西岸总督，或者干脆不任命。① 于是，以色列关于实行巴勒斯坦自治的尝试以失败告终。

阿以冲突研究专家罗纳德·兰塔认为，"巴勒斯坦选项"方案的失败由三个因素造成：首先，巴勒斯坦人没有一个统一的领导层，各种不同利益目标的团体和个人之间存在分歧，一些人责难以色列的建议缺乏真诚，另一些人则敦促以色列与约旦国王侯赛因对话；第二，以色列拒绝将加沙地带和耶路撒冷纳入谈判内容，使任何巴勒斯坦领导人或团体都不可能同意与以色列单独达成协议；第三，除以色列外，建立巴勒斯坦实体并不是其他国家议程上的优先事项，这个想法缺乏国际支持，并遭到约旦的强烈反对。②

笔者进一步认为，1967—1968 年的"巴勒斯坦选项"方案所提出的"有限自治"概念，是"巴勒斯坦选项"被巴勒斯坦领导人拒绝的关键因素之一。工党的总理艾希科尔构想的"有限自治"（limited self-rule）概念中，巴勒斯坦是一个非军事化的、安全管控和政府预算依赖以色列的自治地区；把 50 多年来的历史联系起来看，利库德集团的总理内塔尼亚胡2020 年 1 月与美国共同推出的"中东和平新计划"③所构想的巴勒斯坦建国的概念，是一个"完全非军事化"的、"达到并维持安全准则"④的"主

---

① Ronald Ranta. Political Decision Making and Non-Decisions：The Case of Israel and the Occupied Territories［M］. Palgrave Macmillan，2015.

② Ronald Ranta. Political Decision Making and Non-Decisions：The Case of Israel and the Occupied Territories［M］. Palgrave Macmillan，2015.

③ 全称《从和平走向繁荣：改善巴勒斯坦和以色列人民生活的愿景》（Peace to Prosperity：A Vision to Improve the Lives of the Palestinian and Israeli People）。Peace to Prosperity：A Vision to Improve the Lives of the Palestinian and Israeli People［EB/PDF］. https://www. whitehouse. gov/wp-content/uploads/2020/01/Peace-to-Prosperity-0120. pdf. 国际上对其简称作"Peace to Prosperity"或缩写作"PtP"，代指说法为"deal of the century"。本书从其性质角度以代指说法称之为"中东和平新计划"（2020 年 1 月 29 日新华社发布的中国外交部发言人答记者问的标题中，也用了这一名称）。

④ Peace to Prosperity：A Vision to Improve the Lives of the Palestinian and Israeli People［EB/PDF］. https://www. whitehouse. gov/wp-content/uploads/2020/01/Peace-to-Prosperity-0120. pdf.

权有限国家"①或"低限度国家"②的概念。历史巧合的是,时隔半个世纪,两个和平计划都被巴勒斯坦人拒绝,其中的必然因素显而易见:至少到目前为止,巴勒斯坦民族自决的意识是一以贯之的;特别是在巴勒斯坦领导人受制于内部派别的制衡(如目前的巴勒斯坦民族权力机构受制于激进的民族主义组织哈马斯的制衡),以及受制于阿拉伯世界的压力(这方面目前随着以色列与阿联酋等阿拉伯国家实现关系正常化,压力大大减弱),很难在有限主权的基础上与以色列达成和平协议。

自 1968 年 8 月以后,随着"贾巴里事件"(al-Ja'bari affair)的落幕,以色列政府转而尝试"约旦选项"方案。随后,阿隆也为"约旦选项"而对其"阿隆计划"作了有利于获得约旦好感的修改:他在西岸杰里科地区增加一条走廊,把西岸阿拉伯人口稠密地区与约旦连接起来;提议约旦河谷留在以色列手中,希伯伦山麓、统一的耶路撒冷的一部分——古什埃齐翁以及拉特伦留在以色列手中,其余的将全部移交给侯赛因国王。③

艾希科尔总理决定以色列政府与约旦国王侯赛因会谈,并按照美国的建议在会谈中讨论"具体报价"(concrete offers),最后将结果提交联盟政治委员会作出决定。艾希科尔意识到只要埃及由纳赛尔总统执政,以色列就没有可能推进与埃及的谈判,因此与侯赛因进行的谈判是以色列唯一的选择。他呼吁内阁部长就会谈内容和下一步行动方针达成共识,以防谈判失败。对于与侯赛因的会谈中以色列向约旦提供什

---

① "主权有限国家",state with limited sovereignty,《纽约时报》耶路撒冷分社社长大卫·M.哈尔布辛格等的评论。Michael Crowley, David M. Halbfinger. Trump Releases Mideast Peace Plan That Strongly Favors Israel [N]. The New York Times,2020 - 01 - 28.

② 低限度国家(state-minus),指"缺乏能够威胁以色列的军事力量"的巴勒斯坦国的性质。Barak Ravid. Netanyahu Ahead of Trump Phone Call: I Am Willing to Give Palestinians a 'State-minus' [N]. Haaretz, 2017 - 01 - 22.

③ Reuven Pedatzur, The 'Jordanian option,' the plan that refuses to die [N]. Haaretz, 2007 - 07 - 25.

么,以色列的部长们为此争论了几个月。1968年9月27日,阿隆和外交部长阿巴·埃班带着"'阿隆计划'地图"会见了侯赛因国王。阿隆拿出"计划"的地图,展示了他的计划;埃班向侯赛因解释说,"我们对约旦河西岸西部边界的重大变化本身并不感兴趣",而提出的约旦河谷的改变完全是基于以色列的安全需要。但是,侯赛因国王称"阿隆计划"具有"侮辱性",断然拒绝了这个计划。[①] 与侯赛因的谈判没有取得任何突破,以"阿隆计划"为基础的"约旦选项"这条路没有走通。

4. 以色列关于建立何种性质定居点争论中的"阿隆计划"

以色列在尝试"巴勒斯坦选项"和"约旦选项"的同时,内阁的部长们就所占领土上建立犹太移民点的问题进行了讨论。对所占领土上以色列的自由支配权,内阁的部长们的意见是一致的,认为在与阿拉伯人达成和平解决方案之前,以色列可以在其认为必要的管理领土上自由执行政策,即必须排除以"改变领土现状"为理由阻止以色列采取任何必要的行动。分歧在操作层面上,即应在什么地区定居以及如何广泛地定居,以及定居点的性质是永久的"平民定居点"还是作为带军事防御性质的"希赫祖约"(纳哈尔定居点)[②]。

---

① Ronald Ranta. Political Decision Making and Non-Decisions: The Case of Israel and the Occupied Territories [M]. Palgrave Macmillan, 2015.

② 纳哈尔定居点(Nahal settlements),希伯来语音"希赫祖约"(heahzuyot),带军事防御等用途的犹太人定居点。纳哈尔(Nahal)是先锋战士青年的首字母缩写,是1948年创立,是最早定居以色列土地的团体之一。纳哈尔定居点最初主要是建在内盖夫、加利利、阿拉瓦(Aravah,位于亚喀巴湾到死海南岸,靠近约旦边界的以色列南部地区,也是《以色列—约旦和平条约》的签订地)等地方,六日战争后又建在西岸、加沙地带、戈兰高地和西奈半岛。纳哈尔定居点的目标是以犹太人定居点作为抵御可能来自阿拉伯国家攻击的第一道防线,同时为周边地区行动的以色列军事力量提供行动基地和资源。在第四次中东战争中,约旦河谷和阿拉瓦(Arava)地区的纳哈尔定居点成为阻挡约旦等阿拉伯国家攻击以色列的一个重要因素。最后一个纳哈尔定居点已在2001年关闭。[据犹太数字化图书馆(Jewish Virtual Library),以色列国防军资料,https://www.jewishvirtuallibrary.org]

在这些问题上,左翼政党马帕姆部长们的态度是,在巴以最终达成和平协议之前,在以色列所占领土上建立和维持的应该是带军事防御性质的"希赫祖约",而不是永久性的平民定居点,至关重要的是满足安全需求。他们强调,任何定居点都不应成为可能阻碍和平谈判道路的既成事实。艾希科尔总理持谨慎态度,主张在那些以色列在和平谈判中最可能主张主权的领土上建立定居点,初期主要是建立"希赫祖约"。艾希科尔表示,以色列毕竟没有移民潮,而他们才是在广阔地区定居的"候选人",并且只要有可能,纳哈尔组织也正在那些地区的空置地方建立定居点。而阿隆的意见代表了内阁中的劳工联盟成员坚决支持建立新的定居点的观点,阿隆要求政府尽快推进在约旦河谷、戈兰高地和某些其他地区建立定居点,这是他的"阿隆计划"中立即行动的一个方面。阿隆提出,应将定居点问题列为国家优先事项,就像在英国委任统治时期犹太人成批移民巴勒斯坦那样。[1] "阿隆计划"成为工党政府在1967—1977年的十年中建立定居点的指导方针,工党政府在约旦河谷和撒马利亚东坡建立了21个犹太社区。[2]

"阿隆计划"在左右翼意见分歧的以色列政府内阁中是一个有争议的方案,许多政治家对它持保留意见。但是,它在六日战争后以色列处理所占领土问题上提出的政治框架——提议以谈判达成领土分区协议来结束以色列对西岸部分地区的占领,提议西岸约旦河谷作为以色列"可防御边界"并建立犹太人定居点,对以色列的西岸政策产生了重要的影响。"阿隆计划"对以色列未来西岸政治与安全图景作出了富有独到见解的规划,而这两者必然是任何以色列总理最关心的问题。"阿隆计划"经内部辩论和媒体广泛报道,以及阿隆在出访美国、英国时向外

---

① Daniel Dishon(ed.). Middle East Record,Volume Four,1968 [M]. New York:John Wiley and Sons,Jerusalem:Israel Universities Press,1973.

② Julio Messer. The Allon Plan:Then and now [EB/OL]. Jewish News Syndicate,2020-07-01. https://www.jns.org/opinion/the-allon-plan-then-and-now/

国领导人对该计划的介绍,极大地提高了阿隆的地位和威望,使他在以色列的外交和安全事务中具有突出的地位。[①]

值得指出的是,尽管历届以色列内阁从未正式批准过"阿隆计划",但它却是工党 1974 年、1977 年、1981 年、1984 年和 1987 年选举纲领的基础。[②] 阿隆创造的概念"可防御边界"丰富了以色列的军事和安全策略,并且这一词语逐渐渗透到国际政治讨论中,最终被用作阿以/巴以任何和平解决方案中的基本概念。

二、"阿隆计划"主导思想的承续

"阿隆计划"基于这样一种理论,即以色列对其占领的大部分领土拥有主权,这对以色列的防御是必要的。[③] 虽然"阿隆计划"没有被以色列政府讨论过,从未成为政府的官方政策[④],但是,其"为了安全需要永久保留约旦河西岸的一部分"这一核心思想,成为对以色列政府的西岸定居点政策产生深远影响的政治遗产。坚持维持并扩建西岸定居点对于以色列的政治和军事意义,或者说西岸定居点(包括隔离墙)对以色列的安全价值,特别是对以色列建国至今历届利库德集团奉行的定居点政策和内塔尼亚胡的吞并主张具有深刻的启发性影响。换句话说,50 多年来以色列在约旦河西岸实施的扩张定居点政策,以及 1997 年的"阿隆 + 计划"和 2020 年"中东和平新计划"所体现的西岸控制论,

① Daniel Dishon (ed.). Middle East Record, Volume Four, 1968 [M]. New York: John Wiley and Sons, Jerusalem: Israel Universities Press, 1973.

② Julio Messer. The Allon Plan: Then and now [EB/OL]. Jewish News Syndicate, 2020 - 07 - 01. https://www.jns.org/opinion/the-allon-plan-then-and-now/

③ Yigal Allon (Peikowitz) (1918 - 1980) [EB/OL]. https://www.knesset.gov.il/lexicon/eng/alon_eng.htm.

④ Yehuda Lukacs. Israel, Jordan, and the Peace Process [M]. New York: Syracuse University Press, 1997, p. 9.

正是 1967 年"阿隆计划"战略思路的承续、延伸和发展。

1. 1997 年内塔尼亚胡政府的"阿隆 + 计划"的承前启后

1997 年 6 月 4 日,即"阿隆计划"问世 20 年后,时任总理内塔尼亚胡在以色列内阁会议上秘密讨论了一项新计划"阿隆 + "(Allon Plus)[①],并将表达该计划的地图刊载于《国土报》。专注于犹太定居点研究的中东事务分析专家杰弗里·阿隆森(Geoffrey Aronson)指出,内塔尼亚胡的地图忠实于"阿隆计划"中的以色列长期以来的地缘战略原则。根据这些原则,"阿隆 + 计划"中以色列的"可防御边界"及其在整个领土上的战略优势包括了这些因素:以色列主权应在西岸 15 公里内广阔的地带,包括约旦河谷及其西部山脊,以及从死海向西的犹地亚沙漠;通过吞并耶路撒冷周边的一些大的定居点来扩大耶路撒冷;将西岸的犹太定居点置于以色列主权之下,并在东西方向建立四条宽度不确定的运输"走廊",将以色列与约旦河谷连接起来,从而解体西岸的巴勒斯坦领土实体,等等。杰弗里·阿隆森认为,内塔尼亚胡地图中所反映的要求表明了绝大多数以色列人所共有的经受了时间考验的战略考虑。[②]

巴勒斯坦裔学者艾哈迈德·哈利迪(Ahmad Khalidi)[③]从未来巴勒斯坦国的角度指出,内塔尼亚胡的"阿隆 + 计划"构想的是一个领土不连贯的巴勒斯坦实体,它被以色列的安全区域和军事基地所包围,并由永久连接的犹太人定居点和以色列领土的绕道网络纵横切割。哈利迪

---

① Herb Keinon. 'Allon-Plus'-A rejected plan is resurrected [N]. The Jerusalem Post, 1997 - 06 - 06.

② Geoffrey Aronson. Settlement Monitor (Netanyahu Presents His "Allon Plus" Final Status Map) [J]. Journal of Palestine Studies, Vol. 27, No. 1,1997, pp. 126 - 135.

③ 艾哈迈德·哈利迪(Ahmad Khalidi)博士,知名巴勒斯坦裔学者,牛津大学圣安东尼学院高级副研究员,曾担任巴勒斯坦谈判代表。

认为，"阿隆＋计划"的意义是明确的，拟议中的巴勒斯坦实体可以被冠以国家地位的名义，作为以色列的最终"让步"；但是在现实中，这个"国家"将由永久服从以色列安全需要的飞地组成。[①] 哈利迪的预见，在2020 年美以推出的"中东和平新计划"中得到了印证。也正是在这个意义上，1997 年的内塔尼亚胡的"阿隆＋计划"，上承 1967 年"阿隆计划"，下启 2020 年内塔尼亚胡与特朗普商定的"中东和平新计划"。

2. 2020 年"中东和平新计划"对"阿隆计划"战略思路的承续和演进

"中东和平新计划"，其政治框架部分对以色列为何要对西岸实施实质性的控制（其中体现以色列在西岸存在的标志是，在领土交换的前提下吞并以色列认定的西岸全部定居点），作了详尽的、反复的阐述。文本指出，"以色列国面临着特殊的地理和地缘战略挑战。简单地说，以色列国没有犯错的余地"，如果类似哈马斯那样的政权控制西岸，"将对以色列国构成生存威胁"。因此，"对以色列国家安全至关重要的约旦河谷应处于以色列主权之下"，而且"要求以色列国作出可能危及其公民生命的安全妥协是不现实的"。面对以色列东西向存在"细腰"的地缘战略缺陷，文本指出，集中了以色列"70％人口"和"约 80％工业产能"的以色列沿海平原，1967 年六日战争以前，它的"最窄处只有 9 英里宽"，并且"西岸有一个南北山脊，为任何敌对势力提供了在地形上控制以色列国家基础设施最敏感部分的能力"。

与"阿隆计划"的思路相同，"中东和平新计划"对以色列地理位置的阐述证明，以色列的地理条件与理想的"易守难攻"战略位置完全相反，它成为以色列安全的致命弱点。但是，这两个计划又证明，西岸的

---

① Ahmad Samih Khalidi. After Oslo [J/OL]. Prospect，1998 - 10 - 20. https://www.prospectmagazine. co. uk/magazine/afteroslo

地势特点是一块硬币的两个面。西岸既能成为攻击以色列的制高点，也能成为以色列的安全屏障，关键取决于是否被掌握在以色列手中。因此，"中东和平新计划"追寻"阿隆计划"的思路，详细指出，"约旦河位于海平面以下约1300英尺处，但它正好位于南北山脊的旁边，山脊的最高点达到约3318英尺。这意味着约旦河谷提供了一个陡峭的、大约4600英尺高的物理屏障，可抵御来自东部的外部攻击。部署在西岸山脊东坡的以色列部队可能会在以色列国完成预备役动员（可能需要48小时）之前，阻拦一支人数上占优势的军队"。当然，与50多年前相比，当今以色列周边阿拉伯国家与以色列的关系已发生了极大的变化，来自约旦的威胁目前已不复存在。但是，"中东和平新计划"指出，约旦以外的"其他中东大国"（当暗指当今的伊朗）"可能试图强行利用约旦领土作为攻击以色列国的平台"，并且"约旦河谷不仅对针对以色列国的常规袭击具有重要价值，而且对恐怖主义也具有重要价值"。

以色列需按照《日内瓦第四公约》和《海牙公约》全部撤出巴勒斯坦被占领土，是联合国涉巴以冲突历次决议的核心要点。对此，"中东和平新计划"列举了2005年以色列实施"脱离接触计划"、从加沙地带撤离全部21个犹太人定居点的"以色列之痛"："以色列国在单方面撤出加沙地带之后，了解到失去对有争议领土外部边界的控制对反叛乱战争的影响。加沙不仅成为了哈马斯的安全避难所，也成为了国际圣战组织——比如破坏了埃及在西奈半岛安全的伊斯兰圣战组织——的安全避难所"，"如果这些组织渗透到西岸，就会给约旦和以色列国造成混乱的安全局势"；因此，"如果以色列国撤出约旦河谷，将对中东地区安全产生重大影响"。

"中东和平新计划"还由面到点，具体讲到控制西岸领空的理由，"以色列国由于面积狭窄，没有时间和空间来处理迅速逼近的威胁，特别是空中威胁。从约旦河到地中海的距离约为40英里。一架现代战斗机能在不到三分钟的时间内完成这一距离。以色列空军需要大约三分钟的时间才能使战斗机紧急起飞。如果以色列国不保持对西岸领空的控制,它就没有足够的时间防御来袭的敌对飞机或导弹。因此,在任何和平安排中,以色列国必须对约旦河以西的领空实行实际控制"。①

"阿隆计划"和"中东和平新计划"时间相距50多年,而在控制西岸问题上,从思路理念到技术方案惊人相似。从一个角度看,可以说"中东和平新计划"虽然被美以两国赞为"世纪协议"、被内塔尼亚胡视为"世纪机遇"的创新之举,但不少核心内容乃是沿袭了上个世纪"阿隆计划"等策略和思路②;但是,从另一个角度看,"阿隆计划"的"可防御边界"思想的政治影响力,超越党派意识③,也超越历史时空,显示了"阿隆计划"的远见和政治生命力。

"中东和平新计划"的性质是作为后续以色列与巴勒斯坦谈判、进而达成"巴以和平协议"的一项建议。根据保证以色列"绝对安全"和"历史要求"以及对巴勒斯坦国的设计,该计划文本发布了概念地图(见"中东和平新计划"所附的概念地图④)。

在该概念地图上,明确显示了四个关键点:在未来以色列地图上,一是在西岸领土上,沿死海和约旦河的整个约旦河谷,与以色列本土的版图连成一体(同一种地图色);二是标示了西岸具有代表性的15个犹

---

① Peace to Prosperity：A Vision to Improve the Lives of the Palestinian and Israeli People [EB/OL]. https://www.whitehouse.gov/wp-content/uploads/2020/01/Peace-to-Prosperity-0120.pdf.

② "中东和平新计划"借鉴过去的思路,还包括"中东和平新计划"中提出的未来巴勒斯坦国的首都可设在东耶路撒冷的阿布迪斯(Abu Dis)一带的设想,这一设想也不是创新,它在1990年代已被提出过。学者殷罡在其论文中指出,拉宾政府曾在1995年向巴解组织的谈判代表递交"阿布迪斯方案",提出在进一步调整耶路撒冷市辖范围的基础上,在紧靠耶路撒冷东部边界的阿拉伯城镇阿布迪斯建立未来巴勒斯坦国的首都。见:殷罡.以色列—巴勒斯坦最终地位谈判要点[J].亚非丛横,1999(4).

③ 实施"阿隆计划"的是工党,目前承续"阿隆计划"思路的是利库德集团。

④ 本书地图略。可访问 https://www.timesofisrael.com/trumps-conceptual-maps-show-israel-enclave-communities-future-palestine/读取。

太定居点以及相互连接并通向以色列的道路(形成一片飞地群),作为实施以色列主权的范围。在未来巴勒斯坦国地图上,一是西岸与加沙地带之间具有一条贯通的隧道;二是在内盖夫沙漠南端、近加沙地带处,从以色列现有国土上划出了一片用作巴以双方交换的土地,作为未来巴勒斯坦国建设高科技区、高档住宅区的领土。同时需要指出的是,与西岸的犹太定居点形成以色列飞地群相对应,未来巴勒斯坦国的领土形成陆上群岛的形态①。由此可见,单从安全角度而言,"中东和平新计划"所设计的构想比之前任何和平计划都充分、彻底地体现了保证以色列"绝对安全"②的愿景,而在以色列安全这一点上,也是利库德集团赢得选民支持的执政合法性基础。

"中东和平新计划"显而易见是"阿隆计划"的"可防御边界"战略思路的承续。但是,以色列的政治永远处于一种难以参透的矛盾状态中,"阿隆计划"之后的一些承续性政治主张和安排,与"阿隆计划"在"可防御边界"的思想层面上无疑是一种显性的承续,但是在其他层面上可能是一种隐性的变化和演进。

第一,1967 年的"阿隆计划"属于领土主义范畴的左翼和解主义立场的产物③,而 1997 年的"阿隆+计划"和 2020 年的"中东和平新计划"则在领土主义的基础上叠加了右翼的吞并主义立场。特别是,在"中东和平新计划"2020 年 1 月 28 日公布之后,内塔尼亚胡政府越过等待与巴勒斯坦谈判的预定程序,立即着手绘制西岸新地图(后被美国叫停),

---

① 阿巴斯称该计划"为巴勒斯坦人设计的国家看起来像一块支离破碎的'瑞士奶酪'"。Palestinians' Abbas, at U. N. , says U. S. offers Palestinians 'Swiss cheese' state [N]. Reuters,2020 - 02 - 12.

② 据笔者非正式统计,英文原文"中东和平新计划"的"政治框架"(另一为"经济框架")中的全部词汇约为 19 451 个,其中提到与"security"(安全)有关的词语达 133 处之多(约占 0. 68%,词频为 0. 006 8)。

③ 按照"阿隆计划",以色列将把约旦河西岸除约旦河谷和耶路撒冷周边之外的大部分地区归还给阿拉伯人。

以及许诺 7 月 1 日之前启动对西岸定居点和约旦河谷实施主权的立法程序(后未启动),也即准备"立即吞并"的议程,在很大程度上显示的是"领土主义 + 吞并主义"的思想。

第二,前述杰弗里·阿隆森对"阿隆 + 计划"的评论还进一步指出,该计划显示,奥斯陆和平进程已经不可逆转地偏离了以色列、美国和巴勒斯坦均同意的"过渡时期"框架,标志着"大以色列"(Greater Israel)边界之战的开始。如果说 1997 年的"阿隆 + 计划"有意开启"大以色列"愿景,那么 2020 年的"中东和平新计划"是否更是标志着一个更为缩小、分散、丧失独立主权的未来巴勒斯坦国不会为巴勒斯坦人接受而关上"两国方案"的大门,转而为以色列极右翼打开"大以色列"的大门?笔者认为在可预见的未来尚不存在这种可能性。

其原因主要有以下几点。一是巴勒斯坦民族主义势力对犹太极右翼势力的制衡。有关研究者对巴解组织(PLO)相关文本作了解读,指出巴解组织中存在着"大巴勒斯坦"(Greater Palestine)的最高纲领主义者。所谓的"大巴勒斯坦",不但包括约旦河西岸,也包括约旦河东岸的约旦。① 虽然当下越来越多的巴勒斯坦年轻人倾向于"一国方案",即放弃建立巴勒斯坦国的要求,转而争取更多的公民和民族权利,将以

---

① 研究者解读了巴解组织 1975 年的一篇文章:"作为南方革命成功的基地的北越,必须成为我们的榜样。……我们必须改变或推翻外约旦的政权,以便使该领土成为我们革命的坚实基础。……然后我们必须努力废除约旦实体,代之以革命实体。……巴勒斯坦外约旦只是迈向'大巴勒斯坦'的第一步。"指出,这种最高纲领主义(maximalist)的观点无疑代表了巴解组织内部的一个主要趋势,它以一种偏颇的方式体现了巴解组织所接受的、从未明确否认过的"阶段战略",而接受在西岸和加沙建立一个小型巴勒斯坦国,巴解组织的战略的第一阶段。同时,研究者解读了《巴勒斯坦民族宪章》(The Palestinian National Charter),指出,1964 年版第 6 条和 1968 年版第 5 条都规定,1947 年以前一直在巴勒斯坦生活的所有阿拉伯人及其后裔,当然还有今天在那里的阿拉伯人,都应被视为巴勒斯坦人。研究者认为,这意味着由于约旦的大部分人口是巴勒斯坦人,巴勒斯坦人对约旦的主权主张就更为坚定。见 Efraim Karsh, P. R. Kumaraswamy (ed.). Israel, the Hashemites and the Palestinians: The Fateful Triangle [M]. Routledge, 2003, pp. 52 - 53.

色列变为"双民族国家"①,但是,"大以色列"与"大巴勒斯坦"的冲突,将成为相互的制约因素。二是约旦抵制可能的巴勒斯坦新难民对约旦安全构成的威胁。以色列极右翼势力反对巴勒斯坦人在西岸建立独立国家,并将约旦视为巴勒斯坦人可移居的另一个家园,认为约旦可以通过直接的政区连接或移民来处理这一人口危机。约旦拒绝这两种可能性。约旦在以色列建国后的几次中东战争中,已接纳了超过 200 万的巴勒斯坦难民。面对"中东和平新计划",约旦国王阿卜杜拉明确表示,他永远不会接受难民在约旦定居,把他的王国变成巴勒斯坦人的另一个家园。② 三是以色列需要保持其国家的犹太性。假设西岸土地连同人口全部纳入以色列,巴勒斯坦族裔将足以加大以色列非犹太人的比重,从而通过投票改变以色列的政治生态。巴勒斯坦裔学者加达·卡尔米③在英国的"开放民主网"④撰文,从颠覆犹太复国主义的角度指出,如果所有巴勒斯坦人都成为以色列公民,以色列的人口结构将不可避免地朝着多元化转变,从而终结犹太复国主义。⑤

　　出于以上几点主要原因,极右翼势力的"大以色列"愿景,目前不会成为以色列政府对西岸的现实政策。利库德集团以及内塔尼亚胡,在以色列政治光谱中属于右翼,内塔尼亚胡总理所作的限时把以色列主权应用于西岸部分地区、其任内不会允许巴勒斯坦建国等的承诺,在很

---

① 陈双庆.巴勒斯坦问题:中国可发挥更大作用[J].现代国际关系,2015(12):7.

② Osama Al Sharif. Why Jordan was so quick to reject Trump's peace plan [N/OL]. Middle East Institute,2020 - 02 - 03. https://www. mei. edu/publications/why-jordan-was-so-quick-reject-trumps-peace-plan

③ 加达·卡尔米(Ghada Karmi, 1939—　　),博士,巴勒斯坦裔学者。埃克塞特大学(University of Exeter)阿拉伯与伊斯兰研究所研究员和讲师。

④ 开放民主网(openDemocracy),总部位于英国的政治网站,2001 年创办。致力于通过对社会和政治问题的报道和分析以寻求在全世界范围内"挑战权力和鼓励民主辩论"。

⑤ Ghada Karmi. Only one way out: a unitary state with equal rights in Palestine-Israel [N/OL]. openDemocracy,2020 - 07 - 16. https://www. opendemocracy. net/

大程度上是出于保持以色列政治局势稳定①、与政治对手的竞争策略、在联合政府内成功组阁等多向度考量。在可预见的未来，以色列的巴以谈判基础、边界划分原则、定居点的吞并，以及永久地位谈判等，都将依据"阿隆计划"所创设的"可防御边界"思路坚持对西岸的占领和犹太定居点战略，从而突出以色列必须保证"绝对安全"的终极命题。

　　上述 2020 年美以"中东和平新计划"，随着后续诸多情况的变化，比如，巴勒斯坦方面、国际社会对该计划的反对②，中东多个阿拉伯国家历史性地与以色列实现关系正常化③，有史以来最大程度支持以色列西岸和定居点政策的共和党特朗普政府④下台和民主党拜登政府上台，其未来命运是个悬而未决的问题。欧洲学者米夏特·沃伊纳罗维奇在分析了"中东和平新计划"与国际各主要政治力量之间的互为影响作用后指出，对于以色列的主要政治力量来说，"该计划将是一个永久的参照点"⑤。笔者进一步认为，未来几年，以色列绕过美国政府，在西岸部分大型定居区（即"共识定居点"）和约旦河谷一定程度上行使以色列主权，有可能变成既成事实或部分成为事实。这种情况不管发生或

---

① 以色列如果无视国际社会的阻止和美国的态度，以及巴勒斯坦方面扬言的举行新一轮因提法达而执意在西岸部分地区立即启动吞并程序，以色列将在经济、国际和安全方面付出代价。据穆罕默德·穆辛·瓦塔德. 以色列吞并约旦河西岸地区可能性与影响[N/OL]. 半岛电视台(中文)，2020 - 06 - 30. https://chinese. aljazeera. net/

② 包括美国政府对以色列单方面吞并行动的制止。

③ 作为关系正常化的条件之一，是以色列承诺暂停吞并西岸定居点议程。

④ 特朗普任内，2017 年 12 月宣布美国承认耶路撒冷为以色列首都，并于 2018 年 5 月正式将美国大使馆迁往耶路撒冷；2019 年 3 月宣布美国承认以色列拥有戈兰高地的主权[2019 年 6 月 16 日，以色列在戈兰高地举行仪式，内塔尼亚胡在仪式上宣布将在戈兰高地开工建设的 1 个新定居点命名为"Donald Trump"(唐纳德特朗普)，以感谢特朗普总统使美国成为第一个承认以色列对该地区拥有主权的国家。见 Golan Heights: Israel unveils 'Trump Heights' settlement [N]. BBC，2019 - 06 - 16.]；2020 年 1 月美国与以色列拟议并公布的"中东和平新计划"，将以色列利益最大化，被以色列视为"世纪机遇"。

⑤ Michał Wojnarowicz. The Political Significance of the Trump Israeli-Palestinian Peace Plan [J]. PISM Bulletin，No. 33(1463)，27 February 2020.

不发生，"中东和平新计划"在未来巴以全面谈判中，也会成为一个重要的参照点，成为以色列在谈判中的一个重要筹码。

本章小结

以犹太定居点的建设和扩建为中心的约旦河西岸政策，是以色列历届政府施政纲领的一个关键部分。约旦河西岸犹太定居点的起源可以追溯到 19 世纪末至 20 世纪初。当时，世界范围内的反犹主义以及对犹太人的普遍迫害，推动了犹太复国主义的兴起。在世界犹太复国主义组织的助推下，犹太人掀起了几次移民巴勒斯坦的阿利亚运动。这些犹太移民在巴勒斯坦购买土地，建立各种类型的犹太定居点。在这一过程中，犹太人与阿拉伯人之间发生了诸多摩擦，愈演愈烈的冲突最终导致发生了五次中东战争。在其中的第三次中东战争中，以色列占领了巴勒斯坦领土，如何处置和管理约旦河西岸地区的巴勒斯坦被占领土，便成了以色列政府制定西岸政策的直接动因。

关于约旦河西岸政策，以色列政府内部形成了两种主要立场。其中一种是以工党为代表的左翼立场，另一种是由利库德集团所代表的右翼立场。工党历届政府总体上持较为温和的立场，仅仅主张根据国家安全的需要而在西岸部分地区建造犹太定居点。而利库德集团历届政府则持较为激进的立场，主张在整个西岸地区建造犹太定居点，最终对整个西岸地区实现一种缓慢的吞并。在整体上，历届政府都延续了在约旦河西岸建设犹太定居点的一些基本政策，只是在定居点的位置、性质和规模等方面存在差异。

在以色列政府西岸政策的背后，存在着关于如何处置巴勒斯坦被占领土的更为丰富的讨论。其中的四种主要思想观念分别是和解主义、功能主义、领土主义和吞并主义，它们形成了以色列政府的内部争议与制衡。国家安全、民主性质、犹太性质、宗教理念与道德正义成为若干相互冲突与制衡的因素。这四种主要思想观念相互冲突与制衡的结果是,领土主义和功能主义成为以色列政府在西岸问题上的主流意识形态,而和解主义与吞并主义则作为非主流的思想观念在以色列政治与社会中长期存在。

第三章　学者关于领土合法性的学术之争

　　巴以冲突起源于两个民族对同一片土地的主权诉求。从 19 世纪末犹太复国主义兴起至今,围绕着巴勒斯坦领土主权的争论便一直持续不断。关于巴勒斯坦领土主权的合法性叙事,从一开始便是犹太复国主义意识形态以及犹太民族国家建构的核心。无论是宗教的还是世俗的犹太复国主义者,都诉诸于希伯来《圣经》所述的"应许之地",从而为以色列在巴勒斯坦土地上建立自己的民族国家提供合法性依据。1947 年联合国的"巴以分治"方案,也为以色列在巴勒斯坦绿线以内地区建国提供了合法性根据。

　　然而,以色列在六日战争中夺取了大片阿拉伯领土,尽管以色列后来撤出了西奈半岛和加沙地带,但它对约旦河西岸大部分地区、耶路撒冷和戈兰高地的控制持续至今。关于以色列所控制领土的法律地位,至今仍然存在极大争议。国际上通常把这些领土称作"被占领土",认为以色列在这个区域的身份是"占领国",必须遵守《日内瓦第四公约》等国际法律和条例,因此以色列在约旦河西岸的一切定居点活动都是违反国际法的。不过,以色列官方把所控制领土称作"有争议的领土",因为以色列认为在占领时没有任何国家对其拥有明确的主权,其法律地位只能通过谈判来确定。除此之外,大多数宗教犹太复国主义信徒和某些正统犹太教派别认为,不存在而且也不可能存在所谓的"被占领土",因为根据希伯来《圣经》的记载,所有以色列土地(即"以色列地")都属于以色列之子,即犹太人。对于约旦河西岸地区,国际惯例是称之为"西岸",而以色列则偏向于使用"犹地亚和撒马利亚",表明它是"以色列地"不可分割的一部分。这两种关于以色列所控制领土的合法性辩解,为以色列在约旦河西岸的定居点活动提供了依据。

以色列主流意识形态所构建的合法性叙事,在以色列国内社会激起了各种支持和反对的声音,也在学术界引发了各种争论。由于学术界对这一问题的剖析最为深入,因此本章旨在阐述一些有代表性的学者在这一问题上的各自立场。首先,以色列宪法专家霍华德·格里夫支持主流意识形态的立场,认为"犹地亚和撒马利亚"不是"被占领土",而是"被解放的犹太民族家园领土";他还认为,那种依据国际法把该地区定义为"被占领土"的做法,事实上创造了一个令以色列受到误读的"占领神话"。其次,英国地理学家格温·罗利指出,利库德集团这样的以色列右翼势力善于利用关于"以色列地"的宗教叙事来支持政府的领土扩张计划。最后,兴起于1980年代末的以色列新历史学家,依据当时以色列政府解密的军事档案和内阁会议记录,对以色列主流意识形态所建构的合法性叙事提出了颠覆性的批判。这些学术争论为理解巴以领土纷争背后的合法性叙事提供了极为深刻的洞见。

第一节 "占领神话"的质疑

六日战争过去40年后的2007年9—10月,以色列宪法专家霍华德·格里夫发表文章[1],对1967年六日战争结束时为艾希科尔政府设

---

[1] 霍华德·格里夫(Howard Grief,1940—2013),以色列的律师、公证人、以色列宪法专家。1991年被沙米尔政府的能源和基础设施部长尤瓦尔·内曼(Yuval Ne'eman)任命为与以色列土地有关问题的国际法法律顾问。格里夫于2008年出版的《国际法下的以色列的法律基础和边界:论犹太人对以色列土地的主权》(*The Legal Foundation and Borders* (转下页)

计以色列重新占领①的地区建立军事管理机构的军事总检察长梅尔·沙姆加尔②提出强烈质疑。质疑的焦点是关于设计军事管理体制时，对以色列在战后占领地区的援引法律是国际法还是以色列国内法的问题。按照格里夫的观点，当时按以色列宪法应该对犹地亚、撒马利亚和加沙适用以色列国内法律，但是沙姆加尔错误地援引的是国际法——1907 年《海牙公约》和 1949 年《日内瓦第四公约》，而这两个法是战争法。

　　在 1982 年出版的《1967—1980 年以色列管理领土上的军事政府》一书中，格里夫发现，沙姆加尔在书中的《以色列军事政府的法律概念和问题——初始阶段》③一文中按国际法的概念，把犹地亚、撒马利亚、加沙、戈兰和西奈半岛领土称为"敌方领土"（enemy territory），"被占的

（接上页）*of Israel Under International Law*：*A Treatise on Jewish Sovereignty Over the Land of Israel*）一书，对所有"以色列地"的犹太民族和政治权利作了全面和系统的法律论述。该书对承认犹太人对其祖先的土地享有权利的国际文件，特别是对 1920 年 4 月协议国在和平会议上同意的关于巴勒斯坦的圣雷莫决议（San Remo Resolution）进行了详尽的分析，并提出了巴勒斯坦（亦即犹太人民）是被列入"解决（或处置）奥斯曼帝国遗产"受益者名单的证据。

　　他的文章发表于"思想-以色列"线上杂志（THINK-ISRAEL）。以下笔者引述的格里夫的观点，均出自以下发表于"思想-以色列"的两篇文章：Howard Grief. Applying Constitutional Law to the 1967 Liberation of Judea，Samaria and Gaza（Biblical Israel）［J/OL］. THINK-ISRAEL，2007 - 09/10. http://www. think-israel. org/grief. letterstos hamgar. html；Howard Grief. The Origin of the Occupation Myth ［J/OL］. THINK-ISRAEL，2007 - 09/10. http://www. think-israel. org/grief. occupationmyth. html

①　"重新占领"与"占领"在格里夫的法律用词中具有本质区别，故此处以及以下的引述均使用格里夫的用词。

②　迈尔·沙姆加尔（Meir Shamgar，1925—2019），1961 年被任命为军事总检察长，1968—1975 年担任总检察长。1975 年起担任以色列最高法院法官，1982 年被任命为最高法院副院长，1983—1995 年担任以色列最高法院首席法官。1967 年六日战争之后，沙姆加尔设计了西岸和加沙地带以色列军事政府的法律基础架构。

③　Legal Concepts and Problems of the Israeli Military Government-the Initial Stage。载：Meir Shamgar. Military Government in the Territories Administered by Israel 1967 - 1980：The Legal Aspects ［M］. Jerusalem：Hemed Press，1982：13 - 60.

敌方领土"(occupied enemy territory),"被占领的"(occupied),"军事占
领下的"(under military occupation),"被管理的"(administered),却从
未称之为"被解放的犹太民族家园领土"(liberated territories of the
Jewish National Home)。而格里夫对此持完全否定观点,他认为"被解
放的犹太民族家园领土"才是犹地亚、撒马利亚、加沙、戈兰和西奈半岛
领土"从 1948 年 5 月 15 日至 1967 年 6 月 6—8 日分别从约旦和埃及的
非法占领中解放出来后,在国际法下真正的法律地位"。格里夫在他的
《占领神话的起源》(The Origin of the Occupation Myth)一文的注释 3
中,更是明确地以相对于"占领区"的"解放区"(liberated areas)的概念
进行解说。他说,沙姆加尔不但在其文中很少提到"解放区",而且这一
提法并没有明确地与犹太民族家园的解放区联系在一起,而是在更广
泛或一般意义上的解放区。

　　格里夫特别诟病沙姆加尔对《海牙公约》和《日内瓦第四公约》的援
引,指出沙姆加尔为军事律师团①的排长开设特别课程,所有军事律师
都随身携带"可移动应急包",包中除了大量的军事政府公告和命令先
例,以及详细的法律和组织指示以及指导方针外,还配备了载有战争法
的 1907 年《海牙公约》、1949 年《日内瓦第四公约》等文件。格里夫认为,
沙姆加尔把军事政府定义为"一个占领了敌国领土的国家建立的政府形
式,而不管被占领土是否正式处于这种敌人的主权之下,或是否可以被
视为占领国或其任何盟国的前主权领土";尽管沙姆加尔否认在建立军
事政府时,以色列并不一定是占领了真正在敌国主权之下的敌方领土,
特别是在犹地亚、撒马利亚和加沙,但由于"被占的敌方领土"等措辞的使

---

① Military Advocate's Corps,全称应为"Military Advocate General's Corps (MAG Corps)",军
事法律顾问团。军事法律顾问团(MAG Corps)在以色列国建国之前哈加纳(Haganah)的部队
中就已设立,作为部队中的"法律服务部门"。建国后以色列国防军(IDF)内的军事法律顾问
团(MAG Corps)兼任军事司法和法律顾问之职,由以色列总检察长对其提供专业指导,复核其
作出的决定。对总检察长和军事法律顾问团的相关决定不服,可上诉至以色列最高法院。

用,增加了《海牙公约》有关"被占领土"规定对西岸等领土适用的可信度。

　　格里夫也注意到,沙姆加尔透露,在1960年代初,即在六日战争还没有被预见或其结果还没有被想象之前,他就为以色列在未来与阿拉伯国家的战争中攻克的任何领土制定了完整的法律框架。这样做的目的是为了避免以色列在1956年第二次中东战争中闪电般的胜利之后西奈半岛的法律真空(当时以色列在那里逗留的三个月期间没有对半岛实行法律管理的计划)。但是,格里夫否定沙姆加尔设计的法律框架的基本观点,认为沙姆加尔"显然没有充分熟悉"第一次世界大战后的一些重要法律文件,特别是成为《国际联盟盟约》第22条的1919年1月30日的史沫资决议、1920年4月25日的圣雷莫决议、1920年12月23日的法英边界公约、1922年7月24日的巴勒斯坦委任统治书,以及1924年12月3日关于巴勒斯坦委任统治的英美公约,这些文件确认了犹太人对作为犹太民族家园的整个巴勒斯坦的合法权利和主权。显然,在1920—1967年期间有关犹太人与巴勒斯坦土地联系的法律文件中,格里夫仅引述20世纪早期的法律文件,而未提及1947年的联合国第181号分治决议,而后者则对犹太人和阿拉伯人在巴勒斯坦土地上的主权作了新的、覆盖性的确定①。

　　格里夫进一步指出,沙姆加尔提出的错误法律建议导致了邪恶的"占领神话"(Occupation Myth)的产生,并使犹太人的敌人在全世界的眼中取得了巨大的宣传胜利,因为"占领"一词意味着以色列通过战争占领了另一个民族的土地,而这是一个绝对错误的暗示,这一广为流传的神话随后获得了以色列最高法院的认可,并且在以色列法律机构等权力中心②的帮助下,这一神话产生并持续至今。格里夫认定,沙姆加

---

① 当然,以色列认为,是阿拉伯人用战争亲手摧毁了这个具有法律效力的分治决议。
② 格里夫一共开出了五个相关的机构名单:(1)以色列最高法院;(2)总检察长办公室;(3)司法部;(4)在军事总检察长的指挥下运作的以色列国防军国际法科;(5)以色列大学法律系。

尔是关于"以色列是占领国的邪恶观念"负有最大责任的人。

第二节 "以色列地"之争

1989—1991 年,《地理杂志》相继发表两位学者的论文,发生了关于硬币 10 阿高洛(ten agorot)图案与"以色列地"关系的学术论战。英国谢菲尔德大学地理系学者格温·罗利[1]在 1989 年发表论文阐述对以色列地域范围发展问题的看法,论文中依据以色列 10 阿高洛硬币的图案绘制了一幅"大以色列"地图。因 1990 年阿拉法特在安理会发言中对该地图的展示并据此对以色列予以谴责,其影响从学术研究延伸到了国际政治领域。之后,1991 年,耶路撒冷希伯来大学自然地理系的以色列学者贝尔科维奇(S. M. Berkowicz)发表论文对罗利的观点进行回击,而同年,罗利再次发表论文予以反击,形成在以色列-巴勒斯坦政治研究中著名的"10 阿高洛"学术论战事件。

《地理杂志》1989 年第 2 期发表罗利的论文《对以色列地域范围发展的解析:概要评价》[2]。罗利分析了"埃雷兹以色列"和以色列范围的概念,以及被占领土的性质和现实,认为在这类有争议的领域,从本质上根本不相信进一步和持续的以色列领土扩张会更好地符合以色列的长期利益。罗利在三个点上重申或首次阐述了他的独到见解:

一是罗利认为犹太人从"上帝-人-土地"三重关系转变为"人-土地"两重关系。他认为,犹太教的基础是从出现、发展、传播和再融合到

---

[1] 格温·罗利(Gwyn Rowley,1938—),出生于威尔士。博士、研究员。英国地理学家、社会科学家、教育家。与阿拉伯、以色列有关的学术与社会活动有:英国中东研究学会会员,沙特阿拉伯政府朝觐部顾问;出版著作《进入巴勒斯坦的以色列》(*Israel into Palestine*)(1984)。

[2] Gwyn Rowley. Developing Perspectives upon the Areal Extent of Israel: An Outline Evaluation [J]. Geo Journal, Vol. 19, No. 2,1989,pp. 99 - 111. (https://ur. booksc. me/book/60353662/19931c,或 file:///C:/Users/ruanguangye/Downloads/41144505. pdf)

"上帝-人-土地"之间的三重关系中；然而，对于许多犹太人，尤其是对于那些世俗犹太人来说，"上帝-人-土地"三重关系已经被"人-土地"两重关系所取代。在这种关系中，"人-土地"主题脱离了历史上对上帝的参照。罗利认为，对许多犹太人来说，通过以色列土地而不是通过上帝和立约而成为民族或国家，是犹太人现在集中和统一的特征。因此，西岸和其他边界领土上的许多当代犹太定居者认为自己在土地上重申了他们的犹太性，并在"埃雷兹以色列"这个特殊的空间拥抱中展示了他们作为个人的个性和作为犹太人的统一性，由此转化为一种坚定地走向冲突和进一步对抗的不妥协的领土收复主义政策。

　　二是罗利创造了"约书亚选项"（Joshua Option）的概念。罗利指出，以色列在1972年3月至1989年期间的历届政府都强烈重申了以色列议会的各项决议"犹太人对以色列全境的历史权利"，1977年以来利库德集团在其每一次选举宣言中都继续强调：在即将进行的任何和平谈判中，利库德集团"永远不会放弃东部边界为约旦河的'西布雷兹以色列'（Western Bretz Yisrael）[①]的任何部分"。据此，罗利推论：对"西布雷兹以色列"的这种提法具有相当深远的影响，因为它将提示东布雷兹以色列（Eastern Bretz Yisrael）的存在。由此可以产生出"约书亚选项"的概念。所谓的"约书亚选项"，是考虑现代以色列的领土将迁移到更大的布雷兹以色列（Britz Yisrael），其中至少包括约旦河和死海东岸即约旦的盖德（Gad）和鲁本（Ruben）这些历史悠久的犹太部落土地[②]。罗利指出，对于以色列人来说，这种"更大布雷兹以色列"（Greater Bretz Yisrael）的概念不仅包括制定一个完整的约旦河谷水资源管理计划和东岸农业计划，而且将在东岸高地上和沿线设置边界。

---

① 布雷兹以色列（Bretz Yisrael），指古代以色列整个领土。
② 罗利在论文中不无揶揄地为以色列从《旧约圣经》找到"产权证书"（deed of title）的依据，即约书亚记13：7—8：现在你要把这地分给九个支派和玛拿西半个支派为业。玛拿西那半支派和流便、迦得二支派已经受了产业，就是耶和华的仆人摩西在约旦河东所赐给他们的。

在更广泛的层面上，公开考虑"约书亚选项"，作为一种外交策略，将给约旦哈希姆王国带来相当大的威胁。

三是罗利揭示，当时 1989 年流通中的以色列 10 阿高洛硬币的图案暗示了现代以色列的"大以色列"目标领土范围。罗利在论文的结语中指出："虽然以色列从未正式界定其边界，但以色列的 10 阿高洛硬币上可能显示出以色列更广泛的领土野心。这枚硬币上有一张地图，似乎描绘了一个将延伸到今天的安曼、贝鲁特、巴格达、大马士革和沙特阿拉伯北部地区的区域。早期的谢克尔货币上也有同样的领土描述。"论文在对 10 阿高洛硬币图案（见 10 阿高洛硬币图①）的描述的同时，展示了一幅所示轮廓与硬币图案完全一致的地图②（格温·罗利在《地理杂志》上发表的论文中的大以色列地图，见该论文第 109 页③）。

罗利这篇论文所揭示的暗含"大以色列"深层含义的 10 阿高洛硬币，引起了巴解组织的注意。1990 年 5 月 25 日，巴解组织主席阿拉法特出席在日内瓦召开的联合国安理会会议，发言中，阿拉法特站在讲台上，高举着罗利发表于《地理杂志》的论文和最后的地图，即"10 阿高洛硬币地图"，指控犹太复国主义者和以色列国密谋将以色列从尼罗河到幼发拉底河进行扩张的阴谋。记者拍摄的阿拉法特手举"大以色列"地图发言的照片，通过报纸、电视在全世界报道和传播，"硬币地图"为全世界阅读和观看国际媒体报道的公众所知晓。

为此，以色列银行否认了这一阴谋论。以色列银行坚持认为，10 阿高洛硬币图案是根据其历史价值而选择的。据以色列银行网站描

---

① 本书略。可访问 https://en. wikipedia. org/wiki/Israeli_new_shekel 读取其中的"10 agorot"正面图。10 阿高洛硬币的正面图案为七枝烛台、以色列国徽，以及希伯来语、阿拉伯语、英语的"以色列"字样；七枝烛台的背景是一不规则的图形。另需说明：目前以色列流通的各种面值新谢克尔硬币上的图案均与此 10 阿高洛硬币图案不同。

② 这里的一致，指 10 阿高洛硬币七枝烛台背景的不规则图形，其轮廓与罗利在论文第 109 页中东地图上划出的轮廓，形状非常相似，特别是左边地中海沿岸的曲线走向形状。

③ 本书略。可访问 file:///C:/Users/ruanguangye/Downloads/41144505. pdf 读取。

述,10 阿高洛硬币的正面为马塔提亚斯·安提戈努斯(公元前 37—40
年)时期发行的带有七枝烛台的硬币的复制品。这一引起争议的、由内
森·卡普(Nathan Karp)设计的图案,首次出现在以色列银行于 1984
年 5 月 2 日发行的 100 谢克尔硬币上。1985 年 9 月,当旧的谢克尔货
币被新的谢克尔货币取代时,图案被复制到新的 10 阿高洛硬币上。同
时,10 阿高洛硬币图案也是今天以色列银行的标识。以色列银行的解
释似乎打击了罗利原有的自信心,罗利本人坦承,他的这张"硬币地图"
现在已经"声名狼藉"①。

贝尔科维奇在 1991 年第 3 期《地理杂志》上发表回击罗利的《以色
列地域范围发展的解析:回应》②一文。贝尔科维奇指出罗利论文的缺
陷在于:"如果只把某些事实孤立起来,然后从特定的角度进行观照,最
后得到比应有的程度更突出的对待,那么,即使这些是事实也可能具有
误导性。"③贝尔科维奇的论文对罗利论文中的所有观点予以了评判,
笔者仅将其与上述列出的罗利观点相对应,来考察贝尔科维奇的观点:

一是批评罗利对犹太圣经、塔木德和哈拉卡④不熟悉,这是他对以
色列边界"主张"和"意图"的无根据陈述的来源。批评罗利向读者呈现
一个"三位一体/图腾"的犹太教以及上帝-人-土地之间的关系的讨论,
由此推断任何"世俗"犹太人对这块土地的主张都等于违背了与上帝的
立约,从而得出使以色列的生存权失效的结论。

二是批评罗利创造了一个迄今未知的计划,即"约书亚选项",不言
而喻是虚构以色列正在对约旦造成威胁。贝尔科维奇指出,世界犹太

---

① Gwyn Rowley. The Areal Extent of Israel: Passions, Prejudices and Realities [J]. Geo
  Journal, Vol. 23, No. 4,1991, pp. 383 - 386.
② S. M. Berkowicz. Developing Perspectives upon the Areal Extent of Israel: A Reply [J].
  Geo Journal, vol. 23, No. 3,1991, pp. 187 - 196.
③ S. M. Berkowicz. Developing Perspectives upon the Areal Extent of Israel: A Reply [J].
  Geo Journal, vol. 23, No. 3,1991, pp. 187 - 196.
④ 成文法为托拉(Tora),口传法为哈拉卡(Halakah)。

复国主义组织定居处处长马蒂亚胡·德罗布尔斯(Mattiyahu Drobles)说,不存在这样的计划,也不知道或不熟悉被称为"约书亚选项"的任何事物或任何其他名称的类似计划。

三是批评罗利的"10阿高洛硬币地图",是绘制了一幅"相当新颖、极其有趣"的中东地图。贝尔科维奇指出,罗利的声称毫无事实依据。讨论中的硬币显示的是一个七枝烛台刻在一个有麻点的石头上,而罗利通过将这块石头的整个轮廓叠加在一张中东地图上,"创造了一幅迄今为止未知的中东地区图景"。贝尔科维奇引述耶路撒冷希伯来大学的考古学家和钱币学家巴拉格教授(D. Barag)的观点:相信古钱币代表边界的说法既没有圣经依据,也没有历史依据。

贝尔科维奇的论文发表后,罗利又立即在《地理杂志》1991年第4期发表《以色列的地域范围:激情、偏见和现实》[①]一文予以反批评。该论文聚焦于"10阿高洛硬币地图"等问题对贝尔科维奇展开论争。罗利在该文中指出,所谓的"硬币地图"是在其论文的结语中绘制的,它并不是论文的主体部分;而且,当其上一篇论文提到"地图"的性质和来源时,读者不可忽略作者所述"以色列的10阿高洛硬币上可能显示出以色列更广泛的领土野心"句中使用的"可能"这个词。

第三节　新历史学家的颠覆性叙事

新历史学家[②]一词,是由历史学家本尼·莫里斯(Benny Morris)在1988年创造的。新历史学家是一个松散定义的以色列历史学家群体。在1987、1988年这两年中,随着本尼·莫里斯、伊兰·帕佩(Ilan

---

① Gwyn Rowley. The Areal Extent of Israel: Passions, Prejudices and Realities [J]. Geo Journal, Vol. 23, No. 4, 1991, pp. 383 - 386.

② 新历史学家(New historian)是以色列特有的学术流派,与1980年代发展起来、1990年代获得广泛影响的新历史主义(New historicism)无关。

Pappé)、阿维·沙莱姆(Avi Shlaim)和西姆哈·弗拉潘(Simha Flapan)四位学者所著历史学新著的出版①,以色列学术界形成新的史学潮流。1988 年秋,莫里斯在《修复》②季刊发表《新历史:以色列直面自己的过去》一文。文中莫里斯把他自己和阿维·沙莱姆、伊兰·帕佩、西姆哈·弗拉潘称为"新历史学家",认为他们共同致力于揭露犹太复国主义的秘密,向以色列历史的信条宣战。由此,"新历史学家"成为以色列媒体上的热词。③ 随后,许多其他历史学家和历史社会学家,其中包括汤姆·塞格夫(Tom Segev)、希勒尔·科恩(Hillel Cohen)、巴鲁奇·吉默林(Baruch Kimmerling)、乔尔·米达尔(Joel Migdal)、伊迪特·泽塔尔(Idit Zertal)和什洛莫·桑德(Shlomo Sand)都被认为是该流派的成员。

这批历史学家,主要是在 1978 年之后以色列政府依法对满 30 年解密的军事档案和内阁会议记录的情况下,基于对这些与过往历史资料不同的原始档案记录的研读,重新叙述了现代以色列国不同时期的历史,从而对既定的现代以色列建国史的主流版本提出了批判性挑战。可以说,基于建国 30 年后的解密档案进行研究,是新历史学家共同的学术路径。阿维·沙莱姆曾归纳了新历史学家与官方说法不同的五个主要论点:(1)官方说法是英国试图阻止建立一个犹太国家;新历史学

① 分别为本尼·莫里斯著《1947—1949 年巴勒斯坦难民问题的产生》(*The Birth of the Palestinian Refugee Problem*, *1947 - 1949*)(1988),伊兰·帕佩著《1948—1951 年英国与阿拉伯-以色列的冲突》(*Britain and the Arab-Israeli Conflict*, *1948 - 1951*)(1988),阿维·沙莱姆著《横跨约旦河的共谋:阿卜杜拉国王、犹太复国主义运动和巴勒斯坦分裂》(*Collusion across the Jordan*: *King Abdullah*, *the Zionist Movement and the Partition of Palestine*)(1988),西姆哈·弗拉潘著《以色列的诞生:神话与现实》(*The Birth of Israel*: *Myths And Realities*)(1987)。

② 杂志名为"Tikkun",是希伯来语"修复"一词的音译。该杂志是一个从革新派犹太人的角度看政治和文化的新闻季刊。

③ Anita Shapira. The Failure of Israel's "New Historians" to Explain War and Peace [J/OL]. The New Republic, 2000 - 12 - 01. http://ontology. buffalo. edu/smith/courses01/rrtw/Shapira. htm

家声称英国试图阻止建立一个巴勒斯坦国。(2)官方说法是巴勒斯坦人自愿逃离家园;新历史学家说难民是被赶出或驱逐出境的。(3)官方说法是力量平衡有利于阿拉伯人;新历史学家说以色列在人力和武器两方面都有优势。(4)官方说法是阿拉伯人有一个摧毁以色列的协调计划;新历史学家说阿拉伯人是分裂的。(5)官方说法是阿拉伯的顽固妨碍了和平;新历史学家说以色列应主要为和平走进死胡同负责。[①] 这些新历史学家最初被公众所排斥,但最终在1990年代在以色列获得了合法性,比如1998年国家电视台为纪念以色列建国50周年而推出的系列节目大量借鉴了新历史学家的著述[②]。他们的一些结论已经被纳入后犹太复国主义的政治意识形态中。

一、新历史学家莫里斯、沙莱姆、弗拉潘的历史研究

随着进入1980年代,英国、美国和以色列政府档案中,与以色列建国以来的历史相关的大量会议记录与文件以及私人电信被解密,许多基于这些解密档案的关于1940年代至1950年代初中东政治的历史研究著作和论文出版、发表。新历史学家的主要代表学者中,本尼·莫里斯关于1948年前后阿拉伯人大逃亡的历史研究、阿维·沙莱姆关于1947—1949年约旦阿卜杜拉一世与犹太事务局秘密谈判的历史研究、西姆哈·弗拉潘关于1948年以色列建国和第一次中东战争的历史研究,即这一背景下的对官方既有历史叙述不同程度的颠覆性研究成果,笔者把这些论著称之为"以新历史学家方法"的研究之作。

本尼·莫里斯[③]以新历史学家方法研究1948年前后阿拉伯人大

---

① Meron Rapoport. No peaceful solution [N]. Haaretz, 2005 – 08 – 13.

② Ethan Bronner. The New New Historians [N]. The New York Times, 2003 – 11 – 09.

③ 本尼·莫里斯(Benny Morris, 1948—　),犹太裔学者。剑桥大学近代欧洲史博士,以色列本-古里安大学中东研究所历史学教授。

逃亡历史的著作《1947—1949 年巴勒斯坦难民问题的产生》①在 1988 年出版。当时的以色列官方的主流史学观点是，1948 年巴勒斯坦人逃离他们的城镇和村庄，是由恐惧或阿拉伯领导人的指示所驱使，而莫里斯的研究则发现，有证据表明在某些情况下确实发生过以色列武装部队的驱逐行为。② 十多年后，莫里斯对本书进行修订，补充了新获得的来自以色列国防军档案馆等的许多新材料，于 2003 年出版了题为《重新审视巴勒斯坦难民问题的产生》③的修订版著作。

在新历史学家中，莫里斯因反主流意识形态而被指责为以色列的仇视者，遭到以色列学术机构的抵制。但是，他的立场相对于激进和执著的伊兰·帕佩来说，还是比较温和与内省的，并且之后在 2000 年代产生自我批判意识。学者兼外交家阿维·贝克④撰文指出，莫里斯的新历史学家立场从 2000 年前开始发生转变，其分别于 2008、2009 年出版著作《1948 年：第一次阿拉伯-以色列战争的历史》⑤和《一个国家，两个国家：解决以巴冲突》⑥，与他之前的观点形成了鲜明的矛盾。莫里斯告诉他的读者，他以前的书漏掉了 1948 年战争的历史背景，那是穆斯林世界对巴勒斯坦犹太人社区发动的圣战袭击。通过发现大量关于阿拉伯领导人的引述和参考文献，莫里斯现在指责阿拉伯拒绝者和

① Benny Morris. The Birth of the Palestinian Refugee Problem，1947－1949［M］. Cambridge University Press，1988.

② Scott Wilson. Israel Revisited［N］. The Washington Post，2007－03－11.

③ Benny Morris. The Birth of the Palestinian Refugee Problem Revisited［M］. Cambridge University Press，2003.

④ 阿维·贝克(Avi Beker，1951—2015)，纽约城市大学政治学博士，以色列外交家、政治家、学者。曾任世界犹太人大会秘书长、以色列常驻联合国代表团的成员，乔治敦大学(Georgetown University)访问教授，为特拉维夫大学外交硕士生授课。

⑤ Benny Morris. 1948：A History of the First Arab-Israeli War［M］. Yale University Press，2009.

⑥ Benny Morris. One State，Two States：Resolving the Israel-Palestine Conflict［M］. Yale University Press，2009.

消除主义者对犹太人的态度是和平的主要障碍。阿维·贝克还指出了莫里斯在两本书的最后几章,叙述了犹太人被驱逐出阿拉伯土地的案例,表明存在着难民的交换;莫里斯并且认为,发动战争的阿拉伯人也要为难民营中巴勒斯坦人的悲剧的延续负责。阿维·贝克把前、后莫里斯称为"莫里斯 A"和"莫里斯 B",并深刻地指出:"莫里斯对其激进的早期著作的退避,为历史与宣传之间的细微差别提供了一个不同寻常的证据。"①有意思的是,著名专栏作家阿里·沙维特②在莫里斯访谈录③中,也创造出"公民莫里斯"和"历史学家莫里斯"一对用词,指出作为新历史学家莫里斯的这种矛盾困境。沙维特指出,"公民莫里斯"和"历史学家莫里斯"④的工作就好像彼此之间没有任何联系,就好像一个人试图拯救另一个人坚持要根除的东西。沙维特认为莫里斯打开了犹太复国主义者的潘多拉魔盒,但是他又仍然很难处理他在其中发现的东西,仍然发现很难处理他和我们所有人命运的内部矛盾。⑤ "发现与处理的矛盾"、"个人与所有犹太人共同命运的矛盾",沙维特在这里揭示了莫里斯无法摆脱的深层次意识形态冲突,这是新历史学家作为犹太学者,在利于以色列和不利于以色列的史实的直面程度上注定会面对的矛盾。

　　阿维·沙莱姆⑥以新历史学家方法研究 1947—1949 年犹太复国

① Avi Beker. When history is flexible [N]. The Jerusalem Post, 2010 - 06 - 26.
② 阿里·沙维特(Ari Shavit, 1957—　　),《国土报》高级记者,2013 年《纽约时报》畅销书《我的应许之地:以色列的胜利与悲剧》(*My Promised Land: The Triumph and Tragedy of Israel*)的作者。
③ Ari Shavit. Survival of the fittest [N]. Haaretz, 2004 - 01 - 08.
④ 这里的"公民莫里斯"可理解为作为站在犹太人立场的以色列公民莫里斯,"历史学家莫里斯"可理解为忠实于历史真实而不同程度不利于犹太人的新历史学家莫里斯。
⑤ Ari Shavit. Survival of the Fittest [N]. Haaretz, 2004 - 01 - 08.
⑥ 阿维·沙莱姆(Avi Shlaim, 1945—　　),犹太裔学者。英国雷丁大学(University of Reading)博士,牛津大学国际关系学教授,牛津大学圣安东尼学院荣誉院士,英国科学院院士。

主义领袖与哈希姆统治者之间秘密谈判历史的著作《横跨约旦河的共谋：阿卜杜拉国王、犹太复国主义运动和巴勒斯坦分裂》①于 1988 年出版。沙莱姆揭示了约旦国王阿卜杜拉一世与以色列复国主义运动的秘密联系，称国王的自私自利的举动加剧了巴勒斯坦的分裂，造成了超过一百万巴勒斯坦阿拉伯人的无家可归。沙莱姆在书中还阐述到，1948年，由于犹太复国主义领导人和哈希姆王国之间的默契，约旦河西岸被交给了约旦人。

西姆哈·弗拉潘②以新历史学家方法研究以色列建国史的著作《以色列的诞生：神话与现实》③于 1987 年出版。弗拉潘的这本著作，围绕以色列诞生的神话进行审视，基于解密的真实史实，打破了以色列没有自卫能力、只对与阿拉伯邻国和平共处感兴趣的神话，呈现出了一个决心扩大领土，并将阿拉伯人留在以色列境内的比例降至最低的以色列。此书由此打破了以色列把自己置于比阿拉伯邻国更高的道德标准之上的既定看法。④ 该书在弗拉潘去世那年出版，并使他在学术界闻名。

二、新历史学家帕佩的历史研究

伊兰·帕佩⑤在新历史学家中，是反叛官方主流意识形态最为决

---

① Collusion across the Jordan: King Abdullah, the Zionist Movement and the Partition of Palestine [M]. New York: Columbia University Press, 1988.

② 西姆哈·弗拉潘(Simha Flapan, 1911—1987)，犹太裔作家。马帕姆(Mapam)的全国秘书长和阿拉伯事务部主任。

③ The Birth of Israel: Myths and Realities [M]. Pantheon Books, 1987.

④ Richard Bernstein. Birth of Israel: A History Is Revisited [N]. The New York Times. 1988 - 07 - 28(A6).

⑤ 伊兰·帕佩(Ilan Pappe, 1954—)，犹太裔学者。牛津大学历史学博士，以色列海法大学中东历史系和政治系高级讲师，英国埃克塞特大学社会科学与国际研究学院教授。

绝的历史学者。帕佩的学术生涯分为两个阶段,1984—2007 年在以色列任海法大学中东历史系和政治系高级讲师;2007 年赴英国,任埃克塞特大学社会科学与国际研究学院教授至今。

基于 1980 年代以来有关以色列建国前后历史的政府档案文件的解密,帕佩先后致力于 1948 年前后以色列建国历史的重新书写,以及 1967 年前后西岸和加沙的巴勒斯坦被占领土的研究,发表和出版多种论著。仅以帕佩这方面独著的学术著作计,包括[①]:研究巴勒斯坦历史的《被遗忘的巴勒斯坦人:以色列巴勒斯坦人的历史》(2011)、《巴勒斯坦的种族清洗》(2006)、《现代巴勒斯坦的历史:一片土地,两个民族》(2004);研究英阿以/巴以问题的《以色列-巴勒斯坦问题》(1999)、《1947—1951 年阿以冲突的形成》(1992)、《1948—1951 年英国与阿以冲突》(1988);研究以色列建国历史的《关于以色列的十个神话》(2017);研究犹太复国主义思想的《以色列的理念:权力与知识的历史》(2014);研究巴勒斯坦被占领土的《世界上最大的监狱:被占领土的历史》(2017)、《邪恶的官僚主义:以色列占领的历史》(2012)。

帕佩以新历史学家方法的研究论著,以大胆、直率、彻底、尖锐地揭示真相、抨击主流观点而著称。他出版于 2017 年的《世界上最大的监

① 帕佩这方面的独著著作,依出版年份由近及远排列英文名称:The Biggest Prison on Earth: A History of the Occupied Territories [M]. London: Oneworld Publications, 2017; Ten Myths About Israel [M]. New York: Verso, 2017; The Idea of Israel: A History of Power and Knowledge [M]. New York: Verso, 2014; The Bureaucracy of Evil: The History of the Israeli Occupation [M]. London: Oneworld Publications. 2012; The Forgotten Palestinians: A History of the Palestinians in Israel [M]. New Haven: Yale University Press. 2011; The Ethnic Cleansing of Palestine [M]. Oxford: Oneworld Publications, 2006; A History of Modern Palestine: One Land, Two Peoples [M]. Cambridge University Press, 2004; The Israel-Palestine Question [M]. London and New York: Routledge, 1999; The Making of the Arab-Israeli Conflict, 1947 – 1951 [M]. London and New York: I. B. Tauris, 1992; Britain and the Arab-Israeli Conflict, 1948 – 1951 [M]. London: Macmillan Press; New York: St. Martin's Press, 1988.

狱：被占领土的历史》，将巴勒斯坦被占领土形容为世界上"有史以来最大的150万人口的监狱"。帕佩指出：内阁会议的解密档案透露出，以色列的一批政治家和将军自1948年以来，一直在寻找一种方法来纠正他们认为是胜利的"独立战争"（即第一次中东战争）中最严重的错误，即没有作出占领西岸的决定。1963年，以色列加紧了对西岸和加沙地带可能的占领的准备工作，军队为最终接管这些领土制定了详细的计划。1967年六日战争中阿拉伯军队的彻底崩溃，使以色列占领西岸和加沙地带的计划得以实现，战前几年制定的接管计划使以色列在战后立即对约旦河西岸和加沙实施军事统治。军队以绝对权力控制被占领土上巴勒斯坦人生活的方方面面，在这个过程中侵犯了基本人权和公民权利。帕佩的结论是，1967年变成了1882年，这是巴勒斯坦的第一个犹太复国主义殖民地，但现在是由一个富有而强大的犹太国家进行的奢华殖民。[1]

值得指出的是，上述评析是帕佩发表在巴勒斯坦在线出版物"电子起义"（Electronic Intifada）[2]上的文章。网站名中的"Intifada"（中文音译"因提法达"），为阿拉伯语"具有自主意识觉醒意味的暴动"（见本书后注）的意思。作为犹太裔学者在此发文，也能一窥帕佩对以色列主流意识形态的彻底反叛。无怪乎沙莱姆评价帕佩是"一个以真正的知识和同理心来写关于巴勒斯坦方面论著的学者"，"一个亲巴勒斯坦的政治活动人士"，"一个以色列最著名的流亡政治异见者"。[3]

帕佩在2007年即将离开以色列时，曾经接受《耶路撒冷邮报》记者

---

① Ilan Pappe. Israel's occupation was a plan fulfilled [N/LO]. The Electronic Intifada，2017-06-06. https://electronicintifada.net/content/israels-occupation-was-plan-fulfilled/20686

② "电子起义"，Electronic Intifada，EI，在线新闻与评论网。电子起义（EI）网创立于2001年，作者包括巴勒斯坦人和居住在巴勒斯坦的其他人，是发布巴勒斯坦和巴勒斯坦人新闻的平台。

③ Avi Shlaim. The Idea of Israel and My Promised Land-review [N]. The Guardian，2014-05-14.

采访。帕佩表示,他之所以迁居英国,是因为他那些"不受欢迎的观点和信念"使他"在以色列生活越来越难"。他说:"我在大学里遭到抵制,有人试图开除我。① 我每天都接到恐吓电话。许多以色列人还认为我是阿拉伯人的雇佣军。"作为学者的帕佩同时深度参与社会政治活动,哈达什(Hadash,中文意译是"和平与平等民主阵线")是一个阿拉伯共产主义政党②,而帕佩是其主要成员,在 1996 年和 1999 年以色列议会选举中帕佩的名字出现在该党候选人名单中。帕佩的学术/政治观点是,解决巴以冲突的唯一办法是建立一个由犹太人、阿拉伯人和其他人共同拥有的单一国家。两个独立的国家不能在"巴勒斯坦的土地上"共存。他认为,没有立即解决危机的办法,只有国际社会施加压力才能迫使以色列结束对巴勒斯坦人土地的占领和持续的暴行。对于哈马斯,帕佩说,尽管我不同意他们的政治意识形态,但是我支持哈马斯抵抗以色列占领。帕佩质疑以色列的民主,他说:任何实施占领的国家都不能被称为民主国家,以色列的民主只对犹太人开放,没有其他社区的空间。③ 对于 1948 年 70 万巴勒斯坦人大逃亡的历史,帕佩指出,驱逐并不是像其他历史学家所说的那样是临时决定的,而是根据以色列未来领导人 1947 年制定的"D 计划"(Plan Dalet)对巴勒斯坦进行的种族清洗。④ 他将中东缺乏和平归咎于以色列的建立,认为犹太复国主义对

---

① 这里指的是 2005 年 4 月 25 日,海法大学校长阿哈龙·本-泽伊夫(Aharon Ben-Ze'ev)呼吁帕佩递交辞呈,帕佩支持对以色列大学的学术抵制。本-泽伊夫校长说:"呼吁抵制他的大学的人自己来抵制是合适的,大学管理层不会抵制帕佩,也不会对他采取纪律措施,因为抵制破坏了学术自由。"但他说,帕佩的行为"从道德角度看是不可容忍的",因此帕佩应该自行决定离开海法大学。见 Tamara Traubman. Haifa University President Calls on Dissident Academic to Resign [N]. Haaretz, 2005 - 04 - 26.

② 除纯粹的阿拉伯政党之外,在阿拉伯选民中影响最大的是以色列共产党——"哈达什"。见王宁. 论以色列阿拉伯人的政治参与[J].阿拉伯世界研究,2010(3): 44.

③ Jonny Paul. Controversial historian to quit Israel for UK [N]. The Jerusalem Post, 2007 - 04 - 01.

④ Ilan Pappe. The Ethnic Cleansing of Palestine [M]. Oxford: Oneworld Publications, 2006.

中东安全的危害远大于伊斯兰教①,并支持对以色列的经济和政治抵制,包括学术上的抵制②。

帕佩的激进立场使他在以色列海法大学期间,以至后来在英国埃克塞特大学,都备受学术界和社会的关注。对于自己从一个典型的犹太人转变为犹太复国主义的强烈批评者的心路历程,帕佩作出过解释。1980年代他在英国牛津大学攻读博士学位,他在著名的阿拉伯历史学家阿尔伯特·霍拉尼③指导下撰写博士论文(后成为帕佩的第一本著作《英国与阿拉伯-以色列冲突》)④。帕佩回忆道:在英国读博士期间,"我重新审视了1948年的事件,它改变了我的看法,我意识到以色列是如何以巴勒斯坦人的利益为代价建立起来的。我不同意这样一种观点,即一个拥有几千年土地所有权的社区有权通过剥夺当地社区来占领这片土地。"⑤

三、学术界对新历史学家的肯定与质疑

学界对新历史学家最大的肯定,是认为新历史学家打破了以往对巴勒斯坦难民问题的起源、西岸巴勒斯坦人权等涉及以色列道德立场问题进行学术讨论的禁忌;打破了以往以色列学术界对以色列建国前

---

① Scott Wilson. A Shared History, a Different Conclusion [N]. The Washington Post, 2007 - 03 - 11.

② Ilan Pappe. Back the boycott [N]. The Guardian, 2005 - 05 - 23.

③ 阿尔伯特·霍拉尼(Albert Hourani, 1915—1993),黎巴嫩裔学者,英国的中东问题历史学家。先后任教于莫德林学院(Magdalen College)、圣安东尼学院、贝鲁特美国大学、芝加哥大学、宾夕法尼亚大学、哈佛大学,著有《阿拉伯民族的历史》(A History of the Arab Peoples)等学术著作。

④ Scott Wilson. A Shared History, a Different Conclusion [N]. The Washington Post, 2007 - 03 - 11.

⑤ Jonny Paul. Controversial historian to quit Israel for UK [N]. The Jerusalem Post, 2007 - 04 - 01.

后历史、对巴勒斯坦问题片面叙述的现状。比如,学者米歇尔·本-约瑟夫·赫希 2007 年在美国政治学会主办的《政治透视》杂志上发文①认为,在新历史学家出现之前,以色列人对导致巴勒斯坦难民问题产生的过程持有片面的历史叙述,任何其他的反叙述都是禁忌的。新历史学家的结论以及它们所引起的广泛辩论,结束了这种禁忌,并改变了以色列看待巴勒斯坦难民问题及其根源的方式。以色列新历史学家的工作,在以色列公众和政治精英中引起了共鸣。赫希说,1948 年至1990 年代末,以色列传统的说法是阿拉伯人应该对巴勒斯坦人的外逃负责,而新历史学家的论点对这种说法提出了极大的挑战,导致在学术界甚至更广泛的舆论场中展开辩论,记者、专栏作家、政治家、公众人物、大众均参与其中。

　　无疑,新历史学家的观点和研究方法遭到传统历史学家的批评。比如,特拉维夫大学历史学教授安妮塔·沙皮拉指出:新历史学家认为所有以前的史学都是误导的,反对或批评他们的人都是残酷的,这是在把学术引向两极分化;沙皮拉还从新历史学家既言说阿拉伯人立场又缺失这方面应有资料的学术瑕疵,批评新历史学家从以色列文献推断阿拉伯国家的立场,太少对阿拉伯国家档案的搜集和使用。② 英国伦敦国王学院教授埃弗雷姆·卡什批评新历史学家"系统地歪曲档案证据,以自己创造的形象来创造以色列历史"。卡什还列举了一系列他声称的新历史学家"截断、扭曲和歪曲"原始文献的例子。③

---

① Michel Ben-Josef Hirsch. From Taboo to the Negotiable: The Israeli New Historians and the Changing Representation of the Palestinian Refugee Problem [J]. Perspectives on Politics, Vol. 5, No. 2, 2007, pp. 241 - 258.

② Anita Shapira. The Failuer of Israel's "New Historians" to Explain War and Peace [J/OL]. The New Republic, 2000 - 12 - 01. http://ontology. buffalo. edu/smith/courses01/rrtw/Shapira. htm

③ Efraim Karsh. Fabricating Israel's History: The New Historians [M]. London: Frank Cass. 1997.

本章小结

　　巴以冲突的根本原因是两个民族对同一片土地的主权诉求。从 19 世纪末至今，关于巴勒斯坦领土主权的争论从未停止过。关于以色列对巴勒斯坦的军事占领和定居点活动，国际社会、以色列官方、以色列极右翼宗教团体有着各自的论述。国际社会通常把这些领土称作"被占领土"，认为以色列在这个区域的身份是"占领国"，必须遵守《日内瓦第四公约》等国际法律和条例，因此以色列在约旦河西岸的一切定居点活动都是违反国际法的。以色列官方则把所控制领土称作"有争议的领土"，因为以色列认为在占领时没有任何国家对其拥有明确的主权，其法律地位只能通过谈判来确定。大多数宗教犹太复国主义信徒和某些正统犹太教派别认为，不存在而且也不可能存在所谓的"被占领土"，因为根据希伯来《圣经》的记载，所有"以色列地"都属于犹太人。

　　以色列主流意识形态所构建的合法性叙事，引发了学术界的许多论争。有学者批评依据国际法把该地区定义为"被占领土"的做法是创造了一个"占领神话"，认为"犹地亚和撒马利亚"不是"被占领土"，而是"被解放的犹太民族家园领土"。另外，在"以色列地"之争中，有学者揭示以色列 10 阿高洛硬币的图案暗示了现代以色列的"大以色列"领土扩张目标，成为重大学术争端。最后，起源于 1980 年代末的以色列新历史学家提出了颠覆性的批评。他们共同致力于揭露犹太复国主义的秘密，重新叙述现代以色列国不同时期的历史，从而挑战现代以色列建国史的主流版本。这些学术争论对于巴以领土纷争背后的合法性叙事提出了许多极具启发性的深入反思。

第四章 西岸犹太定居点的巴以暴力冲突

　　以色列政府在约旦河西岸所实施的定居点政策,尤其是利库德集团执政时期的定居点扩张计划,使西岸地区成为巴以暴力冲突的温床。不过,大部分巴勒斯坦平民和犹太定居者都不参与暴力活动,暴力活动主要来源于巴勒斯坦和以色列的一小部分激进分子。从巴勒斯坦方面来看,从事暴力恐怖活动的主要是以巴勒斯坦民族自决和主权独立为政治目标的极端民族主义者。从以色列方面来看,暴力恐怖活动主要源于那些狂热的宗教极端分子,包括"信仰者集团"、"犹地亚、撒马利亚和加沙委员会"以及后来的"山顶青年"。

　　这些极右翼宗教极端团体不满足于以色列工党政府主要依据安全战略而制定的西岸政策,认为应该依据希伯来《圣经》所记载的"以色列地"的版图,吞并包括约旦河西岸在内的所有被占领土,以实现统一"大以色列"的梦想。他们对西岸犹太定居点的发展产生了极为深远的影响,以安全战略为由的温和的定居点政策开始转变为以宗教为由的激进的定居点政策。尤其是利库德集团执政期间,极右翼的宗教极端分子所极力推进的定居点扩张活动,不管在法律上还是在财政上都得到了政府的大力支持。于是,约旦河西岸的定居点建设开始进入巴勒斯坦人口密集区,把原本相互连接贯通的阿拉伯社区切割得支离破碎,从而进一步加剧了西岸的巴以暴力冲突。

从冲突的性质来看,巴以冲突表面上体现为因领土纷争而导致的暴力、军事和政治冲突,背后却夹杂着强烈的民族和宗教冲突的因素,结果又引发了经济和社会等方面的冲突和摩擦。因此,巴以冲突是一种多层面的冲突,是由多种错综复杂的因素构成的复合冲突。从冲突的特征来看,就 1967 年六日战争至今以色列所占领的约旦河西岸区域而言,巴以暴力冲突明显存在一个变化过程。暴力方式从以军事武器为主转变为以非军事武器为主,从以高烈度、伤亡多、频率低的重大恐怖袭击为主转变为以低烈度、伤亡少、频率高、带有寻衅滋事特征的袭击为主。对于这类带有寻衅滋事特征的袭击,以色列政府所采取的是一种治安化和司法化的解决途径。总的来说,约旦河西岸巴以暴力冲突所表现出的诸种特征,与世界范围内战争的衰落和冲突的持续这一趋势相符。

第一节　西岸巴勒斯坦人对犹太定居者的暴力袭击

自 1967 年六日战争至今,约旦河西岸的巴以暴力冲突已经持续了半个世纪之久。不过,在这漫长的 50 余年间,西岸巴以暴力冲突发生了诸多显著变化。暴力冲突的两次峰值出现在两次因提法达①期间,

---

① 因提法达(Intifada),这是阿拉伯语对加沙和西岸的巴勒斯坦人 1987 年 12 月—1993 年 9 月、2000 年 9 月—2005 年 2 月两次暴动的用词,对此的中文表述主要有:巴勒斯坦(大)起义、因提法达(因迪法达)。"巴勒斯坦(大)起义"为意译,此表述既见于学术论著,也见于新闻报道。"因提法达(因迪法达)"为音译,仅出现在学术文本中。关于上述两种中文表述,据有关学者研究指出,阿拉伯语"Intifada"与其他表示"起义"的用词含义不同。如赵克仁在论文《因提法达与巴以和平进程》(载《世界历史》1996 年第 6 期)中指出,标准的《汉斯·韦尔现代阿拉伯书面语词典》(*The Hans Wehr Dictionary of Modern Written Arabic*)对"Intifada"的释义是"震动、发抖、颤抖"。他进一步考察了"Intifada"的词根后指出,西岸和加沙的巴勒斯坦人之所以用"因提法达"这个词,而不用其他表达"起义"的词,是因为巴勒斯坦人认为,首先和主要的不是推翻以色列的统治,不是消灭以色列,而是尽量去掉巴勒斯坦人自己身上的"以色列性",把以色列的习俗、语言、产品、制度等从自己的世界中(转下页)

具有惨烈程度高和伤亡规模大的特征；而近些年来发生的暴力冲突事件，则具有惨烈程度低和伤亡规模小的特征。暴力冲突的方式也从先前的自杀式爆炸袭击频发，转变为以持刀袭击、驾车袭击和掷石袭击为主。以军事武器为主的传统袭击方式，被非军事武器为主的袭击方式所取代。通常认为，西岸暴力冲突之所以呈下降趋势，主要是因为巴以双方当局对遏制暴力冲突作出了共同承诺，以及以色列方面采取了包括建造隔离墙在内的一系列遏制措施。

一、西岸暴力与恐怖袭击事件的走势

1967 年以来，在以色列本土以及巴勒斯坦被占领土上发生的以平民为目标的恐怖主义袭击，在世界范围内，因其次数最多且持续时期长，特别是恐怖分子以枪击和炸弹爆炸或自杀式爆炸方式袭击闹市中心等人群聚集场所、载客行驶中的公共汽车等，造成重大人员伤亡[1]，为全球所瞩目。

1967 年以来，以色列本土以及约旦河西岸死亡人数在 10 人及以上的特重大恐怖袭击有 34 起（集中在 1968—2004 年，见下表），其中，多数是阿拉伯激进分子制造的恐怖事件，也有一例犹太极端分子制造的恐怖惨案。这些针对平民的严重恐怖袭击事件，经各国媒体的突出

（接上页）清除出去，保护自己的民族性。赵克仁分析认为，"因提法达"的真正含意是：巴勒斯坦人要求脱离以色列体系，建立自己独立的国家。只有通过"因提法达"，西岸和加沙的巴勒斯坦人才能真正地作为一个民族出现。"因提法达"实际上标志着这场运动的参与主体，希望让自己从约旦化和埃及化的巴勒斯坦人，转变为真正的巴勒斯坦人。笔者赞同上述论点，因此，在本书中，"Intifada"表述为"因提法达"。

[1] 可见 compiled by Wm. Robert Johnston last updated 27 November 2016（http://www.johnstonsarchive.net/terrorism/terrisrael-1.html），以色列外交部网（https://mfa.gov.il/），巴勒斯坦自杀袭击清单（https://en.wikipedia.org/wiki/List_of_Palestinian_suicide_attacks），B'tselem 网（https://www.btselem.org/）的统计数据等。

报道,在世界范围内产生重大影响。以色列缺少安全,成为一般公众的普遍看法。

1967 年以来在以色列本土以及约旦河西岸发生的特重大恐怖袭击事件列表

时间	地点	死亡人数	受伤人数	事件
1968 - 11 - 22	耶路撒冷	12	55	马哈尼耶胡达(Mahaneh Yehuda)市场,汽车爆炸
1972 - 05 - 30	本古里安机场	28	78	本古里安机场,枪击和手榴弹袭击
1975 - 03 - 06	特拉维夫	18	12	特拉维夫海滩,对民众袭击
1975 - 07 - 04	耶路撒冷	13	72	锡安广场(Zion Square),路边炸弹爆炸
1978 - 03 - 11	特拉维夫	51	72	特拉维夫海边,海滩人群和公共汽车遇袭
1989 - 07 - 06	基里亚特耶利姆	16	27	耶路撒冷的基里亚特耶利姆(Kiryat Yearim),公共汽车遇袭
1994 - 02 - 25	希伯伦	39	250	犹太恐怖主义袭击。犹太极端分子在先祖之洞扫射
1994 - 11 - 19	特拉维夫	23	75	公共汽车,自杀式爆炸
1996 - 02 - 25	耶路撒冷	28	80	两辆公共汽车,自杀式爆炸
1996 - 03 - 04	特拉维夫	14	163	迪岑哥夫中心(Dizengoff Center),自杀式爆炸
1997 - 07 - 30	耶路撒冷	18	178	马哈尼耶胡达(Mahane Yehuda)市场,两次自杀式爆炸
2001 - 06 - 01	特拉维夫	21	120	一家迪斯科舞厅,自杀式爆炸
2001 - 12 - 01	耶路撒冷	13	188	本耶胡达(Ben Yehuda)步行街购物中心,两次自杀式爆炸
2001 - 12 - 02	海法	16	40	公共汽车,自杀式爆炸
2001 - 12 - 12	伊曼纽尔	11	30	西岸伊曼纽尔(Emmanuel)定居点,对公共汽车和汽车袭击
2002 - 03 - 02	耶路撒冷	11	51	东正教社区,对一群推着婴儿车的妇女自杀式爆炸

（续表）

时间	地点	死亡人数	受伤人数	事　件
2002 - 03 - 03	奥夫拉	10	0	西岸奥夫拉(Ofra)附近,枪击袭击
2002 - 03 - 09	耶路撒冷	12	54	咖啡馆,自杀式爆炸
2002 - 03 - 27	内坦亚	27	140	以色列内坦亚（Netanya）公园酒店(Park Hotel),自杀式爆炸
2002 - 03 - 31	海法	16	40	一家餐厅,自杀式爆炸
2002 - 05 - 07	里雄莱锡安	16	55	以色列里雄莱锡安（Rishon-Lezion）游戏俱乐部,自杀式爆炸
2002 - 06 - 05	米吉多	18	38	以色列集体农场米吉多(Megiddo)附近公共汽车,自杀式爆炸
2002 - 06 - 15	耶路撒冷	20	74	公共汽车,自杀式爆炸
2002 - 08 - 04	梅隆	10	50	以色列城镇梅隆(Meron)公共汽车,自杀式爆炸
2002 - 10 - 21	65 号公路站点	16	50	驾车在以色列 65 号公路一站点停靠的公共汽车旁引爆炸弹
2002 - 11 - 21	耶路撒冷	12	50	公共汽车,自杀式爆炸
2003 - 01 - 05	特拉维夫	25	120	特拉维夫市中心公共汽车站附近,炸弹爆炸
2003 - 05 - 05	海法	18	53	开往海法大学的公共汽车,自杀式爆炸
2003 - 06 - 11	耶路撒冷	18	101	公共汽车,自杀式爆炸
2003 - 08 - 19	耶路撒冷	24	133	公共汽车,自杀式爆炸
2003 - 10 - 04	海法	22	60	一家餐馆,自杀式爆炸
2004 - 01 - 29	耶路撒冷	11	51	公共汽车,自杀式爆炸
2004 - 03 - 14	阿什杜德	12	16	以色列城市阿什杜德(Ashdod),两起自杀式爆炸
2004 - 08 - 31	贝尔谢巴	16	100	以色列贝尔谢巴(Be'er Sheva),两辆公共汽车,自杀式爆炸

资料来源：(1)compiled by Wm. Robert Johnston last updated 27 November 2016；(2)以色列外交部网。

　　下面把对 1967 年以来巴以冲突的考察范围，聚焦到最影响巴以和平进程的约旦河西岸（包括耶路撒冷）。按暴力与恐怖袭击事件数、每次事件的死亡人数和受伤人数统计，可形成三者关系的走势图（见下图）。

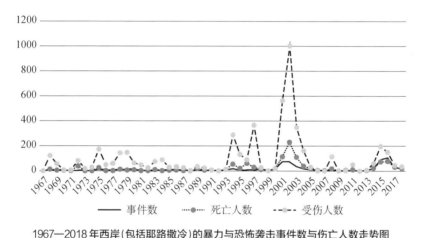

1967—2018 年西岸（包括耶路撒冷）的暴力与恐怖袭击事件数与伤亡人数走势图

资料来源：（1）compiled by Wm. Robert Johnston last updated 27 November 2016；（2）以色列外交部网。

　　图示曲线所显示的 1967—2018 年西岸（包括耶路撒冷）的暴力与恐怖袭击事件数与伤亡人数走势，说明了以下几点。首先，发生在西岸的暴力与恐怖事件的两次峰值，为两次因提法达时期。而且，第二次因提法达的事件数、死亡人数、受伤人数，均高于第一次因提法达，表明第二次因提法达的暴力程度上升。其次，近几年来，西岸发生的暴力冲突并没有在谷底稳定，而是达到自 1980 年代以来仅次于两次因提法达期间峰顶的小高峰。特别是 2015—2016 的事件数，与第二次因提法达期间相仿，甚至在事件数上达到整个 1967 年以色列占领西岸以来 50 余年中的最高位，受伤人数达到了除了两次因提法达以外的最高。之所以全世界公众对此的知晓度很低，一是因为国际新闻媒体对西岸的报道不够充分，公众的知晓度较低；二是因为一般公众关心的是以色列本土的事件，而对于陌生的约旦河西岸缺乏了解的兴趣。再次，两次因提法达期间与近几年相比，近几年在西岸发生的暴力恐怖事件，主要形式是持刀袭击、驾车袭击、投石袭击等，具有事件多、伤亡较少的特点。而在第二次因提法达期间，频繁发生自杀式炸弹袭击，具有惨烈程度高、单一事件中的伤亡规模大的特点。

二、西岸巴勒斯坦人暴力袭击方式的总体变化

两次因提法达之后，发生在西岸的暴力和恐怖主义袭击事件中，以自杀式爆炸为标志的特重大事件直线下降。其原因主要有：第一，巴以双方当局对遏制暴力和恐怖主义的共同承诺。1990 年代巴以签署的《奥斯陆协议》序言中和双方领导人的换文中，签署方曾作出放弃恐怖主义和其他暴力行为的承诺①。但是，随着拉宾被犹太极端分子枪杀等复杂的政治状况的存在，《奥斯陆协议》的执行后来被终止。而在第二次因提法达即将结束时，2005 年 2 月 8 日，以色列总理沙龙、巴勒斯坦民族权力机构主席阿巴斯、埃及总统穆巴拉克和约旦国王阿卜杜拉二世在西奈半岛举行沙姆沙伊赫峰会（Sharm El Sheikh Summit）。沙龙和阿巴斯承诺：所有巴勒斯坦人将制止针对世界各地的所有以色列人的一切暴力行为，同时，以色列将停止针对任何地方的所有巴勒斯坦人的一切军事活动。② 第二，以色列采取了一系列防范措施，来遏制

---

① 在奥斯陆协议谈判期间，时任巴解组织主席阿拉法特在 1993 年 9 月 9 日致以色列总理拉宾的信函中承诺："巴解组织放弃使用恐怖主义和其他暴力行为，并将对巴解组织的所有人员承担责任，以确保他们服从，防止违反行为和违反纪律。"见 Israel-PLO Recognition: Exchange of Letters between PM Rabin and Chairman Arafat, https://ecf. org. il/media_items/300

② The full text of Israeli Prime Minister Ariel Sharon's declaration of a ceasefire with the Palestinians at the Sharm al-Sheikh summit [N]. BBC NEWS, 2005 - 02 - 08.

巴勒斯坦人的暴力和恐怖袭击。以色列采取的措施包括：建造隔离墙、公共汽车监控、设立检查站、控制巴勒斯坦人通行、对严重暴力实施者惩罚性拆除其住宅等。[①] 关于隔离墙的设立，以色列政府宣称其目的是结束巴勒斯坦恐怖分子针对以色列目标的自杀式爆炸袭击。希伯来大学西蒙·佩里教授等 2017 年发表的一项研究指出，隔离墙的建造使来自巴勒斯坦一侧进入以色列的可能性直线下降，有效防止了自杀式爆炸和其他严重袭击事件在以色列本土的发生。该研究得出的结论之一是，隔离墙的耶路撒冷奥弗-米哈罗特（Ofer-Minharot）段情况显示，在建造隔离墙后，巴勒斯坦一方的攻击方法发生了适应性变化，投掷自制燃烧弹和持刀具袭击的频率增加。[②] 而笔者根据对沙姆沙伊赫峰会后 2005 年以来西岸（包括耶路撒冷）受到的暴力袭击事件的统计（见下表和下图），发现西蒙·佩里等所指出的巴勒斯坦人改变了的暴力攻击方式，即利用民用器具或以其他非军事武器方式（表中所分的 B类）进行的攻击，出现在了整个西岸地区，它们的事件数超过以军事武器或以传统方式（表中所分的 A 类）进行的攻击。

从图中的比例可见，2005 年至今，西岸的自杀式爆炸几乎绝迹（14年中仅 2 起[③]），严重暴力与恐怖袭击被小规模、分散性、多手段的暴力与恐怖袭击所替代。而上述类别与事件数统计表的数据表明，近十几

① 以色列建造隔离墙等措施，受到一些强调自杀式爆炸实施者的意识形态和动机因素的学者的质疑，如米娅·布卢姆认为，关键是要减少巴勒斯坦自杀式爆炸的动机，而不是削弱其实施自杀式爆炸的能力，见 Mia Bloom. Dying to Kill: The Allure of Suicide Terror [M]. New York: Columbia University Press, 2005, p. 39。隔离墙以及其他措施，由于其对巴勒斯坦民众人权的侵犯，也受到国际社会的谴责。

② Simon Perry, Robert Apel, Graeme R. Newman, Ronald V. Clarke. The Situational Prevention of Terrorism: An Evaluation of the Israeli West Bank Barrier [J]. Journal of Quantitative Criminology, Vol. 33, No. 4, 2017, pp. 727-751.

③ 2005 年 12 月 29 日，在西岸巴勒斯坦城市图尔卡勒姆（Tulkarem）附近的路障前，发生自杀式爆炸事件，平民 3 死 10 伤。2015 年 10 月 11 日西岸马阿莱阿杜姆（Ma'ale Adumim）定居点与耶路撒冷之间的检查站，发生自杀式汽车爆炸未遂事件，实施者和 1 名警察受伤。

2005—2018西岸(包括耶路撒冷)暴力与恐怖袭击类别与事件数统计表①

类别\年份	2005	2006	2007	2008	2009	2010	2011	2012	2013	2014	2015	2016	2017	2018	全14年合计
A. 自杀式爆炸	1	—	—	—	—	—	—	—	—	—	1	—	—	—	2
A. 炸弹袭击	—	—	—	—	—	—	—	—	1	—	1	2	—	—	4
A. 手榴弹袭击	—	—	—	—	—	—	—	—	—	1	—	—	—	—	1
A. 枪击袭击	5	3	1	2	1	2	—	—	2	2	10	17	2	5	52
A. 绑架并杀害	—	—	—	—	—	—	1	—	—	2	—	—	—	—	3
A 类年度合计	6	3	1	2	1	2	1	0	3	5	12	19	2	5	62
B. 刀具袭击	2	1	1	1	1	2	1	0	3	1	54	62	15	9	153

① 说明：(1)本表中的A类指以军事武器或以传统方式进行的袭击，B类指利用民用器具或其他非军事武器方式进行的袭击。(2)在A类"枪击袭击"中，还包括西岸发生的"驾车开枪扫射"事件，如(发生时间和地点，下同)：2015-06-29，西岸定居点示罗(Shiloh)；2015-10-01，西岸纳布卢斯；2016-10-09，耶路撒冷；2018-01-10，西岸定居者前哨基地哈瓦特吉拉德(Havat Gilad)；2018-12-09，西岸奥夫拉(Ofra)定居点，1名恐怖分子驾驶轿车在公交车站向候车人群射出十几发子弹后速驶离，造成1死7伤。(3)在B类中的驾车撞击袭击中，包括"推土机冲撞袭击"：2008-07-02，耶路撒冷恐怖分子驾驶推土机袭击汽车、行人和公共汽车，造成1死5伤。(4)在B类中的刀具袭击中，还包括"建筑挖掘机撞击袭击"：2014-08-04，耶路撒冷1名恐怖分子驾驶建筑挖掘机掀翻一辆公共汽车，造成3死66伤。还包括"斧头袭击"：2009-04-02，西岸巴特艾因(Bat Ayin)定居点；2016-02-26，西岸马阿勒阿杜姆定居点(Ma'ale Adumim)；2016-03-08，耶路撒冷；2016-04-14，西岸阿尔-阿鲁布(Al-Aroub)巴勒斯坦难民营。(5)在B类中的刀具袭击中，包括"剪刀袭击"：2018-10-22，西岸希伯伦；"螺丝刀袭击"：2016-12-14，耶路撒冷。

（续表）

类别\年份	2005	2006	2007	2008	2009	2010	2011	2012	2013	2014	2015	2016	2017	2018	全14年合计
B.驾车撞击袭击	—	—	—	3	—	—	—	—	—	5	16	7	6	3	40
B.掷石袭击	—	—	—	—	—	—	—	—	1	1	5	15	1	2	25
B.泼酸液袭击	—	—	—	2	—	—	—	—	—	1	—	—	—	—	3
B.自制燃烧弹袭击	—	—	—	—	—	—	—	—	—	1	1	2	1	—	5
B.纵火	—	—	—	—	—	—	—	—	—	—	1	—	3	—	4
B类年度合计	2	1	1	6	1	2	1	0	4	9	77	86	26	14	230
*扩太恐怖主义袭击	1	—	—	—	—	—	—	—	—	1	—	—	—	1	3
*其他	2	2	2	1	—	—	4	—	—	3	3	2	—	1	20
*类年度合计	3	2	2	2	0	0	4	0	0	4	3	2	0	2	23
															全14年总计
所有类别年度总计	11	6	4	9	2	4	6	0	7	18	92	107	28	21	315

资料来源：笔者根据 compiled by Wm. Robert Johnston last updated 27 November 2016,以色列外交部网,《耶路撒冷邮报》BBC,世界以色列新闻社(WIN),扩太电报社(JTA)等资料数据整理制作。

（单位：起）

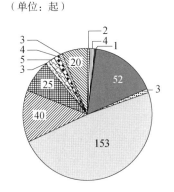

图例：
▤ 2：A.自杀式爆炸
▨ 4：A.炸弹袭击
■ 1：A.手榴弹袭击
▨ 52：A.枪击袭击
▦ 3：A.绑架并杀害
□ 153：B.刀具袭击
▨ 40：B.驾车撞击袭击
▦ 25：B.掷石袭击
▨ 3：B.泼酸液袭击
▨ 5：B.自制燃烧弹袭击
▨ 4：B.纵火
▨ 3：*犹太恐怖主义袭击
▨ 20：*其他

2005—2018 年西岸（包括耶路撒冷）暴力与恐怖袭击 A 类与 B 类比例图

资料来源：笔者根据 compiled by Wm. Robert Johnston last updated 27 November 2016，以色列外交部网、《耶路撒冷邮报》、BBC、世界以色列新闻社（WIN）、犹太电报社（JTA）等资料数据整理制作。

年来，利用民用器具或其他非军事武器方式进行的攻击约占总数 73％，以军事武器或以传统方式进行的攻击约为 20％。

三、暴力袭击的非军事方式：以掷石袭击为例

西岸在以色列的长期占领和巴以和平最终协议无可期待的状态下，暴力冲突并无停歇，只是形式发生了改变。以下就西岸巴勒斯坦民众对占领者抵抗的特殊行动方式——掷石袭击作一分析。

巴勒斯坦人向犹太定居者及其财产、全副武装的以色列军人掷石袭击（stone-throwing）的做法，是一种具有象征意义和军事意义的战术。巴勒斯坦掷石者，除了徒手飞掷石块外，还使用弹射器、甩石机弦①和弹弓

---

① 甩石机弦（slings），也称投石索、投石带等，系一种投石工具。它是一条中间缝着一个装石块的兜囊的绳带。使用时，把石块放在兜囊里，绳带的一端套在手指上，绳带的另一端用拇指和食指捏住，然后甩动兜囊，在适时松开拇指和食指，石块就会沿切线飞出。经训练后可将石块准确地击中目标。

等投石器具①。这些器具里置放的弹射物,包括石块、砖头、瓶子、卵石或滚珠轴承,有时还包括老鼠或水泥块。西岸大量发生的巴勒斯坦投掷石头导致伤亡的事件,获得了国际新闻媒体的头条关注②,它成为巴勒斯坦人新的抵抗方式的重要表征。

　　自古以来的巴勒斯坦地区,扔石头的习俗与宗教、文化和历史有着深刻的联系。它根植于游牧的历史年代,在长期的放牧中,牧民由于看管牲畜、驱赶羊群的捕食者,以及捕猎鸟类,产生投掷石头的习俗。③ 记载于圣经中的大卫打败巨人歌利亚的利器,就是今天巴勒斯坦人使用的甩石机弦。《旧约圣经》撒母耳记上 17：49—50 记述:"大卫用手从囊中掏出一块石子来,用机弦甩去,打中非利士人的额,石子进入额内,他就仆倒,面伏于地。这样,大卫用机弦甩石,胜了那非利士人,打死他"。④ 以色列政治家、学者梅伦·本韦尼斯蒂把汇聚了犹太教、基督教和穆斯林社区的耶路撒冷城与"石头"联系起来,他说:"耶路撒冷的历史是一个巨大的采石场,每一方都从那里开采石头来建造其神话,并互相投掷。"⑤在耶路撒冷老城的汲沦谷(Kidron Valley)建有押沙龙之墓(Tomb of Absalom),穆斯林和犹太人等不同宗教、不同族裔的观光客对着押沙龙之墓投掷石头(因为大卫的儿子押沙龙反叛了大卫)是共有的传统。在近代,在巴勒斯坦土地上阿拉伯人以投掷石块进

---

① Robert Fisk. The Great War for Civilisation：The Conquest of the Middle East [M]. Knopf Doubleday Publishing Group，2007，p. 578.

② Erica Chenoweth，Maria J. Stephan. Why Civil Resistance Works：The Strategic Logic of Nonviolent Conflict [M]. Columbia University Press，2013，p. 119.

③ David A. McDonald. Performative Politics：Folklore and Popular resistance in the First Palestine Intifada [M]. //Moslih Kanaaneh，Stig-Magnus Thorsén，Heather Bursheh，David A. McDonald (ed.). Palestinian Music and Song：Expression and Resistance since 1900. Indiana University Press，2013，p. 133.

④ 中译文本,使用中国基督教协会《圣经》,南京,2000 年。

⑤ Meron Benvenisti. City of Stone：The Hidden History of Jerusalem [M]. University of California Press，1996，pp. 3 - 4.

行抵抗活动,可以追溯到英国委任统治时期,1936—1939 年爆发的阿拉伯起义中,投掷石块成为枪支以外的第二种"武器"。[①]

旷日持久的占领,伴随着连绵不断的和平的和暴力的抵抗,而巴勒斯坦人暴力抵抗的一种日常采取的形式是投掷石块,它不啻是一种低成本甚至是无成本的抵抗以色列军队和定居者占领巴勒斯坦领土的方法。据统计,2004—2011 年,西岸每年平均发生 4 066 起投掷石块事件[②];2013 年发生 7 886 起,2014 年发生 18 726 起[③],明显呈上升趋势。对于巴勒斯坦人的投掷石块行为,在许多情况下以色列部队用催泪瓦斯、橡皮子弹甚至实弹对掷石者作出反应,并经常对巴勒斯坦人的住宅进行突然搜查,以逮捕涉嫌掷石者。[④]

由于投掷石块的结果将导致目标致伤致命,具有非和平的暴力性质。对此,巴勒斯坦人、以色列方面、研究者等,作出了不同的评价或反应。

在掷石者看来,鉴于以色列军队和巴勒斯坦掷石者在力量和装备上的不对称,大多数参与投掷石块的巴勒斯坦青年似乎认为这是象征性的和非暴力的。[⑤] 许多支持者、同情者和评论者将巴勒斯坦人投掷石块的行为视作有限的、克制的、非致命的暴力。[⑥]

---

① Ilan Pappé, Jamil Hilal (ed.). Across the Wall: Narratives of Israeli-Palestinian History [M]. I. B. Tauris, 2010, p. 192.

② Chaim Levinson. Israel Defense Forces: Rock-throwing in West Bank Reaches New High [N]. Haaretz, 2011 - 10 - 06.

③ 据以色列议会网(https://main. knesset. gov. il)2015 年 7 月 15 日公告。

④ Joshua Leifer. Israel's different responses to Jewish and Palestinian stone throwers [N]. +972 Magazine, 2018 - 06 - 17.

⑤ Maia Carter Hallward. Transnational Activism and the Israeli-Palestinian Conflict [M]. Palgrave Macmillan, 2013, p. 50.

⑥ Edward Kaufman, Manuel Hassassian. Understanding Our Israeli-Palestinian Conflict and Searching for Its Resolution [M]. //Judy Carter, George Irani, Vamik D. Volkan (ed.). Regional and Ethnic Conflicts: Perspectives from the Front Lines. Routledge, 2015, p. 109.

　　以色列的主流舆论认为，投掷石块行为具有潜在的致命性，因此是一种犯罪行为。^①并且从投掷石块者的心理分析，即使是为了自卫或抗议，这种行为本质上则是攻击性的，因此，掷石攻击在某些情况下也是恐怖主义的一种形式。^②正是基于此认识，以色列的刑法将掷石视为刑事犯罪。2011 年，以色列内阁批准了一项法律修改意见，允许对掷石者处以更严厉的刑罚。新的修法意见是：向汽车投掷石块危及车内人员安全的掷石者，无需有证据证明是否有伤害他人的故意，可判处 10 年徒刑；向人投掷石块的掷石者，无需有证据证明是否有故意造成严重人身伤害的意图^③，可能被判处 20 年徒刑。

　　在此之前，对掷石者的刑罚最高是判处 2 年徒刑。^④由于掷石者大多为巴勒斯坦少年，因此以色列在西岸设立了少年军事法院，以处理被控或涉嫌参与此类活动的少年。2000—2008 年有约 6 500 名少年被捕，其中大部分是因为掷石。一项研究发现，2005—2010 年 853 名被以色列以掷石罪名起诉的巴勒斯坦少年中，18 名年龄为 12—13 岁，255 名年龄为 14—15 岁；60％的人被判处最长 2 个月监禁，15％的人被判 6 个月以上，1％的服刑时间为 1 年。^⑤

　　一方面是法律量刑规定，另一方面在西岸发生数起以色列军人对掷石者"法外执行"当场击毙的事例。如 2015 年 7 月 3 日，在西岸拉姆

---

① Ruth Linn. Conscience at War: The Israeli Soldier as a Moral Critic [M]. SUNY Press, 2012，p. 62.

② Chibli Mallat. Philosophy of Nonviolence: Revolution, Constitutionalism, and Justice Beyond the Middle East [M]. Oxford University Press，2015，pp. 52 - 53.

③ 2015 年以色列议会通过的《刑法》修正案，规定只有在投掷石块的同时旨在伤害他人，其定罪是最高 20 年徒刑。见以色列议会网（https://main. knesset. gov. il）。

④ Kate Shuttleworth. Palestinian stone throwers could face 20 years in jail [N]. The Guardian，2014 - 11 - 04.

⑤ Reem Bahdi. Phosphorus and Stone: Operation cast Lead, Israeli Military Courts, and International Law as Dennial-Maintenance [M]. //Willem de Lint，Marinella Marmo，Nerida Chazal（ed.）. Criminal Justice in International Society，Routledge，2014，p. 186.

安拉南部的卡兰迪亚(Qalandia)检查站附近,17岁的巴勒斯坦少年穆罕默德·科斯巴(Mohammad Kosba)近距离向一辆以色列军车投掷石块,一名以色列上校朝天开枪警告,在军车前挡风玻璃被石块击碎后,这名上校随即朝这名巴勒斯坦少年头部和胸部开枪,致其死亡。[①]

　　对于以色列对巴勒斯坦掷石者施以严刑峻法,以色列知识界中持左翼观点者指出,同样是对以色列军人投掷石头,以色列对掷石者是犹太人还是巴勒斯坦人,实行的是双重标准。以色列左翼言论平台"＋972 Magazine"[②]2018年发表署名评论文章,尖锐地指出:在西岸,向以色列士兵投掷石块的后果差异很大,这取决于谁在投掷。约书亚·莱弗对比了同期发生的两个例子:6月12日,在拆除西岸的尼特夫哈沃特(Netiv Ha'avot)非法定居点15所房屋时,抗拒拆除的数百名犹太人宗教民族主义者占据房屋并向警察投掷石头和其他物体,造成6名警察受伤,3名抗议者被捕,后来被释放。而六天前,在西岸的巴勒斯坦村庄纳比萨利赫(Nabi Saleh),21岁的巴勒斯坦人伊兹·丁·塔米米(Izz ad Din Tamimi)与一群巴勒斯坦青少年向全副武装的以色列士兵投掷石块,当塔米米走近士兵投掷石块时,被石块击中的一名士兵开枪把塔米米当场击毙。文章指出,那些向以色列军队投掷石块的定居者,大多只是受到了轻微的惩罚,而巴勒斯坦的掷石者则失去了生命。像许多其他巴勒斯坦人一样,塔米米没有因投掷石块而被捕、受审

① Tim Macfarlan. Clashes in the West Bank after a Palestinian teenager is shot and killed by an Israeli army officer for throwing stones at soldiers [N/OL]. Daily Mail (MailOnline), 2015 - 07 - 03. https://www. dailymail. co. uk/news/article-3148137/Israeli-officer-kills-stone-throwing-Palestinian-youth-West-Bank. html

② ＋972杂志(＋972 Magazine),发表左翼新闻和观点的互联网杂志,由四名在特拉维夫工作的记者丽莎·戈德曼(Lisa Goldman)、阿米·考夫曼(Ami Kaufman)、迪米·里德(Dimi Reider)、诺安·谢扎夫(Noam Sheizaf)于2010年8月创办。创办人的观点,包括反对以色列占领巴勒斯坦领土。

或判刑——他被当场开枪打死。① 纵然以色列军人以"争执"与"敌意"的动机来区分犹太人和巴勒斯坦人同样掷石行为的性质,但轻微处罚与当场击毙的天壤之别,表现出明显的尺度失衡和公平缺失。

第二节　犹太普通定居者的安全防御与极端定居者的暴力活动

依据以色列本国法律,约旦河西岸的犹太定居点有合法和非法之分。经政府授权的是合法的普通定居点,未经政府授权的非法私建定居点被称作前哨基地。这两类定居点都是巴以暴力冲突所容易发生的场所。一方面,在普通定居点,定居者对巴勒斯坦激进分子暴力袭击所采取的是防范、规避以及寻求军事保护的模式;"以色列阿德里卡卢特"这一独特的犹太建筑模式也起到了重要的防御作用。另一方面,前哨基地大多是由犹太极端分子非法私建的定居点。他们秉持极端的宗教民族主义,鼓励用暴力和恐怖的方式去报复巴勒斯坦的恐怖主义,甚至不惜以巴勒斯坦平民作为暴力袭击的对象。约旦河西岸出现的"山顶青年"群体及其实施的"代价标签"暴力活动就是这类现象的代表之一。这类极右翼宗教民族主义者的暴力活动极大地恶化了巴以关系,严重阻碍了巴以和平进程,因此令普通的以色列公众感到厌恶。以色列政府对这类暴力活动进行了强烈谴责和法律指控,但出于各种原因又不得不对这些极端定居者作出一定的妥协。

一、西岸普通犹太定居点的"以色列阿德里卡卢特"安全模式

对西岸巴勒斯坦人而言,犹太人为建立定居点而侵占其土地、争夺其资源、割裂其区域,直接导致以色列军人为保卫定居点而长期驻守。

---

① Joshua Leifer. Israel's different responses to Jewish and Palestinian stone throwers [J/OL]. +972 Magazine,2018-06-17. https://www.972mag.com/israels-different-responses-to-jewish-and-palestinian-stone-throwers/.

因此，袭击犹太人定居点，袭扰犹太定居者，成为巴勒斯坦抵抗运动的一个组成部分。一般的犹太定居者，对此的应对策略是依靠以色列军队和警察的武装保卫，定居点进行技术防暴防恐，以及出行避开危险时间和地点。笔者选择一个比较典型的普通定居点——吉瓦本雅明定居点①(它既非城市化的"定居区"，也非位于山丘深处的孤立定居点，或者非法的前哨基地)，并以来自一对中国教授夫妇入住该定居点 12 年的观察和记录②，考察一个普通定居点面临的安全风险和应对措施。

据巴勒斯坦方面 2012 年的资料，吉瓦本雅明定居点(以下简称吉瓦定居点)是以色列政府在没收了巴勒斯坦贾巴(Jaba)村的部分土地(计 1 139 杜纳亩，合 1. 14 平方公里)而建设起来的③。吉瓦定居点的情况与西岸其他位于城市边上的犹太人定居点有许多共性之处：相比城市，定居点具有房价便宜、房屋宽敞、自然环境优美等优势，吸引了许多犹太人、特别是新移民定居于此。当今的吉瓦定居点已发展为拥有 5 000 多人口④、设施俱全的现代化犹太社区⑤。然而，西岸定居点都不

① 吉瓦本雅明定居点(Geva Binyamin)，东边紧靠绕耶路撒冷城的隔离墙外侧，距东耶路撒冷东北 5 公里。

② 清华大学范雨臣教授 1992 年赴以色列海法大学从事研究工作，他与同为学者的妻子选择西岸的犹太人定居点作为住所。他们于 1994—2006 年住在西岸的吉瓦定居点，在 12 年中，他们作为定居点的一员，每天乘车往返于以色列和西岸，也参与定居点的社会活动和安全保卫事务，其中经历了第二次因提法达时定居点所处的危险境况。他们将这段特殊经历撰写成著作(范雨臣，张零贵. 生活在约旦河西岸[M]. 中国广播电视出版社，2006)，为研究者独立观察(非以色列、非巴勒斯坦的角度)，深入了解以及研究西岸犹太人定居点提供了难得的文献资料。

③ Jaba Village Profile [R]. The Applied Research Institute-Jerusalem，2012.

④ 2019 年人口为 5 682 人，据以色列中央统计局数据。

⑤ 当今的吉瓦定居点，有许多独立式住宅、公寓和多户住宅，有两所小学、几所幼儿园、公共游乐场、体育馆、图书馆、运动场、两个小型市场、一个小型购物中心等设施。因为它靠近耶路撒冷，具有上述舒适的生活条件，以及具有世俗的、宗教的和超正统派的犹太人和睦相处的文化氛围，吸引了许多年轻夫妇定居于此(见本雅明地区委员会网站：https://www.binyaminregion. org. il/adam/)。在"现在就和平"1980—2011 年定居点统计数据中，吉瓦定居点在"定居点类型"中，被归为"生活质量/意识形态"(quality of life/ideological)型定居点(见 Data-sheet Settlements and Outposts Numbers and Data [R]. Peace Now，2013)。

同程度地面临着与巴勒斯坦人的权利冲突、资源冲突、宗教冲突，因而存在着现实的安全问题。

吉瓦定居点自初建以来安全设施的变化，也成为西岸所有普通犹太人定居点的缩影。吉瓦定居点的西边与阿拉伯重要城市拉姆安拉仅一道浅山谷之隔，吉瓦定居点边上即是巴勒斯坦人居住区。1970 年代①该定居点刚建成时（从最初 6 户家庭逐步扩大规模），基于犹太居民和巴勒斯坦居民关系较好，吉瓦定居点居民经常到巴勒斯坦人的拉姆安拉去购物，吉瓦定居点四周也不架铁丝网。1980 年代随着巴以关系日趋紧张，定居点四周则架起了铁丝网。1990 年代爆发第一次因提法达，巴以冲突加剧，吉瓦定居点在原有铁丝网外又加设带刺的铁丝网。2000 年代爆发了第二次因提法达，巴以之间冲突更加激烈，吉瓦定居点四周先后架设起高压电网、电传感器电缆。② 所有这些安全设施的升级是为了严密防范巴勒斯坦激进分子对定居点的袭击。

围墙之于定居点，构成近现代犹太人居所的一种具有政治意义的建筑风格。依据对犹太建筑模式与政治的关系具有深刻见解的以色列

---

① 据阿拉伯调查新闻协会的 ARIJ 资料，吉瓦定居点建于 1983 年（见 Jaba Village Profile [R]. The Applied Research Institute-Jerusalem，2012）；据"现在就和平"资料，吉瓦定居点是建于 1984 年（见 Data-sheet Settlements and Outposts Numbers and Data [R]. Peace Now，2013）。范雨臣、张零贵深度融入吉瓦定居点 12 年，其说法依据最早的 6 户定居点垦荒者的记忆，不至于有十多年的误差。因该定居点又称为"亚当"（Adam），所在区域为圣经圣地（见 Carta's Official Guide to Israel：And Complete Gazetteer to all Sites in the Holy Land [M]. Jerusalem：Ministry of Defence Publishing House，1993，p. 165），所以很大的可能，是经过 1972 年第一代定居者的定居、垦荒，形成规模后得到以色列政府授权程序，在 1983 年或 1984 年正式建造吉瓦定居点。因巴勒斯坦人的村庄一般在山谷依水而建，所以犹太定居者一般选择在西岸无人居住（按以色列的西岸土地法律定义，西岸"无主土地"为英国委任统治后遗留下来的非阿拉伯私人土地，以色列有权行使所有权）的荒地（特别是在山顶）定居、垦荒，然后向以色列政府部门申请批准。这是许多西岸定居点的形成模式。

② 范雨臣，张零贵. 生活在约旦河西岸[M]. 中国广播电视出版社，2006：16—18.

建筑家沙龙·罗特巴德①的阐释,吉瓦定居点这类在以色列建国后所建的犹太人住宅模式为"以色列阿德里卡卢特"②,有别于1947年分治决议前在巴勒斯坦地区的犹太人住宅模式"埃雷兹以色列建筑"(Eretz-Israeli Architecture)③。

　　罗特巴德指出,从"以色列地建筑"到"以色列阿德里卡卢特"的变化,表征着从欧洲建筑文化到希伯来文化的转变。建筑与政治的关系,依赖于建筑将自己定义为自主的学科,强加自己的议程,并在物理上实现它的能力。当现代建筑行为在西方世界的自主幻想下形成,并在建筑理论和建筑实践的复杂关系中构建之时,以色列的建筑设计却无法享有西方世界可以"幻想"设计建筑的自由,它们主要是受到政治环境及其意义的支配。不论有意还是无意,以色列犹太人所执行的每一项建筑行为本身都是犹太复国主义的行为。"建设以色列国土"的政治纲领是以色列每栋建筑物的基本组成部分,尽管往往是潜在的。而且以色列建筑物所创造的政治事实往往比其可能在风格、美学、体验或感官上产生的影响要更具主导性和决定性。更新、定居和建设新的犹太国家一直是犹太复国主义运动的主要目标,其中也包括它的建筑传统。新建筑、新房屋和新城镇是实现安置犹太人在以色列土地上定居的场所和工具。它们是实现领土目标的手段、威慑手段、制造政治事实的手段。罗特巴德由此认定:"在以色列,建筑是一种教育工具,一种官方语言,一种意识形态。"

　　作为欧洲现代建筑理论的延伸,英国委任统治时期的一些"以色列

---

① 沙龙·罗特巴德(Sharon Rotbard, 1959—　　),以色列建筑师、出版家和作家,耶路撒冷比撒列艺术学院建筑系高级讲师。

② "以色列阿德里卡卢特"(Israeli Adrikhalut),意为"以色列建筑";Adrikhalut,希伯来语"建筑"的语音转译。

③ 以下关于以色列建筑与政治、墙与塔的引述,均引自 Sharon Rotbard. Wall and Tower: The Mold of Israeli Adrikhalut [M]. //Anselm Franke (ed.). Kunst-Werke Berlin [M]. Cologne: Verlag der Buchhandlung Walther könig, 2003.

地建筑"模式的犹太人住宅,保持了具有西方现代建筑传统的西欧式外观。然而,建国以后希伯来语"以色列阿德里卡卢特"模式的建筑,则是被罗特巴德称之为"几乎在没有建筑师的情况下建造"①的,是为以色列征服领土、安全边界、安置移民等现实政治服务的定居点。而"以色列阿德里卡卢特"建筑模式的雏形,是阿犹冲突激烈的1930年代在巴勒斯坦地区出现的犹太人定居点模式"霍马乌米格达"(Homa Umigdal,希伯来语"墙和塔")。"墙和塔"模式定居点的典型格局是,四周筑有2米多高、用预制木模具填充砾石并用铁丝网围起来的高"墙",封闭的墙里建有多个居住棚屋,院子中间是一座10余米高的木制观察"塔",用于观察和防范阿拉伯来袭者。上述吉瓦定居点周围架设的安全"墙",以及其他一些定居点——如伊塔玛(Itamar)定居点——类似为防范巴勒斯坦来袭者而架设的栅栏"墙",可视为对"以色列阿德里卡卢特"模式的承袭。

　　除了建栅栏墙以保卫安全之外,吉瓦定居点与西岸其他犹太定居点一样,由定居者中的成年男子轮流担任警卫,全天候进行武装巡逻。另外,因为定居点的造房子等工作交由阿拉伯劳工来做,所以定居点警卫除了巡逻,另一项任务就是在定居点造房子时荷枪实弹监视阿拉伯劳工。即使栅栏墙加巡逻,定居点的安全也无法做到万无一失,比如吉瓦定居点就发生了潜入的恐怖分子先关闭居民门外的水表总开关,等居民走出家门查看水表时即遭枪击的事件。出了定居点,定居者的出行也面临很大的安全风险。吉瓦定居点孩子的上学,需要乘坐校车往返,德国奔驰校车都经过了防弹改装,车窗清一色装有防弹玻璃。在吉瓦定居点以及附近其他定居点往返耶路撒冷的公路上,车辆经常遭遇

---

① 这是2003年之前的情况。而目前西岸较大规模的定居点,特别是由多个定居点组成的定居区,如古什埃齐翁(Gush Etzion)、阿里埃勒(Ariel)、马阿莱阿杜姆(Ma'ale Adumim)、莫迪因伊利特(Modi'in Illit)、吉瓦特泽夫(Giv'at Ze'ev)等,具有城市化的格局和综合性的建筑与环境设计。

恐怖分子伏击。即使在目前,吉瓦定居点仍然处于不安全境地。2018年7月26日,一名巴勒斯坦袭击者潜入吉瓦定居点刺伤3人,然后受害者的邻居开枪将袭击者打死。①

二、西岸"山顶青年"的极端意识形态及其暴力倾向

前述吉瓦定居点表明,传统定居点对待巴勒斯坦人抵抗占领和暴力袭击采取的是防范和规避以及寻求军事保护的模式。然而,西岸的"山顶青年"(Hilltop Youth)运动②,则以犹太极端主义为思想资源,以彻底反传统的姿态实践"创造土地既成事实"(creating facts on the ground)的信念,被称作西岸崛起的"犹太 ISIS"③。因此,这是一种值得关注的反映在西岸定居点问题上的犹太极端主义现象。

西岸的"山顶青年"作为以色列激进犹太运动中的一种极端宗教民族主义青年思潮④,兴起于 1998 年之后、2005 年以色列实施脱离接触计划之前。1998 年 11 月 16 日,时任以色列国防部长沙龙在美国 CNN 电视上,敦促犹太定居者在巴勒斯坦人希望建立独立家园的地区达成永久协议之前⑤占领约旦河西岸的山顶。他说:"那里的每个人都应该

---

① Maayan Lubell. 1 dead, two injured in West Bank stabbing attack [N]. Reuters, 2018 - 07 - 27.

② Lulu Garcia-Navarro. Israel Cracks Down on Radical 'Hilltop Youth' [N]. NPR (National Public Radio), 2012 - 01 - 09.

③ Hillel Gershuni. A Jewish ISIS Rises in the West Bank [J/OL]. Tablet, 2016 - 01 - 12. https://www. tabletmag. com/sections/israel-middle-east/articles/jewish-isis-in-the-west-bank

④ Shimi Friedman. The Hilltop Youth: A Stage of Resistance and Counter culture Practice [M]. Lexington Books, 2017, p. ix.

⑤ 其时,1998 年 10 月 23 日阿拉法特与内塔尼亚胡(当时,内塔尼亚胡是国防部长沙龙的政治对手)在白宫签署《怀伊河备忘录》(Wye River Memorandum),内容包括以色列在 3 个月内从约旦河西岸 13.1% 的领土上撤军。

行动起来,奔跑起来,应该占领更多的山头,扩大领土。所有被抓到的东西都将掌握在我们手中,我们没有抓住的一切都将掌握在他们手中。"①于是,传统定居者后裔中具有强烈的"创造土地既成事实"激进意识的新一代年轻人,开始了在西岸的山顶建立前哨基地的行动。这一思潮也吸引了其他类型、不同年龄的犹太人加入其中。下述吉沃奥兰(Givot Olam)前哨基地的建立者阿夫里·兰(Avri Ran),即是"占领山顶"的积极行动者,并且被认为是"山顶青年"之父②和倡导者。"山顶青年"是一种松散的、无政府状态的群体,其共同的特征主要体现在生活方式的类同和意识形态的一致。

"山顶青年"抛弃了他们从小成长于其中的传统社区,而去往西岸中部住在山上,特别是纳布卢斯和希伯伦地区无人居住的山区。他们的行动目的是到西岸的空旷地带居住,以防止它们被移交给巴勒斯坦人。许多"山顶青年"的装束具有"哈西迪犹太教徒"的模样③;凡卡车、房车、拖车或者以洞穴等一切可用以居住的东西,都成为他们居住的房屋。④ 典型的"山顶青年"定居点由三四十人组成,这些年轻犹太人学习《妥拉》(Torah),过简单的生活,自己种植作物,饲养牲畜,并且践行他们避免雇用巴勒斯坦劳工的信条,通常就在定居点范围里面工作。至 2009年,估计"山顶青年"约有 800 人,另有大约 5 000 多人信奉这种思想。⑤

---

① Adam T. Smith. The Political Landscape: Constellations of Authority in Early Complex Polities [M]. University of California Press 2003, p. 6.

② Daniel Byman. A High Price: The Triumphs and Failures of Israeli Counterterrorism [M]. Audible Studios, 2011, p. 291.

③ 哈西迪犹太教(Hasidic Judaism),是犹太教正统派的一支,受到犹太神秘主义的影响,由 18 世纪东欧巴尔·谢姆·托夫(Balen Shem Tov)拉比创立。

④ Hillel Gershuni. A Jewish ISIS Rises in the West Bank [J/OL]. Tablet, 2016 - 01 - 12. https://www. tabletmag. com/sections/israel-middle-east/articles/jewish-isis-in-the-west-bank

⑤ Daniel Byman. A High Price: The Triumphs and Failures of Israeli Counterterrorism [M]. Audible Studios, 2011, p. 291.

　　"山顶青年"秉持本土主义意识形态。在他们看来,传统定居者因西岸的房价低廉而选择靠近大城市的定居点,住的是巴勒斯坦劳工建造的住房,这样的定居运动已经迷失了方向。而他们是真正的犹太人,坚持真正的犹太方式。① 在这个意义上,前述吉瓦定居点就属于"山顶青年"所否定和反叛的,老一辈定居者和世俗的现实主义定居者的定居模式。

　　纵观以色列国的历史,以建立犹太定居点的方式来占据周边犹太人在人口数量上处于劣势的地区的山顶,也曾经是以色列在1979—1980年规划的"加利利的犹太化"(Judaization of the Galilee)计划的思路。这一计划的实施,符合著名的也极具争议的一条犹太复国主义逻辑:"犹太人犁出最后一条犁沟的地方,边界就会延伸到那里。"②以色列建国初期,加利利的少数民族(即非犹太民族)比例很高,政府担心因此会削弱以色列对该地区的控制。1979年4月,在政府和犹太机构的定居处以及住房部农村建设管理局的联合会议上批准了"加利利的犹太化"计划,该计划规划在6—8个月的时间内在以色列北部的加利利地区建造30个山顶定居点。该计划发起人的目标是将犹太人口分散到加利利的山区,以提高加利利犹太人的比例,并防止阿拉伯人在该地区的政府土地上占据人口优势。在这个计划的框架下,并在很短的时间内在加利利山顶上建立了大量被称为"米兹皮姆"(Mitzpim,瞭望)的小型犹太人定居点。1981年,在加利利山顶新建的犹太人定居点就达到了26个。③

---

① Hillel Gershuni. A Jewish ISIS Rises in the West Bank [J/OL]. Tablet, 2016 - 01 - 12. https://www. tabletmag. com/sections/israel-middle-east/articles/jewish-isis-in-the-west-bank

② 约瑟夫·特兰普尔多尔(Joseph Trumpeldor)语。

③ 据犹太复国主义委员会网(zionism. co. il): The Challenges of Settling the North. http://www. zionism. co. il/en/quiz-topics/the-settlement-challenge/settling-the-north/

　　虽然同样是在山顶上建立定居点,同样是以犹太人的存在占据更广泛的土地,"山顶青年"却与政府行为进行明确的切割。"山顶青年"认为,他们只是与以色列土地有关,而与以色列国家的任何机构无关。① 因此,他们在山顶建立的主要是在西岸现有定居点之外未经以色列政府批准的前哨基地。不但如此,他们认为,以色列国家是邪恶的,支持它的宗教团体和意识形态是误入歧途。他们将以色列及其支持者视为"埃雷夫拉夫"②,意指那些看起来像犹太人但拥有外邦敌人灵魂的人。③

　　"山顶青年"为了在"埃雷兹以色列"上创立一个纯粹的犹太人的存在,他们彼此鼓励用暴力和恐怖主义方式报复巴勒斯坦的恐怖主义,对抗非犹太人。④ 不仅如此,"山顶青年"激进主义策略的攻击对象,还包括以色列政府及其军队、警察、国内情报和安全部队(因为以色列政府出于各种政治考虑,试图尽可能规范对扩大西岸犹太定居点数量和规模的要求)。他们也对传统的右翼犹太组织(例如西岸犹太定居点的伞形组织"耶沙委员会")构成重大威胁。⑤

　　"山顶青年"作为年轻一代的极端宗教民族主义者,其思想资源是否与几位著名的拉比有关,这是关于"山顶青年"的一个有争议的问题。

---

① Hillel Gershuni. A Jewish ISIS Rises in the West Bank [J/OL]. Tablet,2016 - 01 - 12. https://www. tabletmag. com/sections/israel-middle-east/articles/jewish-isis-in-the-west-bank

② 埃雷夫拉夫(Erev Rav)是一个包括埃及人和其他在《旧约圣经》出埃及记中加入以色列部落的人的群体。

③ Hillel Gershuni. A Jewish ISIS Rises in the West Bank [J/OL]. Tablet,2016 - 01 - 12. https://www. tabletmag. com/sections/israel-middle-east/articles/jewish-isis-in-the-west-bank

④ Hillel Gershuni. A Jewish ISIS Rises in the West Bank [J/OL]. Tablet,2016 - 01 - 12. https://www. tabletmag. com/sections/israel-middle-east/articles/jewish-isis-in-the-west-bank

⑤ Shimi Friedman. The Hilltop Youth: A Stage of Resistance and Counter culture Practice [M]. Lexington Books,2017, p. ix.

据美国的 NPR(National Public Radio,全国公共广播电台)报道,"山顶青年"成员利亚特·韦瑟尔(Liat Weisel)接受采访时说道,她和其他"山顶青年"每周一次在西岸城市希伯伦会见一位拉比。[①] 以专题对"山顶青年"现象作出研究的希勒尔·格舒尼博士[②]认为,"山顶青年"的背后所联系着的拉比,坚信"与上帝一起行事",并通过世俗的行为来帮助推动民族救赎是一项宗教义务,而不仅仅是等待弥赛亚的降临。格舒尼以此推断原教旨主义和本土主义支持着"山顶青年"的激进主义策略。[③]

　　希米·弗里德曼博士则在其研究中反驳这种看法。他运用人类学方法,于2008—2013 年对希伯伦南部山区的"山顶青年"作了包括共同生活等方式的深度田野调查。他具体观察到,每周六晚上在犹太教堂分发的政论周刊以及互联网上刊登的有关《妥拉》的内容是他接触的"山顶青年"社交聚会上的热门讨论话题。弗里德曼的研究认为,定居者协会和媒体所称的伊特沙克·金兹伯格(Yitshak Ginzburg)拉比、埃利泽·梅拉米德(Eliezer Melamed)拉比是为"山顶青年"指引道路的两位人物的说法是不实之词。他坚称,这些年轻人没有与任何"妥拉"机构有正式联系,也没有与任何拉比或精神导师保持任何联系。[④] 遗憾的是,弗里德曼的证据只是他所征询的"山顶青年"成员和拉比的否认。上述韦瑟尔的说法与弗里德曼调查到的"山顶青年"的说法不一致,反映了活跃于不同地区"山顶青年"的不同行事方式。更本质的是,"山顶

① Lulu Garcia-Navarro. Israel Cracks Down on Radical 'Hilltop Youth' [N]. NPR (National Public Radio),2012 - 01 - 09.

② 希勒尔·格舒尼(Hillel Gershuni),美国希伯来协和学院犹太宗教研究所(Hebrew Union College-Jewish Institute of Religion)和美国犹太教神学院(The Jewish Theological Seminary)纽约校区的以色列事务主任。

③ Hillel Gershuni. A Jewish ISIS Rises in the West Bank [J/OL]. Tablet,2016 - 01 - 12. https://www. tabletmag. com/sections/israel-middle-east/articles/jewish-isis-in-the-west-bank

④ Shimi Friedman. The Hilltop Youth: A Stage of Resistance and Counter culture Practice [M]. Lexington Books,2017, p. 9.

青年"在意识形态上认同和拥护卡汉主义①世界观,主张"驱逐、复仇、歼灭对以色列人民构成威胁的外邦人".② 在此思想基础上,任何阻挡其实现意识形态蓝图的,即使是以色列政府及其机构、军警以及犹太人,也是其反叛或者暴力的对象。"山顶青年"的行事方式和激进程度与拉比是否在实操层面上具体"指引道路"并不存在直接相关性。

希勒尔·格舒尼对"山顶青年"现象的评价是尖锐的,他将"山顶青年"与"ISIS"相提并论。格舒尼认为,ISIS不仅仅是一个国家,还是一种强大的理念;它摒弃了现代规范,以行动复兴伊斯兰哈里发的黄金时代。就像哈里发一样,实现它的方法是前现代的,用剑来执行和传播。这种残忍手段吸引了世界各地的狂热分子来到叙利亚。同样,复兴几千年前犹太王国的理念吸引着狂热的年轻男女来到山顶。"山顶青年"的群体领袖和思想领袖,承诺他们的追随者在一个后现代世界中获得一种真实性,与ISIS一样,这种真实性是建立在摧毁以色列所有机构的基础上的。正是在这个意义上,格舒尼指称该现象为"犹太ISIS在西岸的崛起"③。因此,为数不少的以色列公众对"山顶青年"感到厌恶和恐惧。④"山顶青年"也受到以色列政府的谴责和法律指控⑤。政府

---

① 卡汉主义(Kahanism)是一种犹太极端主义思想,其思想基础是犹太保卫同盟和以色列卡赫党的创始人梅尔·卡汉(Meir Kahane)拉比的观点。卡汉认为,作为以色列公民的大多数阿拉伯人是犹太人和以色列本身的敌人,应该建立一个非犹太人没有投票权的犹太神权国家。卡赫党已被以色列政府取缔,并被美国国务院定为恐怖主义组织。

② Ami Pedahzur. The Triumph of Israel's Radical Right [M]. Oxford University Press, 2012, pp. 135 - 137.

③ Hillel Gershuni. A Jewish ISIS Rises in the West Bank [J/OL]. Tablet, 2016 - 01 - 12. https://www. tabletmag. com/sections/israel-middle-east/articles/jewish-isis-in-the-west-bank

④ Hillel Gershuni. A Jewish ISIS Rises in the West Bank [J/OL]. Tablet, 2016 - 01 - 12. https://www. tabletmag. com/sections/israel-middle-east/articles/jewish-isis-in-the-west-bank

⑤ Lulu Garcia-Navarro. Israel Cracks Down on Radical 'Hilltop Youth' [N]. NPR (National Public Radio), 2012 - 01 - 09.

的强力干预,针对的已不仅是在西岸山顶建立非法前哨基地的"山顶青年",而且是包括所有在西岸建立非法前哨基地、同时又实施"代价标签"暴力和恐怖活动的犹太极端主义定居者。

三、犹太极端主义定居者的"代价标签"暴力和恐怖活动

经常与"山顶青年"联系在一起的西岸犹太定居者独特的暴力行为,是一种叫做"代价标签"(price tag)的攻击方式。它是犹太极端主义定居者的一种报复策略。

1."代价标签"的含义和行为方式

如其名称所示,"代价标签"的含义是通过报复性暴力攻击,让对方付出同等或高于其"加害"行为的代价。匪夷所思的是,一方面,它所实施的主要行为是对巴勒斯坦人的房屋、汽车、农作物、清真寺等进行袭击和破坏,并造成伤亡与财产损失;但另一方面,它的报复动机却是对以色列政府拆除其非法建立的前哨基地进行反击和泄愤,呈现出一种非理性的逻辑。因此,"代价标签"的含义大致为:极端主义定居者对于被以色列政府拆毁的每一个前哨基地的行动,确定当局所应付出的"代价",以此为由来攻击西岸的巴勒斯坦人及其财产,目的是胁迫以色列当局对于拆除前哨基地三思而行。①

"代价标签"的实施者中以"山顶青年"为多,也包括其他犹太极端主义定居者,主要是年轻人。他们在实施攻击行动后,往往在现场喷涂"price tag"和被拆除的前哨基地的名称等字样。就直接暴力攻击的对象与行为的真正打击目标的分离,以及受害一方为无辜者而言,

---

① Sheera Frenkel. Israeli settlers burn olive groves in 'price tag' retaliation attack [N]. The Times, 2009 - 07 - 21.

"代价标签"确如包括以色列舆论所指责的具有"恐怖主义"性质。最初"代价标签"的攻击对象是巴勒斯坦人及其财产,后来也包括对基督徒及其圣地①、以色列左翼犹太人、阿拉伯以色列人的攻击,以至还发展为对以色列安全部队的暴力袭击。《纽约时报》有一个人气很高的专栏"肖特单词"②,专门对热点社会新词进行解读。肖特对"代价标签"的定义是:"西岸激进定居者的'代价标签'行动,旨在向当地巴勒斯坦人索取针对定居者的暴力的代价,或向以色列安全部队索取针对西岸犹太人前哨基地采取的任何行动的代价。"③这一定义是恰切的。

　　"代价标签"攻击的兴起与"山顶青年"出现的时间大致吻合,并延续至今。"代价标签"事件,有的是暴力行为加喷涂"代价标签"词语,有的仅喷涂"代价标签"词语。对后者,巴勒斯坦人未必报警。因此,以色列对西岸发生的"代价标签"事件的统计数据无法反映完整情况。根据粗略数据,2010 年代初是"代价标签"攻击的高峰时期。例如,据以色列《新消息报》在线(ynetnews. com)提供的警方数据,2012 年 1 月至 2013 年 6 月,在一年半时间里西岸发生了 788 起涉嫌"代价标签"攻击案件,共逮捕了 276 人,并提起了 154 项起诉。④ 时至今天,"代价标签"

---

① 例如,2013 年 5 月底,以色列政府拆除了西岸未经授权的哈瓦特梅恩(Havat Maon)前哨基地。于是,犹太极端主义定居者以涂鸦亵渎基督教圣地等行为实施"代价标签"报复。他们在耶路撒冷地标之一的圣母安息教堂的墙壁上喷涂"Jesus is a monkey, Havat Maon"(耶稣是只猴子,哈瓦特梅恩)的字样(哈瓦特梅恩是被拆除的前哨基地的名称),并戳破停在教堂外的两辆汽车的轮胎。见 Nir Hasson, Gili Cohen. Jerusalem's Dormition Church Suffers Suspected 'Price Tag' Attack [N]. Haaretz, 2013 - 05 - 31.

② "肖特单词",正式名称为"Schott's Vocab: A Miscellany of Modern Words & Phrases"。

③ Ben Schott. Schott's Vocab: A Miscellany of Modern Words & Phrases [N]. The New York Times 2011 - 06 - 01.

④ "Price tag" epidemic: 788 cases, 154 indictments [N/OL]. Ynetnews, 2013 - 06 - 18. https://www. ynetnews. com/articles/0,7340,L-4394072,00. html

仍在不断发生。例如，据以色列的人权组织耶什丁①的统计数据，2020年3—5月，在西岸纳布卢斯、拉姆安拉、希伯伦地区的巴勒斯坦村庄遭到了44起"代价标签"攻击。在这些事件中，有21起是针对巴勒斯坦人的暴力行为，23起是对巴勒斯坦人房屋、企业、农田和汽车等财产的破坏。②

2. 具有代表性的米矶仑前哨基地"代价标签"事件

最具代表性的"代价标签"事件，是对2011年拆除西岸的米矶仑③前哨基地的报复案例。在此事件中，既有对巴勒斯坦人及其财产的攻击，对犹太左翼人士的威胁骚扰，也包括首次对以色列国防军军事装备的破坏。

2011年9月5日，大约1000名国防军官兵（从人数之多可见事先预见到可能受到的阻力）被派往耶路撒冷以北约14公里处山顶的米矶仑前哨基地，拆除了该前哨基地的3所非法房屋。在拆除过程中，大约200名定居者聚集在一起，试图进入建筑并阻止推土机的移动，现场有6名年轻人被捕。④

出于对米矶仑前哨基地的3所非法房屋被拆除的报复，从当天9月5日至11日，极端分子发动了数次针对不同对象的"代价标签"行动。首先是对巴勒斯坦人实施"代价标签"行动。9月5日，极端分子在纳布卢斯南部的库斯拉（Qusra）清真寺，将燃烧的轮胎扔进清真寺，

---

① 耶什丁（Yesh Din），在以色列和约旦河西岸工作的人权志愿者组织，成立于2005年。耶什丁的目标是"为巴勒斯坦被占领土的人权的结构性长期改善"。

② TOI Staff. For 2nd time in month, Palestinian village vandalized in apparent hate crime [N]. The Times of Israel，2020－08－28.

③ 米矶仑（Migron），圣经地名，见《旧约圣经》以赛亚书10：28。在西岸的圣经圣地或圣经提到的地名处建立定居点或前哨基地，是犹太定居者尤其是宗教目的定居者的常见做法。

④ Chaim Levinson. Israel Demolishes Three Illegal Houses in West Bank Outpost，Six Arrested [N]. Haaretz，2011－09－05.

并砸碎了该寺的几扇玻璃窗。① 9 月 9 日，极端分子在比尔兹伊特
(Birzeit)的阿米尔哈桑(Amir Hassan)清真寺的墙上喷涂"Muhammad
the pig"(穆罕默德猪)和呼吁杀死阿拉伯人的词语。② 其次是对拆除前
哨基地军事当局实施"代价标签"行动。9 月 7 日，极端分子潜入本雅
明地区的一个军事基地的机械车间，划破军车的轮胎，割断了 12 辆军
车的电缆，并在墙壁上喷涂"price tag"等词语。③ 再次是对政治观点相
左的犹太人实施"代价标签"行动。9 月 9 日，极端分子在耶路撒冷一
位著名左翼活动人士住所的外墙上喷涂"death to the traitors"(处死叛
徒)和"price tag，Migron"(代价标签，米矶仑)。④

在此事件之前，犹太极端分子采取的"代价标签"行动一直针对巴
勒斯坦人，但米矶仑前哨基地"代价标签"事件首开攻击以色列安全部
队的先例，因此受到以色列各方面的关切。以色列国防军官员称此事
件是严重的，这是史无前例的，因为这标志着定居者首次对军队装备进
行了有计划的破坏行为。代表西岸定居者利益的耶沙委员会强烈谴责
这一行为，并呼吁肇事者自首。以色列国防部长埃胡德·巴拉克将该
行为称为"刑事"行为。反对派领导人、前进党主席卡扎里·利夫尼
(Tzipi Livni)说，这一行为越过了"危险的红线"，并呼吁所有以色列领
导人谴责这一行为。⑤

① Anshel Pfeffer, Chaim Levinson. Israeli Settlers Vandalize IDF Base in First 'Price Tag'
Act Against Army [N]. Haaretz，2011 - 09 - 07.

② Elior Levy. 'Price tag' operations continue in WB [N]. Ynet news，2011 - 09 - 09.

③ Anshel Pfeffer, Chaim Levinson. Israeli Settlers Vandalize IDF Base in First 'Price Tag'
Act Against Army [N]. Haaretz，2011 - 09 - 07.

④ Oz Rosenberg. Home of Israeli Left-wing Activist Defaced in Latest 'Price Tag' Act [N].
Haaretz，2011 - 09 - 12.

⑤ Anshel Pfeffer, Chaim Levinson. Israeli Settlers Vandalize IDF Base in First 'Price Tag'
Act Against Army [N]. Haaretz，2011 - 09 - 07.

3. 学者对"代价标签"等极端主义暴力行为的评析

美国学者丹尼尔·拜曼①与纳坦·萨克斯②于 2012 年发表的论文《定居者恐怖主义的兴起：西岸的其他暴力极端分子》，对西岸犹太定居者暴力对以色列政府施压和"代价标签"的性质进行了分析。丹尼尔·拜曼等指出，一方面，随着暴力的减少③和巴以和平的遥远，以色列主流社会已经对巴勒斯坦问题感到厌倦，即使在激进定居者对西岸构成越来越大的威胁之际，也对西岸的局势、对巴勒斯坦人的命运漠不关心；另一方面，每次以色列政府屈服于激进定居者的要求，都会证明后者的策略是有效的，并鼓励越来越肆无忌惮的行为，加深了政府的瘫痪。④

与希勒尔·格舒尼评析"山顶青年"时指其为"ISIS"现象一样，丹尼尔·拜曼等也认为，"代价标签"是极端主义定居者模仿全球恐怖组织的典型做法。他们指出，准确地说，纵火、毁坏树木与自杀性爆炸不属于同一类，用"恐怖主义"一词来形容这种破坏行为，在道义上是有风险的。然而，"恐怖主义"的定义不仅取决于做法本身，而且也取决于其目的：产生恐怖心理影响，作为一种手段，符合极端主义定居者的目的。这种袭击因为据称以色列政府采取了反非法前哨基地措施，便以

---

① 丹尼尔·拜曼（Daniel Byman），乔治城大学（Georgetown University）沃尔什外交学院（Walsh School of Foreign Service）教授，布鲁金斯学会（Brookings Institution）中东政策中心的高级研究员。曾在美国"911 委员会"（9/11 Commission，美国政府成立的专门研究、制定针对美国的恐怖袭击策略的国家委员会）工作。

② 纳坦·萨克斯（Natan Sachs），布鲁金斯学会（Brookings Institution）中东政策中心研究员，主任。

③ 笔者对此的看法是，这里所说的减少，应该是两个减少。一是造成大规模死伤的严重暴力和恐怖主义袭击减少；二是发生在以色列本土上来自巴勒斯坦人的暴力袭击减少。但是，发生在以色列本土上小规模的暴力和恐怖主义袭击的起数并没有下降。见笔者在本书中的统计图表。

④ Daniel Byman, Natan Sachs. The Rise of Settler Terrorism: The West Bank's Other Violent Extremists [J]. Foreign Affairs, Vol. 91, No. 5, 2012, pp. 73 - 86.

"代价标签"涂鸦和暴力针对无辜的巴勒斯坦人、支持和平的以色列人，以及保卫犹太定居者的以色列士兵。极端分子试图恐吓敌对民众和恐吓政府，他们模仿了全球恐怖组织的典型做法。[1]

以色列政府对西岸犹太定居者暴力的管控措施，总体上是温和与犹豫的。对此，巴勒斯坦裔著名学者拉姆齐·巴鲁德[2]认为，西岸的犹太定居者暴力已严重地主导了以色列的政治。他在评论 2019 年 8 月发生在西岸的犹太定居者暴力行动时指出，位于以色列政治中心的犹太定居者受到了所有主要政党的追捧。他们在约旦河西岸不断增加的暴力是一种政治炫耀，一种统治的表现，一种对政治优先事项的野蛮展示。定居者传达的信息是明确的：我们现在不仅在约旦河西岸，而且在以色列政治中都是主宰。犹太定居者决定以色列的政治议程，并不断在被占领土上挑衅巴勒斯坦人，这种暴力行为被以色列政府战略性地利用，为最终完全吞并巴勒斯坦土地奠定基础。[3]

第三节　暴力的循环：以"伊塔玛-阿瓦塔-亚宁"冲突为例

由于无可调和的土地权利争端以及意识形态层面的宗教与民族冲突，在约旦河西岸的巴勒斯坦人与犹太人之间，冤冤相报、以暴制暴的事件和悲剧一直循环上演。西岸的犹太定居点对巴勒斯坦人的土地构成了侵占，于是巴勒斯坦人对犹太人发起了抵抗；对于那些维护自身既

① Daniel Byman, Natan Sachs. The Rise of Settler Terrorism: The West Bank's Other Violent Extremists [J]. Foreign Affairs, Vol. 91, No. 5, 2012, pp. 73 - 86.
② 拉姆齐·巴鲁德(Ramzy Baroud)，巴勒斯坦裔学者，在许多全球主流报刊和广播电视中阐述对中东事务的巴勒斯坦观点。其著作包括：Searching Jenin: Eyewitness Accounts of the Israeli Invasion, 2002；Second Palestinian Intifada: A Chronicle of a People's Struggle, 2006；My Father Was a Freedom Fighter: Gaza's Untold Story, 2010。
③ Ramzy Baroud. Jewish Settlers Rule the Roost in Israel, But at What Price? [N]. Caravan Daily, 2019 - 08 - 21.

有土地的巴勒斯坦人以及其他目标(如田地和橄榄树林、羊群和家畜、住宅和汽车、清真寺和学校、进入犹太人定居点领地的巴勒斯坦人等),激进的犹太定居者发动暴力攻击;同样,犹太人定居点以及定居者和其他目标(如住宅和汽车、保卫定居点的安全协调员和国防军士兵等),也成为巴勒斯坦激进分子暴力袭击的目标。关于许多事件之起因的分析表明,这一波犹太定居者或巴勒斯坦人发动的暴力袭击,是对上一波对方发动的暴力袭击的报复;这一波暴力袭击又成为下一波暴力性的反报复的起因。"伊塔玛-阿瓦塔-亚宁"地区所发生的巴以暴力冲突便是一个典型案例。

一、"伊塔玛-阿瓦塔-亚宁"冲突及其不可避免性

一般公众所关注到的巴以冲突,基本上是在概念和事件新闻的层面上。国内已有的巴以问题研究,单独涉及约旦河西岸的不多,而深入到西岸微观层面的案例性犹太人定居者与巴勒斯坦人冲突的研究,目前尚处于空白状态。为了仔细考察犹太定居者与巴勒斯坦当地居民之间的诉诸暴力,乃至恐怖袭击的报复与反报复冲突,笔者取西岸中部 C 区的一处犹太人和巴勒斯坦人居民点相邻的伊塔玛定居点、阿瓦塔村和亚宁村①作为分析的代表性案例——"伊塔玛-阿瓦塔-亚宁(Itamar-Awarta-Yanun)个案"。该个案并非既有的案例名称,而是笔者对伊塔玛定居点、阿瓦塔村和亚宁村曾发生互为关联的极端暴力事件予以归集所创设的案例名称。按 2014 年的地图,三者的地理位置②呈枪口向右的枪形:左下"枪把"位置是阿瓦塔;往上接近"枪杆"处是一个以色

---

① 它们的地理位置在西岸巴勒斯坦主要城市之一的纳布卢斯东南 10 公里左右处。

② 见 Awarta Village Profile [R]. The Applied Research Institute-Jerusalem,2014;Aqraba Town Profile (including Yanun Locality)[R]. The Applied Research Institute-Jerusalem,2014。

列军事基地，"枪杆"左边是伊塔玛定居点本部，"枪杆"右边是连着伊塔玛本部的吉沃奥兰前哨基地，该前哨基地周边是亚宁。[可见伊塔玛-阿瓦塔村-亚宁村示意地图①。三者需按照 ARIJ② 的阿瓦塔村地图、亚宁村地图拼接。图中标示了伊塔玛（Itamar）、阿瓦塔（Awarta）、亚宁（Yanun）③；其中大的蓝色区域为伊塔玛定居点本部，小的蓝色区域为吉沃奥兰等 4 个前哨基地④。红色区域为以色列军事基地，斜线为以色列军事禁区。]

　　伊塔玛-阿瓦塔-亚宁，这三个面积共约 23 540 杜纳亩（合 23.54 平方公里）⑤的毗邻定居点和村落，集中了西岸许多犹太人定居点的特征，比如定居点建于圣经所述的地点、定居点附近建立前哨基地、定居点或前哨基地与当地巴勒斯坦人之间存在土地权利之争、发生暴力或恐怖袭击事件。这四个特征在"伊塔玛-阿瓦塔-亚宁个案"中具有充分的体现。

　　（1）该个案中的地点、名称与圣经的联系。这片区域距西岸巴勒

---

① 本书略。可访问 http://vprofile.arij.org/nablus/pdfs/vprofile/Awarta_vp_en.pdf 读取第 4 页阿瓦塔地图；并访问 http://vprofile.arij.org/nablus/pdfs/vprofile/Aqraba_vp_en.pdf 读取第 4 页亚宁村地图。两个村庄相邻，把两者重合处拼合起来，即可形成伊塔玛-阿瓦塔村-亚宁村三者的地理位置。

② ARIJ，全称 Arab Reporters for Investigative Journalism，阿拉伯调查新闻记者协会。

③ 在线 google 地图检索"Itamar"，此位置为 Ein Yanun（艾因亚宁，即上亚宁）；其南边，为 Yanun（亚宁，即下亚宁）。上亚宁与下亚宁，两者之间距离为 2 公里。

④ 自西向东，依次为：哈吉登（Har Gid'on）前哨基地、卡瓦特卡鲁莫特（Khavat Alumot）前哨基地、卡瓦特吉沃奥兰（Khavat Giv'ot Olam）前哨基地、吉瓦特阿农（Giv'at Arnon）前哨基地。

⑤ 总面积相当于（中国）普陀山的两个。此地域的定居点与村落的面积：伊塔玛包括定居点本部和 4 个前哨基地，面积约为 7 000 杜纳亩，据 Yehezkel Lein, Eyal Weizman. Land Grab: Israel's Settlement Policy in the West Bank (R/PDF). B'tselem, May 2002 - 05, p. 99. https://www.btselem.org/download/200205_land_grab_eng.pdf # page = 95; 阿瓦塔（Awarta）面积约为 540 杜纳亩，据 https://web.archive.org/web/20071009174603/http://www.hwc-pal.org/awarta.htm; 亚宁面积约为 16 000 杜纳亩，据 Amira Hass. It's the Pits [N]. Haaretz, 2002 - 10 - 25。

斯坦城市纳布卢斯①东南数公里,位于纳布卢斯通向耶路撒冷的道路上。这片区域中的巴勒斯坦人阿瓦塔村和犹太人伊塔玛定居点,与犹太人的《旧约圣经》有密切联系。

　　对犹太人而言,阿瓦塔的所在地是他们的圣经圣地。阿瓦塔有三处犹太人祖先之墓和一处早期犹太长者之墓②,四处遗迹均与《旧约圣经》中接受上帝十诫的摩西,以及他的兄弟亚伦家族有关。第一处位于阿瓦塔西侧的"伊塔玛之墓"(Itamar Ben Aaron Tomb);伊塔玛,亚伦之子,伊塔玛与下述以利亚撒③是兄弟。第二处位于阿瓦塔东侧的"以利亚撒之墓"(Elazar Ben Aaron Tomb)④。第三处位于东侧再偏北的"阿比舒亚之墓"(AbishuaBen Phinehas Tomb);阿比舒亚,以利亚撒的儿子非尼哈之子。⑤ 第四处位于东侧更偏北的"七十位长者之墓"(Seventy Elders Tomb);葬有摩西招募的、帮助其管理百姓的70位长者⑥。《圣经圣地》一书指出,阿瓦塔所在地点,在第一圣殿时期、拜占庭时期和早期穆斯林时期,以及奥斯曼时期都有人居住。它是第4至12世

---

① 纳布卢斯,犹太人也用圣经中的名称"示剑"来称呼它。

② Rivka Gonen. Biblical Holy Places:An Illustrated Guide [M]. Paulist Press,2000,pp. 44‐45,但是该资料对这些遗迹的方位所述有误,因此笔者根据 https://www.google. com/maps/place/%D8%B9%D9%88%D8%B1%D8%AA%D8%A7%E2%80%AD/@ 32.1615203,35.2688704,14z/data=！3m1！4b1！4m5！3m4！1s0x151cde6f4afacd41： 0x3602f120d09b2da3！8m2！3d32.161522！4d35.28638,对遗迹的方位、名称作了重新叙述。

③ 以利亚撒(Eleazar)在父亲亚伦(Aaron)离世前接过大祭司职位。见《旧约》民数记 20:23、20:28:"耶和华在附近以东边界的何珥山上晓谕摩西、亚伦……","摩西把亚伦的圣衣脱下来,给他的儿子以利亚撒穿上,亚伦就死在山顶那里,于是摩西和以利亚撒下了山。"

④ 据《旧约》约书亚记 24:33:"亚伦的儿子以利亚撒也死了,就把他葬在他儿子非尼哈、以法莲山地所得的小山上。"

⑤ 按 Rivka Gonen. Biblical Holy Places:An Illustrated Guide [M]. Paulist Press,2000,pp. 44—45 叙述,阿比舒亚(Abishua)墓的旁边,还有其父亲非尼哈(Phinehas)的墓。

⑥ 《旧约》民数记11:16—17:耶和华对摩西说:"你从以色列的长老中招聚七十个人,就是你所知道作百姓的长老和官长的,到我这里来,领他们到会幕前,使他们和你一同站立。我要在那里降临与你说话,也要把降于你身上的灵分赐他们,他们就和你同当这管百姓的重任,免得你独自担当。"

纪之间非常重要的撒马利亚人的中心，并包括一个主要的犹太教堂。①

伊塔玛定居点，与阿瓦塔村一条道之隔。该定居点由犹太教正统派的犹太人于1984年建立，其名称取自安息在圣经圣地阿瓦塔的犹太祖先之一伊塔玛——他是亚伦之子，也是摩西的侄子——的名字。定居点名称所表达的寓意，是这批定居者希望通过在"以色列地"的定居行动来实现犹太人的救赎。

（2）该个案中的定居点与前哨基地。伊塔玛定居点，建立之初是一个普通的犹太定居点。但是，自1998年极端犹太民族主义者阿夫里·兰到此，将伊塔玛定居点向东延伸，建立了吉沃奥兰前哨基地起，该前哨基地因其发生的不平常的故事，使其本身以及伊塔玛定居点成为了不平常的所在，并成为西岸定居点与巴勒斯坦居民暴力冲突、冤冤相报的典型。

（3）该个案中的土地权利之争与互致暴力。伊塔玛定居点以及吉沃奥兰前哨基地的方位，伊塔玛位于阿瓦塔的北面，吉沃奥兰位于亚宁的北面和西面。据巴勒斯坦的ARIJ的资料②，以色列人是没收③了巴勒斯坦人的阿瓦塔村的大部分土地，用于建设犹太人的伊塔玛定居点；另据巴勒斯坦"耶路撒冷应用研究所"的资料，伊塔玛定居点所占用的土地，其中有一部分与亚宁地区也有一定关系④。这样，伊塔玛定居点

---

① Rivka Gonen. Biblical Holy Places: An Illustrated Guide [M]. Paulist Press, 2000, pp. 44 - 45.

② ARIJ 在线 PDF 版"阿瓦塔村简介"，http://vprofile. arij. org/nablus/pdfs/vprofile/Awarta_vp_en. pdf

③ 以色列在巴勒斯坦被占领土上获得定居点的土地的方式，包括以色列通过直接没收（即宣布土地为国家土地或为军事目的没收土地）、购买、征用无主财产或不在的地主所拥有的私人财产等。据 O'Brien. Israel, the West Bank and International Law [N]. Washington Star. 1978 - 11 - 26.

④ 据官方的巴勒斯坦"耶路撒冷应用研究所"所编的《阿卡拉巴镇（包括亚宁地区）概括》所述。据 Aqraba Town Profile (including Yanun Locality) [R]. The Applied Research Institute-Jerusalem，2014，pp. 16 - 17.

以及延伸出来的吉沃奥兰前哨基地，对位于南边的阿瓦塔村、东边的亚宁村的放牧草地、橄榄树林造成了入侵性占用，而牛羊和橄榄树是两个村的农民①的重要经济来源。为此，村民的牛羊会接近或进入定居点的范围，原村子的橄榄树主人需要进入变成定居点所有的橄榄树林进行农事和采摘。于是，定居者与村民就不可避免地发生冲突和暴力。

　　冲突的不可避免，对于村民来说，主要是为了生计，尤其对于大部分是农民的亚宁村。亚宁村村民法兹·优素福（Fawzi Yusef）对"人权观察"组织说②：他家 1997 年以前有 400 只绵羊和 60 头牛。现在（2010 年），家里只有 30 只绵羊，却反而由于牧地不足，还必须购买饲料以补充牲畜的食物。而橄榄树林被定居点侵占后，以前他们是种橄榄树，家里出售橄榄油，现在则变成家里需要购买橄榄油。在资源被侵占、生计受到极大影响的情况下，村民就会与定居者发生生存本能的冲突。

　　冲突的不可避免，对于定居者来说，是为了守卫"土地既成事实"③和防御暴力性抵抗。其中对于因橄榄树引发的冲突，不断地在西岸的定居者与巴勒斯坦人之间发生着。有以色列学者指证"反对橄榄收割者的行动"的定居者逻辑是——今天这片土地已经属于定居点，巴勒斯坦人的进入威胁到定居者的安全，因此任何进入这些区域采摘橄榄或

---

① 通过养殖牛羊、栽种橄榄树为生计的是两个村庄中的农民。亚宁村，大部分是农民。（见 Bill Van Esveld. Separate and Unequal: Israel's Discriminatory Treatment of Palestinians in the Occupied Palestinian Territories [R]. Human Rights Watch，2010 - 12，pp. 101 - 111.）而阿瓦塔，一部分为农民，比如 2014 年的阿瓦塔，总人口为 5 498 人，约有 60 家企业（多数为商贸和小型回收企业）。在第二次因提法达前，约 40％的劳动力曾在以色列工作，而从事农业和畜牧业的为 15％。（见 Awarta Village Profile [R]. The Applied Research Institute-Jerusalem，2014.）

② 据总部设在纽约的国际非政府组织"人权观察"（Human Rights Watch）2010 年的调查报告。其中这类单独村民的口述，数据的准确性有待复核。笔者引用，仅用以说明其粗略事实。

③ 土地既成事实（facts on the ground），中文也简称"土地事实"或"实地事实"，属于以色列扩大西岸定居点问题的政治术语，指在西岸土地上建造的犹太人定居点形成的既成事实。

其他作业的巴勒斯坦人将受到驱逐,并可能会为此付出生命的代价。[①]

　　生计和安全的需求,构成激烈的生存之争和生命之战。在伊塔玛和阿瓦塔之间,虽然伊塔玛圈进了阿瓦塔的土地,但最初双方仍然和平相处、相互贸易。但自伊塔玛延伸出吉沃奥兰后,阿瓦塔被圈入的范围更大,双方冲突日趋加剧(也包括 2000 年爆发的第二次因提法达巴以关系恶化的大背景)。而伊塔玛和亚宁之间,由于前者延伸出来的吉沃奥兰前哨基地与亚宁毗邻,特别是与上亚宁直接紧靠,并且亚宁村农民占多,所以亚宁从一开始就与伊塔玛发生激烈冲突。

　　伊塔玛定居者(主要是吉沃奥兰前哨基地的激进的定居者)对村民,对其放牧的牛羊、种植的橄榄树、财物进行攻击或破坏。1996 年开始,伊塔玛定居者对亚宁村,攻击村民、没收牲畜、摧毁橄榄树。上亚宁的村民对“人权观察”组织说,1998 年,定居者砍伐了该村数千棵橄榄树,杀死了 128 只山羊。[②] 据亚宁村委会记录,1997—2004 年发生了 21 例严重的定居者袭击,包括一次致命袭击,几次枪击、殴打,对牲畜的袭击,以及纵火摧毁了该村唯一的、由联合国捐赠的发电机。其中来自吉沃奥兰前哨基地的定居者造成了最大的破坏。[③] 而伊塔玛定居点与阿瓦塔村之间,虽然早先伊塔玛定居点占用了阿瓦塔村的土地而建立,但是伊塔玛的犹太人与阿瓦塔的阿拉伯人曾和平相处,互有贸易,关系良好。然而,伊塔玛定居点延伸出吉沃奥兰前哨基地后,阿瓦塔村的一些橄榄树林圈进了伊塔玛,伊塔玛定居者在每年的橄榄收获季节对进入采摘的村民以暴力驱赶,加上第二次因提法达后巴以冲突加剧的大背

---

① Gadi Algazi, Azmi Bdeir. Transfer's Real Nightmare [N]. Haaretz, 2002 - 11 - 15.

② 据 Bill Van Esveld. Separate and Unequal: Israel's Discriminatory Treatment of Palestinians in the Occupied Palestinian Territories [R]. Human Rights Watch, 2010 - 12, pp. 101 - 111.

③ Aqraba Town Profile (including Yanun Locality) [R]. The Applied Research Institute-Jerusalem, 2014, pp. 16 - 17.

景，双方关系日趋恶化。

　　与此同时，2000 年第二次因提法达之后，伊塔玛定居点以及吉沃奥兰前哨基地的犹太定居者也遭受了巴勒斯坦人的暴力袭击，特别是枪击。一个犹太定居者网站指出，2000—2007 年，巴勒斯坦人在"通往伊塔玛的道路上"杀死了 15 名定居者（包括一些不是伊塔玛定居点的居民）。[①]

　　（4）该个案中的典型人物与事件。犹太极端民族主义者阿夫里·兰，在伊塔玛的各次主要冲突事件中是一个关键人物。他于 1998 年在离伊塔玛定居点约 4.5 公里的山脊上建立起吉沃奥兰前哨基地，并逐步加以扩大，成为伊塔玛定居点的一部分。在这一过程中，阿夫里·兰非法占有以色列声称的国有土地和侵入邻近的亚宁村的土地（另一说是以低廉的价格购得）。此后，他对任何冒险进入其土地的巴勒斯坦人和他们的财产进行暴力攻击。阿夫里·兰的极端立场吸引了许多激进的"山顶青年"加入其行列。那些在吉沃奥兰前哨基地工作的年轻犹太人声称，所有土地都是上帝对犹太人民的遗赠，他们是作为合法继承人在行使特权，对那些争夺其土地的巴勒斯坦人施加暴力。[②] 同时，吉沃奥兰前哨基地目前已经从最初以汽车和帐篷为居所的简陋前哨基地，发展为山羊成群的，培育各种有机农作物的，并已形成品牌的知名的大型前哨基地。[③]

　　阿夫里·兰等前哨基地定居者对亚宁村实施的暴力攻击，导致亚

---

① Bill Van Esveld. Separate and Unequal: Israel's Discriminatory Treatment of Palestinians in the Occupied Palestinian Territories [R]. Human Rights Watch，2010 - 12，pp. 101 - 111.

② Daniel Byman. A High Price: The Triumphs and Failures of Israeli Counterterrorism [M]. Oxford University Press，2011，p. 115.

③ 据《国土报》2013 年报道，吉沃奥兰前哨基地已发展为拥有一群山羊和一个巨大的鸡舍，并种有各种农作物的大型有机农场，雇员几十名，农场每年的营业额高达数千万谢克尔，它的产品以"Givot Olam"品牌销售到以色列各地。见 Chaim Levinson. Israeli 'Hilltop Youth' Accuse Their Former Hero of Stealing Settlers' Land [N]. Haaretz，2013 - 01 - 31.

宁村村民无法正常生活和劳作。2002 年这一年几乎全亚宁村人临时出逃,亚宁村被暂时废弃。①"亚宁村巴勒斯坦人逃离",成为以色列建国前夕 1947—1948 年"阿拉伯人大逃亡"之后唯一的一起新的阿拉伯人逃亡事件。

"伊塔玛-阿瓦塔-亚宁个案"中,最著名的事件就是 2010 年,以军士兵在并无生命威胁的情况下,以 29 发子弹打死阿瓦塔村青年卡瓦里克(Salah Qawariq)堂兄弟事件,以及 2011 年来自阿瓦塔村的青年阿瓦德(Awad)堂兄弟制造的包括杀死婴儿等一家五口的"伊塔玛惨案"。

二、卡瓦里克堂兄弟被枪杀事件与"伊塔玛惨案"

在纳布卢斯东南这片山区,当地的巴勒斯坦村民对阿夫里·兰的吉沃奥兰前哨基地,也对伊塔玛定居点(因为这个前哨基地所在地,是伊塔玛定居点总体规划所涵盖的最东端的领土②)深怀仇恨。这为第二次因提法达期间来自附近巴勒斯坦人对伊塔玛定居点连续实施的恐怖袭击埋下了祸根。或者说,伊塔玛定居点成为了那个地区巴勒斯坦恐怖袭击的重点目标。

2002 年 5 月,伊塔玛定居点发生恐怖袭击。一名巴勒斯坦人持枪潜入伊塔玛定居点,在定居点的耶希瓦高中(yeshiva high school)③篮

① Robert Blecher. Living on the Edge: The Threat of 'Transfer' in Israel and Palestine [M]. //Joel Beinin, Rebecca L. Stein (ed.). The Struggle for Sovereignty: Palestine and Israel, 1993 - 2005. Stanford University Press, 2006, p. 191.

② 见 Robert Blecher. Living on the Edge: The Threat of 'Transfer' in Israel and Palestine [M]. //Joel Beinin, Rebecca L. Stein (ed.). The Struggle for Sovereignty: Palestine and Israel, 1993 - 2005. Stanford University Press, 2006, p. 191.

③ 耶希瓦(yeshiva)是一种犹太人的宗教教育机构,学生在耶希瓦主要是学习犹太教传统宗教典籍,尤其是《塔木德》和《妥拉》。耶希瓦有各种类型,耶希瓦高中结合了密集的犹太宗教教育和世俗的高中教育内容。

球场向学生开枪,致一死一伤,然后在耶希瓦高中的大楼内杀死另外两名学生,最后恐怖分子被学校的一名辅导员开枪射杀。不到一个月,伊塔玛定居点再次发生恐怖袭击。2002 年 6 月,又一名巴勒斯坦人持枪潜入伊塔玛定居点,在一户家庭中枪杀了女主人和三个孩子,并枪杀了前来营救的一名社区安全协调员。不可思议的是,又过一个月,伊塔玛定居点再次发生恐怖袭击。2002 年 7 月,一名巴勒斯坦人持刀闯入一户家庭刺杀,搏斗中一对夫妻分别受重伤和轻伤,恐怖分子被一名军官射杀。伊塔玛定居点四周虽然具有报警装置的安全围栏,但并没有挡住巴勒斯坦人对以色列占领、定居和资源占用的报复性恐怖袭击。①

更严重的杀戮和复仇,发生在 2010—2011 年。即 2010 年阿瓦塔村两个巴勒斯坦青年[卡瓦里克(Qawariq)堂兄弟]被杀事件,以及 2011 年阿瓦塔村两个巴勒斯坦青年制造的伊塔玛屠杀事件。值得指出的是,关于卡瓦里克堂兄弟被杀事件,在事实方面的文献资料相当匮乏,并且不同资料的叙述差异较大。主要原因包括四个:一是所有涉及以色列军事行动的资料处于保密状态;二是发生在大城市的暴力事件因影响大而容易被报道,但发生在乡村山区的事件,所报道和沉淀下来的资料就极其有限;三是以色列官方叙述、巴勒斯坦官方叙述,以及左翼立场的叙述,都可能存在一定程度的偏颇;四是重要的资料均为英语,而所涉及的地名、人名等英语均转译自希伯来语或阿拉伯语,不同的转译造成英语表述的差异,需要多种资料进行互证才能确认指向的同一性。然而,厘清这一事件的事实,对于印证次年震惊世界的“伊塔玛惨案”冤冤相报的性质十分重要,为此,笔者平等采纳和客观辨析各种代表立场观点的资料,形成较为完整、客观的事件叙事和分析。

(1)2010 年,以色列国防军士兵在并无生命威胁的情况下,以 29

---

① 为此,一名以色列国防军士兵因警戒时渎职而被定罪,被判入狱两个月。见 Gili Cohen. Itamar Settlement Has Been a Prime Target for Terror [N]. Haaretz, 2011 - 03 - 13.

发子弹打死阿瓦塔村两名巴勒斯坦青年事件。关于该事件,以色列官方的调查只公布了被调查士兵对事件后半段的单方面陈述,且没有反映事件的完整过程。因此,笔者采用了以色列左翼言论平台"+972 杂志"2015 年的调查性评论①、代表巴勒斯坦人立场的 IPS(全称 Inter Press Service,国际新闻社)②2011 年的报道③、代表以色列官方立场的以色列发行量最大的《新消息报》(*Yedioth Ahronoth*)的在线版"Ynetnews" 2011 年的报道(以下分别简称 +972、IPS、Ynetnews),来还原这一事件的现场。

2010 年 3 月 21 日,来自阿瓦塔村年轻的巴勒斯坦堂兄弟,18 岁的萨利赫·卡瓦里克(Salah Qawariq)和 19 岁的穆罕默德·卡瓦里克(Muhammad Qawariq),带了耕作工具锄头(hoes)④和一瓶水从家里出发,步行前往其家族的土地去耕作(另一说是他们去捡拾废金属粒子,用以出售来支付学费⑤)。约翰·布朗(John Brown)和诺姆·罗特姆(Noam Rotem)指出,"无论如何,他们那天早上离开家时并没有伤害任何人的意图,这是不争的事实"⑥。在两边是农地的道路上⑦,前述吉沃奥兰前哨基地的阿夫里·兰开车经过此地,与两个阿瓦塔年轻人不期

---

① John Brown，Noam Rotem. License to Kill：Why did the IDF shoot the Qawarik cousins 29 times?［N/OL］. 2015－05－19. https://www. 972mag. com/license-to-kill-why-did-the-idf-shoot-the-qawarik-cousins-29-times/

② IPS(Inter Press Service,国际新闻社),由意大利记者罗伯托·萨维奥(Roberto Savio)、阿根廷政治学家帕勃罗·皮亚森蒂尼(Pablo Piacentini)于 1964 年创始,总部设在意大利。其宗旨目标是从发展中国家的角度,反映民间社会的观点,表达边缘化和弱势群体的声音。

③ Mel Frykberg. Palestinian Village Under Siege Following Settler Killings［N］. Inter Press Service，2011－03－15.

④ 据+972。

⑤ 据 IPS。

⑥ 据+972。

⑦ 可查到的文献没有提到这条道路的具体地点。笔者认为,从整个情节看,出事地点应该是靠近伊塔玛定居点本部的地方。这样,2011 年伊塔玛惨案制造者出于对 2010 年枪杀事件报复的可能性就比较大。

而遇。阿夫里·兰认为,这是伊塔玛定居点的范围,这两个巴勒斯坦人没有权利进入那块土地。他停下车,把两人拦下来,命他们坐在地上。

阿夫里·兰叫来了靠近伊塔玛定居点附近的纳顺基甸(Nahshon Gideon)的基甸尼姆(Gideonim)前哨基地的安全协调员。安全协调员利奥(Lior)赶到后,收掉了两个堂兄弟的锄头,用枪指着他们,同时通知了以色列国防军。约 10 分钟后,以色列国防军克菲尔旅(Kfir Brigade)[1]纳顺营(Nachshon Battalion)的四名士兵驾吉普车赶到现场,这时,阿夫里·兰离去。

到达现场的指挥官 A[2] 让两名巴勒斯坦人分开在路的两边。这时,安全协调员认定这两个年轻人是嫌疑人,理由是,“他们的手摸起来很柔软”,不像巴勒斯坦农民的手那么粗糙而坚硬。这个定调,对后续事情的发展起了关键的作用。过了一会儿,安全协调员离开了现场。

指挥官 A 通过无线电与副连长 G 交谈了约两个小时,副连长 G 事后作证说,认为在营中曾经发生过虐待巴勒斯坦人的案件,因此他命令 A 不要对这两个巴勒斯坦人使用手铐,因为“没有理由”。士兵和巴勒斯坦人共六人,指挥官 A 靠近萨利赫;10 米开外处,士兵 D 看管穆罕默德;另外两名士兵始终坐在吉普车里。事情至此,它的逻辑发展不应该发生卡瓦里克堂兄弟被士兵枪杀,这中间急转直下的情节或者士兵枪杀巴勒斯坦人的原因是什么,因为以色列军方并不打算彻底厘清事实,所以至今仍是一个谜。

事发当天,以色列媒体的报道是,“以色列国防军今天打死了两名接近约旦河西岸阿瓦塔村军事检查站的巴勒斯坦人;这两人有伤害士兵的意图和手段,士兵们按照程序行事。军方正在调查这一事件。”[3]以

---

① Kfir,希伯来语“小狮子”的意思。克菲尔旅(Kfir Brigade)建于 1990 年代,该旅目前部署在西岸,主要任务包括反恐行动、巡逻、检查站执勤等。

② 这是 +972 的调查报告对涉事士兵的字母代称,其他士兵同。

③ 据 Ynetnews。

色列官方对巴勒斯坦人"袭击"的方式更改了几种说法,分别为两名巴勒斯坦恐怖分子使用了干草叉、破玻璃瓶、尖嘴镐等。至 2015 年,＋972 根据以色列军方对士兵的调查发表综合报告。对于"急转直下"的细节,因为士兵 D 在调查中声称说他"什么也没有看见",因此,所有叙事都是指挥官 A 一个人的说法。

　　指挥官 A 说,萨利赫要求小便,回来的时候拿起一块约 20 厘米×30 厘米的大石头,当 A 责问萨利赫后,萨利赫把石头放回坐下。接着,两位堂兄弟要求做祈祷。祈祷后,他们再次分开坐下。A 说,萨利赫在口袋里放了一些东西,当他问他是什么时,萨利赫突然站起身将物体甩向空中,A 感到似乎是在向他袭来。

　　A 声称在承受着压力和恐惧的情况下,他举枪从近距离发射了大约 10 发子弹,其中 7 发击中了萨利赫。这时,距离 A 有 25 米远的穆罕默德站了起来。A 跑过去,把他枪匣里所有剩下的 19 发子弹全部射向了穆罕默德。由此,构成两名巴勒斯坦人"被 29 发子弹枪击死亡"事件。

　　事件发生后,以色列一名高级军官对《国土报》记者承认,"开枪打死两名巴勒斯坦人的中士似乎没有生命威胁。"[1]以色列国防军的一项正式调查指出,这些死亡是不必要的,如果情况得到不同的处理,事件是可以避免的。以色列国防军参谋长向驻西岸国防军的有关指挥官发出了一份谴责 A 指挥官的通知,并决定将其撤职。然而,此事件有枪杀无辜的嫌疑却无人受到审判。直至以色列人权组织"耶什丁"向以色列高等法院提出上诉后,以色列军事警察(Military Police)才同意对卡瓦里克堂兄弟被杀一事展开调查。调查历经近三年半(2010 年 9 月至 2014 年 1 月),这个调查,证词之间的许多矛盾以及证词与调查结果之间的矛盾仍然没有解决。比如士兵们声称萨利赫手中挥舞玻璃瓶和注射针管,但法医鉴定瓶子上没有发现指纹;比如有悖常理的是,士兵 D

---

[1]　据＋972。

声称在连续两次枪杀中他什么都没有看到或听到,等等。尽管有理由怀疑有些士兵说谎或隐瞒他们所知道的细节,但是军事警察不愿采取行动来彻底查明那天究竟发生了什么事。

这个事件的调查过程和处理结果,至少证明了以下两点。

第一,以色列士兵在西岸执行任务时过度使用武力是经常发生的,对潜在的暴力或恐怖袭击,从怀疑到确认之间缺少必要的调查或相关法定程序。本事件中,指挥官 A 在枪击后马上通过无线电报告了他刚才所做的事情。数十名警官迅速抵达现场,开始了行动汇报。然而,陆军将这种行动汇报作为分析作战事件的一种工具。根据军队程序,行动汇报内容不交给调查当局(即军事警察)。即使一名军人在行动汇报中承认谋杀,这一承认也不能用于对他的审判,甚至不会被移交给调查人员。[①] 这种内控机制,让士兵减轻了战争法则的约束力,而增加了在现场的自由裁量权。

第二,此事件中 29 发子弹枪杀两个非武装人员的狂躁性射杀,在巴勒斯坦人中间引起极大愤怒,在卡瓦里克堂兄弟所在的阿瓦塔村埋下仇恨的种子。事件发生后,阿瓦塔村民无从知晓"起事"的是阿夫里·兰,他们也不会知道"定调"的是基甸尼姆前哨基地的安全协调员;但是,他们所知道的简单因果关系是,定居点的出现,带来了保卫犹太定居者的以色列军事基地和检查站,带来了杀死他们无辜同胞的以色列军人,他们是将仇恨的账记在了伊塔玛定居点的头上。

(2) 2011 年,伊塔玛定居点发生的震惊世界的"伊塔玛屠杀"事件。袭击者为阿瓦塔村年轻的巴勒斯坦堂兄弟,18 岁的哈基姆·马曾·阿瓦德(Hakim Mazen Awad)和 19 岁的阿姆贾德·马哈迈德·阿瓦德(Amjad Mahmad Awad)。

2011 年 3 月 11 日晚上,他们带着刀子、钢丝钳和蒙面面具步行前

---

① 据 +972。

往伊塔玛定居点。在看到定居点的围栏设有电子装置后,他们决定不使用钢丝钳,而是翻越围栏进入定居点(与此同时定居点警务室响起警报,但是定居点的平民安全小组成员在报警位置未发现异常情况,也没有通知国防军士兵在围栏地区巡逻)。他们先进入一户主人外出度假的家庭,偷走了 M‑16 步枪和弹药。然后进入旁边的埃胡德·福格尔(Ehud Fogel)家,用刀将三个孩子和其父亲杀死①,用 M‑16 步枪把孩子的母亲杀死。由于死于刀下的幼孩中包括婴儿,且杀人手段残忍(一个 11 岁、一个 4 岁,遭割喉;一个是出生 3 个月的婴儿,遭斩首)②,该事件震动以色列,也震惊全球,成为国际主要媒体 2011 年 3 月 12 日那天的头条新闻,并受到了国际社会的一致谴责,也受到了巴勒斯坦民族权力机构以及各抵抗组织和团体的谴责——除了极少数激进组织。

三、"伊塔玛‑阿瓦塔‑亚宁"冲突的代表意义

从根本上说,西岸巴以冲突的源头在于以色列对西岸的占领和犹太定居点的建立,而以色列政府的强硬推动和定居者的圣地愿景,以及巴勒斯坦人的抵抗,构成了西岸最基本的政治生态,"伊塔玛‑阿瓦塔‑亚宁个案"中所发生的重大事件,都是这一生态下的自然产物。

(1)以色列政府和巴勒斯坦激进政治势力,在占领和反占领、定居和反定居上针锋相对。伊塔玛事件后,阿克萨烈士旅表示,"这次英勇的行动"是对以色列在约旦河西岸和加沙地带"对我们人民犯下的占领罪行的自然反应";哈马斯表示,完全支持"抵抗在以色列占领军的支持

---

① 该家庭共有 5 个孩子,另外 2 个熟睡的孩子没有被袭击者发现,另外 1 个孩子外出参加少年野营活动未在家。

② Louise Bagshawe. A family slaughtered in Israel‑doesn't the BBC care?［N］. The Daily Telegraph,2011‑03‑24.

下对巴勒斯坦人民谋杀和使用犯罪和恐怖手段的定居者"。① 以色列
在事件后,除了予以强烈谴责外,对于事件的反应还包括实施对定居点
的更多扩建和建设:内塔尼亚胡总理表示,"他们开枪,我们建造。"以
色列内阁在事件第三天立即批准在古什埃齐翁等四个西岸定居区新建
500 套住房。② 与政府的决定相呼应,伊塔玛定居者在距离阿瓦塔村几
百米处,以板材搭成的简屋和移动式厕所构筑出新的前哨基地,并以五
名遇难者希伯来首字母将新的前哨基地命名为"Aryeh"。③

　　同时,伊塔玛事件后,纳布卢斯以及拉姆安拉、希伯伦、伯利恒等地
发生犹太定居者暴力袭击巴勒斯坦人的汽车和住宅、焚烧汽车(其中一
名儿童因此死亡)等激烈报复。④ 以色列政府的报复性反应和西岸定
居者的暴力报复,预示了在西岸新的、持续不断的巴-以之间报复与反
报复的交替进行,前述"1967—2018 年西岸(包括耶路撒冷)的暴力与
恐怖袭击事件数与伤亡人数走势图"已清晰地显示,2011 年以来,西岸
的暴力与恐怖袭击,达到了除两次因提法达以外的历史时期中事件数
的新高。

　　(2)犹太和巴勒斯坦的激进分子,把冲突的表达形式和激烈程度
推向极端暴力和恐怖主义。在犹太定居者一方,在伊塔玛定居点上创
建吉沃奥兰前哨基地的阿夫里·兰,被认为是激进的、对巴勒斯坦人好

① Mohammed Mar'i. Israel alert as family of 5 knifed to death [N]. Arab News,2011 - 03 -
　　13.

② Isabel Kershner. Israel to Step Up Pace of Construction in West Bank Areas [N]. The New
　　York Times,2011 - 03 - 13.

③ Yair Ettinger. Settlers Create New West Bank Outpost in Memory of Slain Family [N].
　　Haaretz,2011 - 03 - 16.(但在 8 个多月后,"Aryeh"前哨基地被以色列民政人员在以色列
　　国防军和警察的支持下拆除。)

④ Saed Bannoura. Settlers Attack Palestinian Homes Near Nablus. Attacks Reported In
　　Bethlehem,Hebron and Ramallah [N]. IMEMC (International Middle East Media Center)
　　2011 - 03 - 13.

战的"山顶青年"的"无可争议的象征"①,以色列宗教权利的"弥赛亚英雄"②。他和他的追随者制造了上亚宁村民于 2002 年的集体逃离事件,阿夫里·兰也是 2010 年卡瓦里克堂兄弟被以色列国防军士兵 29 发子弹枪杀事件的"起事"者。在巴勒斯坦人一方,伊塔玛惨案的凶手阿瓦德堂兄弟,生长于极端主义思想的家庭环境中。18 岁的哈基姆,其父亲玛真(Mazen)和已死亡的叔叔吉布里尔(Jibil)都是恐怖主义组织人阵(PFLP)③的活跃分子。其父亲因谋杀被巴勒斯坦民族权力机构判刑 5 年;其叔叔是 2002 年 6 月在伊塔玛定居点一家庭枪杀女主人和三个孩子,并枪杀前来营救的一名社区安全协调员的恐怖袭击事件的参与者。19 岁的阿姆贾德本人即是人阵的成员。④ 伊塔玛-阿瓦塔-亚宁这片区域,成为两种极端民族主义激进思想激烈碰撞的所在。

(3)卡瓦里克堂兄弟被枪杀事件与伊塔玛惨案的联系。对于两者之间是否后者是对前者的报复,没有明确的定论。笔者经综合相关文献,认为有许多因素可倾向于"报复说"。

第一,伊塔玛惨案发生后,以色列当局最直接的反应是,怀疑作案者来自被 29 发子弹枪杀的卡瓦里克堂兄弟的家庭成员,怀疑制造这次伊塔玛屠杀事件的动机是阿瓦塔村民对一年前枪杀事件的报复。确实,一年前尽管以色列军方承认卡瓦里克堂兄弟是被士兵打死,但巴勒斯坦人仍怀疑是被伊塔玛定居者杀死⑤,对此报复的可能性很大。

---

① Ami Pedahzur, Arie Perliger. Jewish Terrorism in Israel [M]. Columbia University Press, 2009, p. 115.

② Ed O'Loughlin. Running the snipers' gauntlet in the West Bank's frontier of hate [N]. The Sydney Morning Herald, 2003 - 06 - 28.

③ 人阵(解放巴勒斯坦人民阵线,Popular Front for the Liberation of Palestine,PFLP),已被美国、日本、加拿大、澳大利亚、欧盟列为恐怖组织。

④ 据 Hanan Greenberg. Itamar massacre solved; 2 arrested [N]. Ynetnews, 2011 - 04 - 17.

⑤ Edmund Sanders. Brutal West Bank killings shock Israel, stir fears of renewed violence [N]. Los Angeles Times, 2011 - 03 - 13.

　　第二，伊塔玛惨案发生后，经过辛贝特、以色列国防军和警察两个多月的调查取证后，在阿瓦塔村锁定并逮捕嫌疑人哈基姆、阿姆贾德堂兄弟，后经审判两人被判处徒刑。袭击者之一的阿姆贾德被捕后称，去伊塔玛是"为殉道而死"（die a martyr's death）[①]；而另一袭击者哈基姆则可能还加入了为其叔叔复仇的因素。哈基姆的叔叔参与了2002年6月杀死伊塔玛定居点五人的恐怖袭击，并在2003年与以色列国防军的冲突中丧生。其时，哈基姆11岁。时隔7年，作为后辈的哈基姆成年后，走上了与其他为信仰、为家人复仇的恐怖袭击者相似的道路。另有细节表明，在伊塔玛屠杀后，堂兄弟两人回到阿瓦塔，向哈基姆的叔叔萨拉赫·阿瓦德（Salah Awad）（人阵成员）详细报告了他们实施的袭击[②]，足见哈基姆与他的叔叔们关系之密切。

　　第三，伊塔玛惨案事发前几周，阿瓦塔村民与伊塔玛定居者之间的冲突上升，村民指责定居者砍倒他们的数百棵橄榄树、烧毁他们的汽车并且向他们开枪。一周前，以色列士兵被指控使用实弹镇压一场冲突，造成10名巴勒斯坦人和1名定居者受伤。[③] 因此，至少可以认定，从广义上说，伊塔玛惨案是对伊塔玛定居者与阿瓦塔村民之间暴力冲突的报复。

本章小结

　　以色列政府的西岸定居点政策，使约旦河西岸地区成为巴以暴力冲突的温床。从事暴力恐怖活动的主要是以巴勒斯坦民族自决和主权独立为政治目标的极端民族主义者，以及以色列方面的狂热宗教极端

---

① Hanan Greenberg. Itamar massacre solved; 2 arrested [N]. Ynetnews，2011 - 04 - 17.

② Hanan Greenberg. Itamar massacre solved; 2 arrested [N]. Ynetnews，2011 - 04 - 17.

③ Eemund Sanders. Brutal West Bank killings shock Israel, stir fears of renewed violence [N]. Los Angeles Times，2011 - 03 - 13.

分子。以色列这些极右翼宗教极端团体不满足于以色列工党政府温和的西岸政策,认为应该吞并包括约旦河西岸在内的所有以色列所占领土,以实现统一"大以色列"的梦想。这导致以安全战略为由的温和的定居点政策,开始转变为以宗教为由的激进的定居点政策。在利库德集团执政期间,这些极右翼的宗教极端分子推动西岸定居点进入巴勒斯坦人口密集区,加剧了西岸的巴以暴力冲突。

从冲突的性质来看,巴以冲突是一种多层面的冲突,是由多种错综复杂的因素构成的复合冲突。它表面上体现为因领土纷争而导致的暴力、军事和政治冲突,背后蕴含着强烈的民族和宗教冲突的因素,继而引发经济和社会方面的冲突和摩擦。从冲突的特征来看,约旦河西岸地区的暴力冲突方式,有一个明显的变化趋势。也就是说,暴力方式从以军事武器为主转变为以非军事武器为主,从以高烈度、伤亡多、频率低的重大恐怖袭击为主转变为以低烈度、伤亡少、频率高、带有寻衅滋事特征的袭击为主。这主要是因为巴以双方当局对遏制暴力冲突作出了共同承诺,以及以色列方面采取了包括建造隔离墙在内的一系列遏制措施。总的来说,约旦河西岸巴以暴力冲突所表现出的诸种特征,符合世界范围内战争的衰落和冲突的持续这一趋势。

第五章 对西岸犹太定居点活动的多层制衡

从以色列在六日战争中占领了大片阿拉伯领土之时起,以色列在占领区域的犹太定居点活动便遭到了来自各个层级和各种层面的制衡。从制衡的层级来看,对西岸定居点活动的制衡来自国际、区域和国内三个层级。国际组织和国际公民社会、世界大国及其联盟、以色列周边的地区国家、以色列国内公民社会,都对定居点活动产生了相应的制衡作用。从制衡的层面来看,有法律、政治、军事、经济、文化、观念、伦理层面上的制衡。例如,联合国和国际法院等国际组织依据国际人道法和国际人权法形成了法律和伦理层面的制衡,国际公民社会通过联合抵制活动形成了经济、文化和学术层面的制衡,世界大国及其联盟所构成的权力格局形成了政治层面的制衡,以色列与周边阿拉伯国家的军事实力对比形成了军事层面的制衡,以色列公民社会中的和平运动与人权组织形成了观念和伦理层面的制衡。

总的来说,这些不同层级和不同层面的制衡相互交织,形成一种尚不协调、却有一定成效的"多层制衡"机制。它不仅牵制了以色列政府的西岸定居点活动,而且把西岸定居点发生的巴以暴力冲突压制在一定限度内,不至于重新陷入那种剧烈程度高、伤亡规模大的传统军事战争。

第一节　国际法、国际组织和国际公民社会的制衡

对以色列的军事占领和被占领土定居点活动的第一层级制衡，来自国际法、国际组织和国际公民社会。就国际层级的制衡而言，联合国大会和安理会发挥了极为关键的作用。联合国安理会在六日战争之后立即发布的第 242 号决议，声明以色列在战争中所夺取阿拉伯土地的法律地位是"被占领土"，阐明了"土地换和平"的基本原则，成为后来巴以和平谈判的公认基础。到 2016 年，安理会发布第 2334 号决议，指出以色列的定居点活动是对国际法的公然违反，没有任何法律效力；它要求以色列停止定居点活动，并履行《日内瓦第四公约》所规定的其作为占领国的义务。这是自 1980 年以来安理会发布的首个专门解决以色列定居点问题的决议。

联合国大会第 2443 号决议决定设立特别委员会，以调查以色列对其所占领土的巴勒斯坦人民和其他阿拉伯人民之人权造成侵害的做法；这个特别委员会每年以联合国大会决议的形式发布一份调查报告，这项工作持续至今。联合国大会发布的一系列相关决议，反复谴责以色列占领约旦河西岸等地区以及吞并耶路撒冷；要求对以色列进行经济制裁和武器禁运，直到以色列从 1967 年占领的所有土地中撤出，并给予巴勒斯坦人不可剥夺的民族权利（联合国大会第 3414 号决议）；反复呼吁所有国家终止或切断与以色列的所有外交、经济和技术联系（联合国大会第 38/180 号决议提出，之后的多份决议反复重申）；要求在联合国主持下召开国际中东和平会议，强调迫切需要实现中东的公正与持久的和平（联合国大会第 31/62 号决议和第 32/5 号决议）。

以色列受到国际法和国际法院之裁决的约束。依据国际人道法，被占领土上的犹太定居点违反了《日内瓦第四公约》和《海牙公约》；依据国际人权法，被占领土上的犹太定居点破坏了巴勒斯坦人的自决权、

平等权、财产权、自由迁徙权以及追求舒适生活的权利。国际法院裁定，六日战争之后以色列所占领的、包括约旦河西岸在内的阿拉伯土地属于"被占领土"，以色列在被占领土上建立定居点以及建造隔离墙的活动都违反了国际法。由此，联合国和国际法院主要依据国际法对以色列进行裁决和制衡。

除此之外，国际公民社会针对以色列的联合抵制行动也从各种层面对以色列施加了制约。例如，"抵制、撤资和制裁"行动（DBS）呼吁全球公民社会提供帮助，共同对以色列进行经济上、学术上和文化上的抵制活动。成千上万的学者以及许多学术和学生协会都认可了对以色列的学术抵制，一些国家的政党、工会和职业协会也对抵制运动表示支持，而欧盟最高法院还裁定欧盟国家必须在标签上标明产品是否来自以色列定居点。这些抵制举措从经济、文化、学术上对以色列的军事占领和定居点活动产生了一定的制衡作用。

一、联合国的决议与国际法院的裁决

1. 联合国针对以色列的主要决议

自 1967 年起，50 多年来，联合国等国际组织对以色列占领巴勒斯坦领土所产生的占领的合法性问题，以及由此产生的巴以暴力冲突、人道主义危机等政治议程予以了高度关注，通过了一系列决议。联合国安理会第 242 号决议和第 338 号决议是两个后来被视作所有讨论中东和平解决办法"基本文书"①的文件。

安理会第 242 号决议的意义体现在两个方面。首先，它是联合国就以色列占领西岸等领土作出的第一个决议。1967 年 11 月 22 日联合

---

① 联合国新闻部. 巴勒斯坦问题与联合国［EB/OL］. 联合国，DPI/2276，2003. https://www.un.org/zh

国安理会第 1382 次会议,通过了对以色列占领阿拉伯/巴勒斯坦领土一系列谴责性决议的首次决议——安理会第 242 号决议。该决议由英国提案,以 15 票赞成、0 票反对、0 票弃权获一致通过。① 决议的主要内容是强调"不容以战争获取领土","以色列军队撤离其关于最近冲突所占领之领土",以及"终止一切交战地位之主张或状态,尊重并承认该地区每一国家之主权、领土完整及政治独立,与其在安全即公认之疆界内和平生存、不受威胁及武力行为之权利"。② 其次,第 242 号决议中提出了自第一次中东战争爆发近 20 年后对以色列边界的新定义。以色列军队须撤离在"最近冲突"中所占领之领土(即六日战争中所占领的领土)的措辞,隐性表明国际社会默认了以色列的边界跨出了第 181 号决议(巴勒斯坦分治决议)所划定的国界、把 1949 年停火线作为了以色列的正式国界。

之后,安理会第 338 号决议对第 242 号决议作了重申。1973 年 10 月 6 日,第四次中东战争("赎罪日战争")爆发。埃及和叙利亚对以色列发动突袭,在被以色列占领的西奈半岛和戈兰高地发生激烈战斗,这场战争最后以以色列反败为胜告终。对此,1973 年 10 月 22 日联合国安理会第 1747 次会议通过安理会第 338 号决议。该决议要求战争各方在 12 小时立即停火,并要求"各有关方面停火后立即开始执行安全理事会第 242(1967)号决议的所有部分",同时,立即开始进行谈判,以

---

① 当时投票的 5 个常任理事国为:中国(1967 年时常任理事国中的中国,为"中华民国"。1971 年 10 月 25 日第 26 届联合国大会通过 2758 号决议后,中国在联合国的代表为中华人民共和国)、法国、英国、美国、苏联。关于 1967 年时安理会常任理事为"中华民国","1950 年 9 月,在美国操纵下,第五届联大否决了恢复中华人民共和国在联合国的合法权利的提案,决定由大会组成七人特别委员会,审议中国代表权问题,在未作出决议以前仍允许'中华民国'的代表占据联合国席位。对此,中国外交部发言人曾发表声明,指出联大的决定违反了联合国宪章。"引自:1971 年:中国恢复联合国合法席位[N/OL]. 中国日报在线,2009 - 08 - 27. http://www.chinadaily.com.cn/zgzx/60nian/2009-08/27/content_8625294.htm
② 决议的文字使用联合国官方中文版文本。见:联合国新闻部. 巴勒斯坦问题与联合国[EB/OL]. 联合国,DPI/2276,2003. https://www.un.org/zh

建立中东的公正和持久的和平。① 该决议由美国和苏联提案,以 14 票
(4 票为常任理事国所投)赞成、0 票反对、1 票弃权(常任理事国中国未
参加投票②)获得通过。

以联合国安理会第 242 号决议为基础,1970 年之后,联合国大会
通过了一系列有关以色列占领巴勒斯坦领土的决议,决议内容主要包
括对以色列拒绝执行联合国决议的谴责;对以色列持续占领巴勒斯坦
领土等违反国际公约行为的反复申明;对以色列在占领领土上建立并
扩建定居点、驱逐巴勒斯坦居民、毁坏或没收被占地区财产行为的谴
责,以及呼吁各国对以色列占领行为及各项举措不予承认。③

笔者对 1967 年六日战争至今"直接涉及以色列"的联合国大会决
议的情况作了考察,发现历年联合国大会决议中涉及以色列的决议数
量并不多,平均占比为 3.86%(见下表)。数量占比并不高却得到高关
注度,其原因主要是涉及以色列决议所持有的连续性。纵观联合国大
会每年通过 100—300 项决议,自 1967 年以后涉及以色列的决议每年
都有,从未间断,这种情况在联合国决议中是绝无仅有的。当然其根源
是以色列的持续占领,超过国际法则起草者所设想的任何占领。

---

① 联合国新闻部. 巴勒斯坦问题与联合国[EB/OL]. 联合国,DPI/2276,2003. https://www.
　　un. org/zh

② 各国代表在联合国投票中,在赞成票、反对票、弃权票之外,中国在联合国创造了一个先例:
　　不参加投票。中国在恢复联合国合法席位初期的 1971—1981 年,对于联合国行事规则还
　　不熟悉,未参加安理会的投票的次数多达 71 次。随着中国加入国际组织的时间增加,中国
　　在 1982 年后再也没有"未参与投票"的行为。见:漆海霞,张佐莉. 弃权还是否决——中国
　　如何在安理会投票中表达反对立场[J]. 世界经济与政治,2014(5):101—123。此次表决安
　　理会第 338 号决议时中国代表没有参加投票,是因为中国认为,这项决议草案是美苏两国
　　于 10 月 21 日晚上向安理会提出,未经安理会各成员国充分协商,即于 22 日凌晨表决,中国
　　代表指出,这项决议是企图把"不战不和"的局面重新强加在阿拉伯人民头上。中国没有投
　　票,但被计为弃权票。

③ 安理会决议(中文本)参见 https://www. un. org/securitycouncil/zh/content/resolutions,联
　　合国大会决议(中文本)参见 https://www. un. org/zh/sections/documents/general-
　　assembly-resolutions/index. html。

联合国大会决议涉及以色列决议的占比情况表

年　份	百分比（％）	涉及以色列决议数/联合国大会决议数（项）
1967	0.9	1/113
1968	1.7	2/117
1969	1.6	2/126
1970	3.1	4/131
1971	3.3	5/152
1972	2.7	4/146
1973	2.7	4/149
1974	4.4	7/158
1975	3.4	6/179
1976	3.4	7/208
1977	4.2	9/215
1980	4.0	9/227
1985	4.2	11/259
1990	3.3	9/269
1995	4.0	11/259
2000	7.7	22/289
2005	5.9	17/286
2010	5.6	18/319
2015	5.9	18/305
2019	5.2	16/309
平均（％）	3.86	——

笔者说明：（1）数据来源：根据联合国网中文版整理。（2）本表选取的年份，为1967—1977年10年，之后选取逢5、逢10的年份，整理截至2020年10月，该年不全，因此选取2019年数据。

　　从"涉及"角度看，在联合国大会决议中涉及以色列的占比不高。

但从"批评"的角度看,可发现另一种情况。拉斐尔·N.贝克尔等收集分析了1990年1月至2013年6月表决的联合国大会所有决议,发现这些决议中有一个特别现象:在一项决议中批评一个国家的,有65％的决议指向的国家是以色列,而其他国家在决议中受到批评的没有超过10％。贝克尔等具体指出:1990年1月至2013年6月,联合国大会表决的共1676项决议中,剔除其中744项决议不涉及某一特定国家后,932项决议提及一个国家,646项决议批评一个国家,272项决议赞扬一个国家。上述三个数据中以色列的数量和占比情况为:"被提及该国的决议"数量以色列为480项(占51.5％,基本上占了一半),"国家受到批评的决议数量"以色列为422项(占65.3％,基本上占了三分之二),"国家受到赞扬的决议数量"以色列为27项(仅占9.9％)。[1] 这一"批评"性决议以色列占比高的现象,在联合国人权理事会通过的决议中,也反映出类似情况。自2006年成立至2013年,联合国人权理事会的决议中的45项决议,是对以色列在巴勒斯坦地区违反人权等问题的谴责,谴责以色列的45项决议几乎占理事会通过的针对所有国家特定决议的一半,约占45.9％。[2]

2. 以色列与联合国的关系以及联合国对于部分针对以色列决议的调整

世界上还没有第二个国家像以色列那样与联合国具有如此深厚的

① Raphael N. Becker, Arye L. Hillman, Niklas Potrafke, Alexander H. Schwemmer. The Preoccupation of the United Nations with Israel: Evidence and Theory [R/OL]. CESifo Working Paper Series 5034, CESifo, 2014. https://translate.google.cn/;又载 The Review of International Organizations, Vol. 10,2015, pp. 413－437.

② Thematic Compilation of General Assembly & Economic and Social Council Resolutions, 5th edition December 2015 [G/OL]. UNHCR Division of International Protection. https://www.unhcr.org/publications/legal/53b2c42c9/thematic-compilation-general-assembly-economic-social-council-resolutions.html

渊源。一方面,以色列国建国的合法性是联合国赋予的,另一方面,以色列无疑又是在联合国受到最为持久、密集和广泛谴责的国家。

1940 年代后期,由于英国委任当局与犹太人与阿拉伯人三者之间深深陷入了无法调和的利益冲突的泥潭,英国决定放弃对巴勒斯坦地区的委任统治,把巴勒斯坦问题提交给了联合国。联合国在研究比较了不同方案之后,于 1947 年 11 月 29 日,表决通过了联合国大会第 181 号决议,提议在巴勒斯坦建立两个独立的国家——独立的阿拉伯国家和独立的犹太国家,并在耶路撒冷市建立特别国际政权,意在以此解决巴勒斯坦民族主义和犹太民族主义或犹太复国主义这两个相互竞争的、运动的、冲突目标和主张。[①]

阿拉伯国家代表团在联合国大会第 181 号决议表决通过后,立即宣布他们不受该决定的约束。他们认为,这违反了联合国宪章中赋予人民决定自己命运的权利的国家自决原则。投票的第二天,阿拉伯国家的联合国代表团发表了一项联合声明,其中说:"对巴勒斯坦分区的投票是在巨大的压力和胁迫下进行的,这使其倍加无效。"1948 年 2 月 16 日,联合国巴勒斯坦委员会向安理会报告:"巴勒斯坦内部和外部的强大阿拉伯利益都无视联合国大会的决议,并致力于以武力改变其中设想的解决办法。"[②]

但是,联合国第 181 号决议得到巴勒斯坦和世界各地的大多数犹太人的满意回应。1948 年 5 月 14 日,英国宣布结束对巴勒斯坦的委任统治,一小时后,本-古里安在特拉维夫举行的仪式上宣布了以色列国的成立。当天发布的《以色列独立宣言》,明确地将现代以色列国的合法性与联合国联系在一起,宣言指出:"1947 年 11 月 29 日,联合国大会

① William B. Quandt, Paul Jabber, Ann Mosely Lesch. The Politics of Palestinian Nationalism [M], University of California Press, 1973, p. 7.

② Arab Leaders Call Palestine Vote 'Invalid'; Delegates Reaffirm Challenge to U. N. Action [N]. New York Times, 1947 - 11 - 3(54).

通过了一项要求在以色列故土建立一个犹太人国家的决议,并号召这一地区的人民主动采取一切必要措施来贯彻这项决议。联合国对犹太民族建立自己国家合法权利的承认是不容改变的。"有了联合国的巴以分治决议这一"批准书"和"许可证",以色列国的建立和发展具有了合法性;以色列在巴勒斯坦地区建国,是犹太人合法享有的权利,这个权利是任何人或任何组织都无权剥夺的。[①]

　　联合国决议赋予了以色列建国的合法性,但自从产生了巴勒斯坦被占领土问题后,以色列对涉及以色列的要求性、批评性、谴责性决议,基本上都采取了完全不同于对第181号决议的立场。建国后,以色列与周边阿拉伯国家发生数次中东战争,联合国分治决议中划分给阿拉伯人的约旦河西岸等巴勒斯坦领土以及耶路撒冷被以色列占领,约旦河至地中海这片土地,成为大国利益碰撞、犹太民族与阿拉伯民族矛盾激化的火药桶,以及围绕领土主权、定居权、人权展开的合法性、正当性、人道主义问题激辩的辩论场。为此,联合国大会和安理会持续通过各项决议,表达了对该地区政治动荡的严重关切并表明了联合国多数成员国认同《日内瓦第四公约》等国际法适用于巴勒斯坦被占领土的立场,但是以色列秉持自己的法理论据,对这些决议均予以忽略。

　　对此,学者们从联合国的决议实施机制、以色列拒绝决议对联合国后续立场的影响、联合国的平衡与以色列和阿拉伯(巴勒斯坦)的互相放弃的关系等各种角度作出分析。美国的中东与联合国事务研究员本尼斯·菲利斯分析了联合国的决议实施机制,认为联合国大会缺乏成员国执行决议的约束机制。他指出,由于联合国大会的议决权不同于安理会具有的执行权,意味着大会在很大程度上可以自由通过谴责并要求结束以色列对约旦河西岸占领的决议。每年的大会会议都坚持不

① 王亚宁.论以色列与联合国的关系[J].山西师大学报(社会科学版),2006,33(2):128—131.

懈地向以色列施压,但是决议缺乏任何严格遵守的手段。压力仅限于宣传以及国际舆论,这并不能引起以色列的关注。由于无法使用任何执行机制,大会决议被例行通过,同时被以色列和美国例行谴责,并被安全地例行忽略。①

学者安妮·欧文分析了以色列拒绝决议对联合国后续立场的影响,指出联合国谴责以色列在 1967 年以后在耶路撒冷的政策,战后五个月通过的联合国安理会第 242 号决议呼吁以色列撤出新占领的领土。以色列对此表示反对,但随后大会和安全理事会颁布了进一步的决议,谴责以色列吞并耶路撒冷,但决议没有任何效果。她指出,联合国似乎放弃了对呼吁耶路撒冷国际化的早期决议的任何追求,1967 年以后的决议并未重复此前要求联合国对该城市托管的呼吁。联合国的行动表明事实上接受了其提议的耶路撒冷国际化已被取代。②

芝加哥大学政治学教授昆西·赖特从联合国的平衡与以色列和阿拉伯(巴勒斯坦)的互相放弃的关系角度,认为 1967 年 11 月的安理会第 242 号决议是对《联合国宪章》原则与中东局势影响的平衡。他指出,决议规定,以色列从最近冲突中占领的领土撤出(放弃),阿拉伯国家终止"战争状态"的主张(放弃),承认以色列是主权国家,在尊重领土完整和在安全和认可的范围内承认该国的政治独立。但由于以色列不会撤军直到确信阿拉伯国家将尊重其作为主权国家的权利(即国际法规定的国家),而阿拉伯国家不会保证或接受建立永久边界的程序直到以色列撤回其占领,因此,"这些相互放弃必须同时进行。……以色列

---

① Bennis Phyllis. The United Nations and Palestine: Partition and Its Aftermath [J]. Arab Studies Quarterly, Vol. 19, No. 3, 1997, pp. 47 - 76.

② Anne Irfan. Is Jerusalem International or Palestinian? Rethinking UNGA Resolution 181 [J/OL]. Jerusalem Quarterly, 2017, Vol. 70, pp. 52 - 61, PDF: pp. 52 - 61. https://oldwebsite. palestine-studies. org/jq/abstract/214129

的悲愤和可疑态度以及阿拉伯邻国的敌对态度均必须改变。"①

在以色列与联合国的关系中,联合国大会第 3379 号决议的通过和之后撤销是无法绕过的事例。1975 年 11 月 10 日,联合国大会以 72 票赞成、35 票反对、32 票弃权的结果通过了结论为"确定犹太复国主义是种族主义和种族歧视的一种形式"的第 3379 号决议。决议通过当天,时任以色列常驻联合国代表哈伊姆·赫尔佐格②在大会上发言中列举了以色列对阿拉伯人接纳、开放的事实以证明以色列不存在种族主义和种族歧视③,并在发言结束时做出了当时全世界为之瞩目的举动。哈伊姆·赫尔佐格在发言结束语中说:"对我们犹太人民来说,这项基于仇恨、谎言和傲慢的决议,没有任何道德或法律价值。对我们犹太人民来说,刚刚通过的决议如同废纸一张,因此要像对待废纸一样对待它。"然后他拿起手中的决议副本,面对所有会议代表当场把它一撕为二,然后结束讲话,愤而离去。④

---

① Quincy Wright. The Middle East Problem [J]. International Lawyer，Vol. 4，No. 2.

② 哈伊姆·赫尔佐格(Chaim Herzog)后于 1983—1993 年担任以色列第 6 任总统。

③ 赫尔佐格在发言中说:"我可以自豪地指出,在我国政府中有阿拉伯人担任部长,我国议会中有阿拉伯人担任副议长,我国边疆和警察防御部队中自愿服役的阿拉伯军官和士兵经常指挥军队中的犹太人,每年有成千上万的阿拉伯人从中东各地挤满了以色列的城市,成千上万的阿拉伯人从中东各地来到以色列治疗疾病;阿拉伯语在以色列是一种与希伯来语同等的官方语言。阿拉伯人在以色列担任公职是很自然的事,而无法想象一个犹太人在阿拉伯国家中担任任何公职,这是大多数人都承认的事实。这是种族主义吗? 不! 这……就是犹太复国主义。"参见: 李茂奇. 联大有关"犹太复国主义"决议风波虽成历史以色列仍"耿耿于怀"[N/OL]. 联合国网中文版. https://news. un. org/zh/

④ 对于哈伊姆·赫尔佐格的"撕联大决议"之举,其子艾萨克·赫尔佐格(Isaac Herzog)透露是父亲借鉴了祖父当年"撕英国白皮书"的做法。艾萨克·赫尔佐格,以色列政治家,2013年当选为以色列工党主席。艾萨克·赫尔佐格回忆说,在 1975 年第 3379 号决议通过前的一段时间里,联大各个委员会将"犹太复国主义"等同于"种族主义"的声音不绝于耳,因此他的父亲一直在思忖如何作好这个反击性发言。最后他的父亲借鉴了祖父曾经使用过的撕毁文件的方式。他介绍说,其祖父在参加一次反对英国通过的拒绝让犹太人向当时的巴勒斯坦领土移居的法令的示威活动中撕毁了英国的"白皮书"。他表示,父亲在联大的这一戏剧化举动引起了世人的广泛关注,并在全世界的范围内为以色列赢得了广泛的同情与支持。

时隔 16 年,1991 年 12 月 16 日,联合国大会以第 4686 号决议(111 票赞成、25 票反对、13 票弃权),撤销了第 3379 号决议。该决议的案文为:"大会决定撤销其 1975 年 11 月 10 日第 3379 号决议所载的决定。"在纽约联合国总部举办的"联大第 3379 号决议通过 40 周年回顾"活动上,时任联合国秘书长潘基文发表讲话,从反对仇恨和无知、使所有人享有平等和尊严的视角,表示人们应当从联大第 3379 号决议的通过和撤销中汲取经验和教训。① 犹太研究学者徐新教授从反犹主义在现代的消长的视角对第 3379 号决议的通过和撤销作出评述。他认为,以犹太复国主义为思想基础,犹太人为重建民族家园不懈奋斗而最终建立的现代以色列国,其合法性受到现代反犹主义者的诋毁。1975 年 11 月的联合国大会"在反犹主义的裹挟下通过一项决议,把犹太复国主义等同于种族主义加以谴责","这一决议的通过不吝是联合国作为一个国际组织的一次耻辱记录,尽管 20 多年后联合国大会又通过另一项决议,彻底推翻了这一'反以'决议"。②

笔者认为,犹太复国主义具有左右翼多种派别,就犹太复国主义整体而言,其纲领和实践在民族拯救意义上具有历史形成的正当性。联合国大会第 3379 号决议得出"确定犹太复国主义是种族主义和种族歧视的一种形式"的结论,是基于决议文案中的三项"回顾"和两项"注意到",包括"回顾……南非种族主义和犹太复国主义之间的邪恶联盟","注意到……殖民主义和新殖民主义、外国占领、犹太复国主义、种族隔离和各种形式的种族歧视","注意到……被占领的巴勒斯坦以及津巴布韦和南非的种族主义政权有着共同的帝国主义血统"。解读第 3379 号决议文本可见,第 3379 号决议所指的种族主义和种族歧视,主要针

---

① 李茂奇. 联大有关"犹太复国主义"决议风波虽成历史以色列仍"耿耿于怀"[N/OL]. 联合国网中文版. https://news. un. org/zh/
② 徐新. 反犹主义:历史与现状[M]. 北京:人民出版社,2015:14.

对的是以色列对西岸等巴勒斯坦领土的占领和巴以冲突中的以色列政策。但是,据此得出"犹太复国主义是种族主义和种族歧视的一种形式"的结论,特别是曾在 1947 年通过第 181 号决议(巴以分治决议承认了犹太民族通过犹太复国主义运动建立犹太国的合法性)的联合国以大会决议的形式否定犹太复国主义,显然存在矛盾和偏颇,联合国大会对此作出调整(撤销)是必要的,这样,才更有利于使联合国针对以色列的决议在保持高度正义的基础上产生应有的制衡作用。

3. 以色列面对的国际法院裁决

对以色列占领巴勒斯坦领土以及由此引起的犹太定居点问题、隔离墙问题、巴勒斯坦民族自决权问题、巴勒斯坦难民问题等等,除了联合国大会、联合国安理会、联合国人权理事会等议事机构一再重申国际法和人道主义原则,对以色列予以谴责和批评以外,国际法院(ICJ)对以色列的占领行为的多次裁定也体现出类似的立场与举措。[①]

关于 1967 年后西岸地区,国际法院裁定,包括东耶路撒冷在内的西岸是被占领领土,"根据巴勒斯坦委任统治时期规定的位于绿线和前东部边界之间的领土在 1967 年被以色列占领……所有这些领土(包括东耶路撒冷)仍然是被占领领土,以色列继续具有占领国的地位",因此以色列有责任履行《日内瓦第四公约》的义务。

关于西岸犹太定居点,国际法院援引联合国安理会的决议和《日内瓦第四公约》,确认,"以色列在巴勒斯坦被占领土(包括东耶路撒冷)建立的定居点违反了国际法"。

关于以色列建立的隔离墙,国际法院裁定"隔离墙的建造及其相关

---

① 下列国际法院的各项裁决内容,引自巴解组织谈判事务部(Negotiations Affairs Department,NAD)网:Israel's Wall and the International Court of Justice [EB/OL]. 2004 - 07 - 01. https://www. nad. ps/en/publication-resources/faqs/israel％E2％80％99s-wall-and-international-court-justice

制度违反了国际法"。并且为了建造隔离墙,以色列销毁或没收巴勒斯坦财产的行为违反国际法,对巴勒斯坦人流动的严格限制违反了国际人权法和国际人道法。隔离墙阻碍了巴勒斯坦人的工作、健康、教育和享有适当生活水平的权利,阻碍了巴勒斯坦人民行使其自决权。国际法院还裁定,以色列必须拆除隔离墙,并向巴勒斯坦人民支付赔偿,必须"归还从自然人或法人手中没收的土地、果园、橄榄树和其他不动产"。

二、国际人道法和国际人权法的约束

国际社会普遍认为,以色列在巴勒斯坦被占领土上的各种活动(包括西岸犹太定居点活动)违反了国际法。这里所说的国际法主要是指国际人道法和国际人权法。这两个法律体系各有自身的优点和缺陷。一方面,国际人道法具备这样一个突出的优点:它是一套专门适用于战争或武装冲突期间的法律体系,因此,它在战争或武装冲突期间以及在随后的军事占领期间不能被终止,而且它所确立的每一项权利和义务都不能被克减。《日内瓦第四公约》不容任何违背,公约第7条(第1款)不允许缔约方缔结"对受保护人的处境产生不利影响"的特别协定。相比之下,国际人权法在战争状态或其他公共紧急状态下则有可能发生这样的情况,即它所确立的一部分人权可能被克减。另一方面,国际人权法则具备这样一个优点:它的适用范围通常比国际人道法的适用范围更广。《日内瓦第四公约》并没有将其保护范围扩大到被占领土上的每一个人。而国际人权法则适用于被占领土上的每一个人,因而可以填补在保护方面的任何空白。总而言之,国际人道法和国际人权法之间形成一种相互作用、相互补充和相互融合的共生关系,共同对以色列在巴勒斯坦被占领土上的活动构成国际法层面的约束。

1. 国际人道法的约束

对战争或武装冲突以及随后频繁发生的军事占领所作的规定,构成了国际法的一个重要分支。一方面,国际法对战争或武装冲突期间使用武力的合法性作了规定,旨在规制诉诸武力的行为。这些规定涉及诉诸战争权,是战争本身是否正义、是否合法的依据。另一方面,国际法还寻求规制敌对行为本身,也就是说,基于人道考虑来规范战争或武装冲突期间的行为,以便保护战争受害者,减轻战争带来的伤害。国际法在这方面所制定的规则主要涉及:对战俘、被占领土上的平民、伤者和病者的待遇;受到禁止的作战手段;以及冲突状态中对人权的保护。这套法律最初被称作"战争法",之后曾被称作"武装冲突法",近年来则被称作"国际人道法"。① 无论战争或武装冲突的发起本身是否合乎正义,国际人道法都是战争或武装冲突期间各国必须遵循的法律,也是占领国在实施军事占领期间必须遵守的法律。

国际人道法主要是由若干国际公约组成的,而且其中一些公约的全部内容或部分内容体现了习惯国际法的规则;换句话说,国际人道法除了包括许多条约法的规则之外,还包括许多习惯国际法的原则。因此,国际人道法事实上具有比较广泛的适用性:如果卷入战争或武装冲突的一方或各方是相关公约的缔约国,则可以援引条约法来加以约束;如果不是缔约国,则可以援引相关的习惯国际法规则来加以约束。不过,有些条约法规则并不是习惯国际法的一部分,因此只能约束这些条约的缔约国。② 在这种情况下,国际人道法的适用性便成了一个有争议的问题。关于国际人道法之适用性的争议,在以色列对巴勒斯坦领土的长期占领这一案例中得到尤为鲜明的体现。

---

① ［英］马尔科姆·N.肖.国际法(第六版)［M］.白桂梅,高健军,朱利江,李永胜,梁晓晖,译,北京:北京大学出版社,2011:926.

② ［英］马尔科姆·N.肖.国际法(第六版)［M］.白桂梅,高健军,朱利江,李永胜,梁晓晖,译,北京:北京大学出版社,2011:926—927.

　　军事占领是战争或武装冲突之后频繁发生的事件,因此,关于军事占领的规则和制度构成了国际人道法的一个重要组成部分,而且产生了国际占领法、国际交战占领法这样的专有名称。关于交战占领的国际法可以分为四个层面:一是习惯国际法,二是《海牙章程》,三是《日内瓦第四公约》,四是《第一附加议定书》。[①] 它们构成了关于交战占领的国际法框架,也是讨论以色列占领巴勒斯坦领土问题的至关重要的国际法依据。

　　现代军事占领制度的起源可以追溯到 19 世纪上半叶。在 19 世纪的大部分时间里,关于军事占领的国际法规则主要以习惯法的形式存在。它们主要源于 19 世纪的国家实践,广泛体现在各国军队在军事占领中的行为、国内立法和军事手册当中。随着 19 世纪后期战争法的大规模法典化,大量的习惯法规则被编纂成条约,关于军事占领的不成文习惯法规则的数量也日趋下降。不过,习惯国际法规则并未丧失其独立性,而是与条约法同时存在、相互作用。习惯法规则并非一成不变,既可以被条约所编纂,也可以被条约所更改;反过来,条约法也可以被后来出现的习惯法规则所改变。关于军事占领的习惯国际法有着自身的优缺点:缺点是没有深入处理占领者和被占领土居民之间的关系,优点则是对所有国家都具备约束力,包括那些没有参与习惯国际法创立过程的国家。因此,习惯国际法仍然在军事占领中发挥着至关重要的作用,尤其是在条约法不适用的情况下,习惯国际法常常得到援引。

　　现代军事占领制度正式确立的标志是,1899 年和 1907 年在海牙举行的两次和平会议中产生了一系列关于战争法的国际公约,这些条约被统称为"海牙法体系"。其中,《海牙第二公约》(即《陆战法规和惯

---

① 以下关于交战占领的四个国际法层面,主要整理自:李强. 军事占领制度研究[M]. 北京:法律出版社,2014:5—23;以及:Yoram Dinstein. The International Law of Belligerent Occupation [M]. Cambridge,UK:Cambridge University Press,2009,pp. 4 - 12.

例公约》)的附件《陆战法规和惯例章程》专设一章对军事占领作出若干
规定;之后,《海牙第四公约》的附件(通常简称为《海牙章程》)对这些规
定稍作修改后予以沿用。《海牙章程》当中有 15 个条款涉及军事占领,
这些条款构成了军事占领的基本法律框架,其核心原则是第 43 条所规
定的"占领者应尽力采取一切措施,在可能范围内恢复和确保公共秩序
和安全"。虽然《海牙章程》是在一百多年前制定和通过的,但其有效性
延续至今,是许多国际组织判定军事占领行为是否合规的重要法律依
据之一。尤其重要的一点是,《海牙章程》汇集了习惯国际法在武装冲
突方面的核心内容。因此,《海牙章程》当中关于军事占领的规则,被公
认为反映了习惯国际法。例如,国际法院《关于在被占领巴勒斯坦领土
修建隔离墙的法律后果的咨询意见》中确认,"《海牙章程》的规定构成
习惯法的一部分"。那么,鉴于习惯国际习惯法的普遍适用性,以色列
对巴勒斯坦的军事占领就必须受到《海牙章程》的约束。

　　经历过第二次世界大战,《海牙章程》暴露出了它的局限性。主要
体现为,该章程为被占领土居民提供的保护主要集中在财产权利方面,
而对居民生命和自由的保障则相对抽象,缺少细节方面的具体规定。
二战期间平民死亡人数占死亡总人数的比例高达 70% 以上,这表明缺
乏战时保护平民的公约会造成灾难性的后果。这最终促成了 1949 年
四个保护战争受难者的《日内瓦公约》的通过。其中的《关于战时保护
平民之日内瓦公约》,即《日内瓦第四公约》,是一部全新制定的公约。
该公约至少有 50 条是关于军事占领的规定,约占公约全文的三分之
一,旨在为被占领土平民提供比《海牙章程》更高标准的保护。目前全
世界所有主权国家都已批准《日内瓦第四公约》,这意味着公约中关于
军事占领的规则已获得普遍认可。虽然以色列已经批准该公约,但以
色列政府一直拒绝承认该公约在巴勒斯坦地区的适用性,其理由是巴
勒斯坦地区不是该公约所要求的缔约方领土。然而,联合国安理会和
国际法院都多次重申该公约适用于巴勒斯坦被占领土的立场。

　　此后,1977 年各国在日内瓦举行的外交会议上通过了《1949 年 8
月 12 日日内瓦四公约关于保护国际性武装冲突受难者的附加议定
书》,通常简称为《第一附加议定书》。它填补了 1949 年四项《日内瓦公
约》留下的某些空白,例如关于战斗行为以及保护平民免受敌对行动影
响等方面。它提醒冲突各方选择作战方法与手段的权利不是毫无限制
的,并且禁止使用那些将会导致过分伤害或不必要痛苦的武器、投射物
或技术。它旨在为被占领土上的平民提供比《日内瓦第四公约》更高标
准的保护。然而,《第一附加议定书》还是存在一定的争议,并没有得到
普遍接受,尤其是美国和以色列始终反对该议定书的关键部分,使得该
议定书的有效实施受到重要影响。不过,以色列最高法院在"定点清除
案"当中也明确承认,该议定书的一些条款反映了习惯国际人道法。

　　习惯国际法、海牙法体系和日内瓦法体系,构成了国际人道法中的
军事占领制度的基石。军事占领制度的核心关注之一是,出于人道考
虑对被占领土的平民和财产提供保护,而不论交战占领本身是否合乎
正义。具体而言,它主要提供了两个方面的保护:一方面是交战占领
下的平民保护,包括保障个人的生命权、确保平民的生存、尊重受保护
人员的权利、禁止劫持人质、禁止集体惩罚和报复、禁止强制驱逐和转
移,以及对难民、妇女和儿童的特别保护等方面;另一方面是交战占领
下的财产保护,包括全面禁止破坏公私财产、禁止抢劫、对特殊财产进
行特殊保护、禁止没收私人财产等重要方面。① 就巴勒斯坦被占领土
这一案例而言,还必须着重考虑的一个问题是,以色列的定居点和隔离
墙建造是否符合国际法。

　　首先来看国际人道法提供的若干重要的平民保护。

---

① 以下关于被占领土的平民和财产保护,主要整理自:李强. 军事占领制度研究[M]. 北京:
　　法律出版社,2014;以及:Yoram Dinstein. The International Law of Belligerent Occupation
　　[M]. Cambridge,UK:Cambridge University Press,2009,pp. 146 - 237.

（1）国际人道法保障个人的生命权。《海牙章程》第 46 条第 1 款规定：“家庭荣誉和权利、人的生命、私有财产以及宗教信仰和实践必须得到尊重。”《日内瓦第四公约》第 32 条禁止谋杀受保护人员，第 147 条指出故意杀害受保护人员是对本公约的严重违反。与此相关的一个显著例子是以色列使用“定点清除”手段的合法性问题。所谓的“定点清除”是指针对某个人的致命袭击，尤论他是不是属于战斗人员，只要认为他的活动构成严重威胁，就可以决定将该人杀死，即便当时他没有参与任何敌对活动。联合国人权事务委员会明确表示，不应该把定点清除作为一种威慑或惩罚的方式。一般认为，定点清除在大多数情况下是非法的。

（2）国际人道法确保平民的生存。《日内瓦第四公约》第 55 条第 1 款为保障被占领土平民的生存迈出了第一步：“占领国有责任尽其所能确保平民的食物和医疗供应；如果被占领土的资源不足，它尤其应该带进必要的食品、医疗用品和其他物品。”《第一附加议定书》第 54 条第 1 款禁止将饿死平民作为一种战争手段；第 54 条第 2 款禁止为了饿死平民而摧毁、移走或破坏平民生存所需的物品，如食品、庄稼、牲畜、饮水设施和灌溉工程；第 69 条第 1 款更进一步规定：“除了《日内瓦第四公约》第 55 条规定的关于食品和医疗用品的义务之外，占领国还应尽最大能力，不加任何不利区别地，确保提供被占领土平民生存所必需的衣物、被褥、住所、其他用品以及宗教礼拜所必需的物品。”与此相关的一个显著例子是 2002 年第二次因提法达期间的耶稣降生堂案件。当时，武装的巴勒斯坦人控制了伯利恒的耶稣降生堂，而以色列国防军明智地决定不突袭教堂，而是包围它。这引起了教堂里的非战斗人员的食物、水、药物等供应问题。耶稣降生堂案件提交以色列最高法院，法院作出了一项临时决定，向神职人员运送救济物资。

（3）国际人道法禁止集体惩罚。《海牙章程》第 50 条规定：“不得因为个人行为而对居民给予任何罚款和其他的一般性惩罚，居民对个人行为不承担连带责任。"《日内瓦第四公约》第 33 条第 1 款规定："任何被保护人不得因其本人未犯的罪行而受到惩罚。集体惩罚以及类似的所有恐吓或恐怖主义措施都受到禁止。"以色列在巴勒斯坦被占领土上的两种行为可能违反了这些规定。一是以色列军政府在加沙地带曾经实行累计两年的长时间宵禁，这一措施严重扰乱了被占领土上的平民生活，违反了禁止在被占领土实施集体惩罚的规定。二是以色列根据巴勒斯坦委任统治时期英国当局颁布于 1945 年的《国防（紧急状态）条例》第 119 节把拆除和封闭房屋作为行政处罚，而这很可能构成对集体惩罚禁令的违反。以色列最高法院对此的判词是，不允许军政府仅仅因为一个破坏分子住在一排公寓的一个房间里就摧毁整个高层建筑。

（4）国际人道法禁止强制驱逐和移送。《日内瓦第四公约》第 49 条第 1 款规定："禁止从被占领土向占领国领土或任何其他被占或非被占国家的领土、个别地或大规模地强制移送以及驱逐受保护人员，无论其动机如何。"《第一附加议定书》第 147 条和第 85 条规定，非法驱逐或转移受保护人员构成对《日内瓦第四公约》的严重违反。以色列毫不掩饰地把巴勒斯坦平民从被占领土驱逐出境，这一政策直到 1993 年才基本停止。以色列的驱逐政策是依据 1945 年的《国防（紧急状态）条例》第 112 节中最初授予英国委任统治巴勒斯坦高级专员的权力，该节直到 1979 年才被废除。在第 607（1988）号决议中，联合国安理会呼吁以色列"不要从被占领土驱逐任何巴勒斯坦平民"。

其次来看国际人道法提供的若干重要的财产保护。

（1）国际人道法的一个一般规则是，除非出于军事需要，否则不得摧毁敌方财产（在这种情况下，不区分动产或不动产、私人或公共财产）。任何不能被军事必要证明为正当的大规模财产破坏，都可以构成战争罪。《海牙章程》第 23 条规定：全面禁止摧毁或没收敌方财产，除非这种摧毁或没收是战争所必需的。《日内瓦第四公约》第 53 条规定：

"全面禁止占领国破坏个人或集体的属于私人、或国家、或其他公共机关、或社会、或合作组织所有的动产或不动产，除非军事行动绝对需要这种破坏。"第147条将"没有军事必要性的、非法和肆意进行的大规模破坏和侵占财产"界定为严重违反行为。巴勒斯坦被占领土在这方面出现的主要问题是，以色列把拆毁房屋作为对破坏分子的行政制裁，这一政策直到2005年才基本停止。以色列的拆除政策是基于1945年的《国防（紧急状态）条例》第119条，这一条款授权军事指挥官没收、然后摧毁任何非法发射火器或投掷或引爆任何爆炸物的建筑物，或者一些居民犯下（或企图犯下、教唆或事后从犯）任何违反《国防（紧急状态）条例》的暴力罪行的建筑物。以色列的许多案例表明，拆毁房屋作为一种惩罚性的威慑措施，与毁坏财产作为一种迫切的军事需要，二者以一种相当混乱的方式结合在一起。

（2）国际人道法的另一个一般规则是禁止抢劫。禁止掠夺是保护被占领土财产的基本规则的补充。《海牙章程》第47条明确规定："应正式禁止抢劫"。《日内瓦第四公约》第33条第2款同样规定："禁止抢劫"。国际人道法被抢劫的禁止是绝对的，不存在任何例外，也不以被抢劫的公私财产之价值作为衡量标准。国际法院还曾经表示，占领国在被占领土上的义务应该更进一步：它必须采取适当措施，不仅防止本国武装部队中纪律涣散的成员抢劫，甚至还要防止私人抢劫。

（3）国际人道法对公私财产的保护，以及对特殊财产的特殊保护。就公共财产而言，《海牙章程》第55条规定："对其占领地内属于敌国的公共建筑、不动产、森林和农庄，占领国只是被视为管理者和收益的享用者。占领国必须维护这些产业，并按照享用收益的规章加以管理。"就私人财产而言，《海牙章程》第46条规定：私有财产必须得到尊重，以及私有财产不能没收。就特殊财产而言，《海牙章程》第56条规定："市政当局的财产，包括宗教、慈善和教育、艺术和科学机构的财产，即使是国家所有，也应作为私有财产对待。对这些机构、历史建筑、艺术和科学作品的任何扣押、毁灭和蓄意损坏,均应予以禁止并受法律追究。"1954 年通过的《关于发生武装冲突时保护文化财产的海牙公约》及其《第一议定书》和 1999 年通过的《第二议定书》,又进一步加强了对文化财产的保护。《第二议定书》第 9 条规定,只有在严格保护、记录或保存文化财产,并与被占领土的国家主管当局密切合作的情况下,才允许在被占领土上进行考古挖掘。因此,以色列学者在耶路撒冷老城和西岸进行的大规模考古挖掘,在联合国教科文组织的审议中遭到严厉谴责。

最后来看与以色列定居点和隔离墙建造相关的国际人道法。①

(1) 关于以色列在巴勒斯坦被占领土上建设犹太定居点的合法性问题。《日内瓦第四公约》第 49 条第 6 款规定:"占领国不得将其本国部分平民驱逐或移送到其所占领的领土。"虽然《日内瓦第四公约》没有将这一禁止列为严重违反行为,但是,《第一附加议定书》第 85 条第 4 款将其附加到严重违反行为的清单之中。2004 年国际法院在关于隔离墙的咨询意见中宣布:定居点违反了《日内瓦第四公约》第 49 条第 6 款,该条款不仅禁止强迫转移,"而且禁止占领国为组织或鼓励其部分人口转移到被占领土而采取的任何措施"。2016 年联合国安理会通过第 2334 号决议,指出以色列的定居点活动是对国际法的公然违反,没有任何法律效力;它要求以色列停止定居点活动,并履行《日内瓦第四公约》所规定的其作为占领国的义务。

(2) 关于以色列在巴勒斯坦被占领土上修建隔离墙的合法性问题。从 1967 年到第二次因提法达爆发,将以色列与西岸分开的绿线一直是一条漏洞百出的边界。在第二次因提法达期间,从西岸向以色列

---

① 以下关于以色列定居点和隔离墙建造相关的国际人道法,主要整理自 Yoram Dinstein. The International Law of Belligerent Occupation [M]. Cambridge,UK:Cambridge University Press,2009,238 - 255.

境内渗透的自杀式炸弹袭击者越来越多,促使以色列政府在 2002 年决定开始建造隔离墙。隔离墙的大部分路线位于约旦河西岸,在某些情况下还包括绿线附近的定居点。2004 年国际法院在关于隔离墙的咨询意见中表示,《日内瓦第四公约》完全适用于西岸,为建造隔离墙而破坏或征用财产违反了《日内瓦第四公约》第 35 条以及《海牙章程》第 46 条和第 52 条。关于以色列修建隔离墙的安全动机,国际法院认为:隔离墙的路线将预先断定以色列和巴勒斯坦之间的未来边界;修建隔离墙在当地造成了"既成事实",这相当于事实上的吞并。

2. 国际人权法的约束

与国际人道法相比,国际人权法的起源较晚,主要是在第二次世界大战之后发展起来的。不过,到目前为止已经存在丰富的国际人权规范,这些人权规范由非成文的习惯法和成文的条约法相互交织构成。[①] 1945 年的《联合国宪章》是涉及人权问题的第一个重要国际法律文件。它在其序言中就"重申基本人权",又在第 1 条第 3 款中明确规定,联合国的宗旨之一是"增进并激励对于全体人类之人权及基本自由的尊重"。1948 年联合国大会通过的《世界人权宣言》被视为国际人权法的里程碑,是国际人权条约当中最重要的文件。它首次对人权和各项基本自由进行详尽规定。虽然该宣言不是具有法律约束力的文件,但是,它的许多条款如今被认为确实反映了习惯国际法,它的许多规定被作为习惯国际法而加以接受。1966 年联合国大会开放两项国际公约的签署,即《公民权利及政治权利国际公约》和《经济、社会及文化权利国际公约》。国际社会对这两项国际公约的通过,使得《世界人权宣

---

① 以下关于国际人权法及其适用性,主要整理自:李强. 军事占领制度研究[M]. 北京:法律出版社, 2014:174—201;以及: Yoram Dinstein. The International Law of Belligerent Occupation [M]. Cambridge, UK: Cambridge University Press, 2009, pp. 67 - 88.

言》的核心内容转变为具有法律约束力的规则。这三项文件合在一起通常被称为"国际人权宪章",构成国际人权法的基本框架。除了这些一般性的国际人权条约之外,还有大量专门性的国际条约,涉及特定的人权、对弱势群体的特别保护以及对各种非法歧视的禁止。

　　国际人权法是否适用于战争或武装冲突,以及是否适用于被占领土,是一个仍有争议的问题。传统观点认为,国际法分为战争法与和平法两个部分,应该根据具体情况来决定适用哪一套法律规范。按此逻辑,人道法只适用于武装冲突的情况,而人权法只适用于和平时期,二者不能同时适用。然而,国际人权宪章的出现逐渐改变了这种看似清晰的区分。关于国际人权法是否适用于战争或武装冲突这一问题,已经引起了颇为广泛的讨论,支持者和反对者皆有。这种理论上的不确定性也在国际实践中得到了明显的反映。例如,以色列在1967年六日战争之后占领巴勒斯坦领土,联合国大会随即通过决议,敦促以色列遵守国际人道法和国际人权法的相关规定。以色列从2002年开始在巴勒斯坦被占领土上修建隔离墙,联合国大会要求国际法院发表咨询意见时只提到了《日内瓦第四公约》和《海牙章程》,联合国安理会的相关决议也只要求遵守国际人道法,但国际法院的咨询意见则明确表示"必须考虑到国际法的这两种分支,即人权法和作为特别法的国际人道法"。

　　尽管存在这些争议,支持国际人权法适用于战争或武装冲突、适用于被占领土的观点逐渐占据上风,成为一个比较普遍接受的观点。不过,在被占领土上适用国际人权法的话,要把人权分为两部分来讨论:一部分是在任何情况下都绝对不可克减的人权,另一部分是在战时状态或其他公共紧急状态下可以克减的人权。

　　《公民权利及政治权利国际公约》第4条第2款明确规定,本公约部分条款所列举的人权不得减免履行。这些不可克减的人权主要包括:(1)生命权,如公约第6条所规定:"人人皆有天赋之生存权。此种权利应受法律保障。任何人之生命不得无理剥夺。"(2)免受酷刑或残忍的、不人道的或有辱人格的待遇或处罚的权利,如公约第 7 条所规定:"任何人不得施以酷刑,或予以残忍、不人道或侮辱之处遇或惩罚。"(3)免于奴役或劳役的权利,如公约第 8 条所规定:"任何人不得使充奴隶、奴隶制度及奴隶贩卖,不论出于何种方式,悉应禁止。任何人不得使充奴工。"(4)良心和宗教自由的权利,如公约第 18 条所规定:"人人有思想、信念及宗教之自由。"(5)法律人格之权利,如公约第 16 条所规定:"人人在任何所在有被承认为法律人格之权利。"除了这些不可克减的人权,《公民权利及政治权利国际公约》第 4 条第 1 款明确规定,"如经当局正式宣布紧急状态,危及国本,本盟约缔约国得在此种危急情势绝对必要之限度内,采取措施,减免履行其依本盟约所负之义务"。也就是说,人权克减的前提条件是处于战时状态或其他公共紧急状态。就以色列占领巴勒斯坦领土这一案例而言,上述规定在国际法院关于隔离墙的咨询意见中得到了确认:"国际法院认为人权公约提供的保护不会在武装冲突中停止,除非得到《公民权利及政治权利国际公约》第 4 条中规定的那种克减。"

依据国际人权宪章中的这些重要规定,联合国设立专门委员会定期对巴勒斯坦被占领土上的人权状况进行调查,这类调查持续至今。2020 年 12 月 10 日,联合国大会第七十五届会议通过了一份最新报告,即《调查以色列侵害占领区巴勒斯坦人民和其他阿拉伯人人权的行为特别委员会报告》(A/RES/75/98)。① 报告申明:《世界人权宣言》《公民权利及政治权利国际公约》《经济、社会文化权利国际公约》和《儿童权利公约》"必须在包括东耶路撒冷内的巴勒斯坦被占领土上受到尊重"。报告重申:《日内瓦第四公约》"适用于包括东耶路撒冷在内的巴

---

① 报告下载自联合国人权高级专员办事处的官方网站,https://www.ohchr.org/CH/countries/MENARegion/Pages/PSIndex.aspx

勒斯坦被占领土和 1967 年以来被以色列占领的其他阿拉伯领土"。报告强调:"应确保对所有违反国际人道法和国际人权法的行为追究责任,以便结束有罪不罚现象,确保正义,遏制进一步的违法行为,保护平民并促进和平。"

报告对巴勒斯坦被占领土的若干状况表示严重关切:(1)占领国以色列继续蓄意侵犯巴勒斯坦人民人权,包括以下行动造成的侵犯:"过度使用武力和军事行动造成包括儿童、妇女和非暴力和平示威者在内的巴勒斯坦平民以及记者、医务人员和人道主义人员伤亡;任意监禁和拘留巴勒斯坦人,其中一些人已被监禁数十年;使用集体惩罚;封闭一些地区;没收土地;建立和扩大定居点;在巴勒斯坦被占领土内偏离 1949 年停战线修建隔离墙;毁坏财产和基础设施;强迫平民流离失所,其中包括企图强行迁移贝都因人社区;为改变包括东耶路撒冷在内的巴勒斯坦被占领土的法律地位、地理性质和人口组成而采取的所有其他行动。"(2)"占领国以色列以前所未有的速度继续加紧拆毁巴勒斯坦人家园和作为国际人道主义援助提供的构架,包括学校,尤其是在被占领的东耶路撒冷及其周围,包括违反国际人道法而以此作为集体惩罚措施,并严重关切吊销巴勒斯坦居民的居住证并将他们逐出耶路撒冷城。"(3)"以色列在包括东耶路撒冷在内的整个巴勒斯坦被占领土上实行封闭政策,施加严重限制,包括设立数百个出入障碍和检查站并实行许可证制度,所有这些都阻碍人员和货物,包括医疗和人道主义货物的自由通行,阻碍由捐助者供资的发展合作和人道主义援助项目的落实和出入,破坏领土毗连,由此侵犯巴勒斯坦人民的人权。"(4)"包括许多儿童、妇女和当选代表在内的数千巴勒斯坦人继续被关押在以色列监狱或拘留中心,条件恶劣,包括卫生条件差,实行单独监禁,过度使用长期行政拘留手段而不予控罪,剥夺正当程序,包括患病囚犯在内的囚犯缺乏适当的医疗服务,广泛得不到医治,有可能造成致命后果,不准家属探访,由此损害他们的福祉",以及巴勒斯坦囚犯受到的虐待、骚扰和酷刑。

报告强调指出："需防止以色列极端主义定居者和武装定居者团体的所有暴力、骚扰、挑衅和煽动行为,特别是针对包括儿童在内的巴勒斯坦平民及其住宅和农田等财产,以及针对包括在被占领的东耶路撒冷的历史和宗教场所实施的这类行为,并在这方面斥责侵犯巴勒斯坦人人权的行为,包括导致平民伤亡的暴力行为。"并且强调"必须立即完全停止一切暴力行为,包括军事攻击、破坏和恐怖行为",以及"该区域所有人民有权享受各项国际人权公约载明的人权"。因此,报告要求"占领国以色列在巴勒斯坦被占领土上停止一切违反国际法的措施,以及侵犯巴勒斯坦人民人权的歧视性立法、政策和行动,包括杀伤平民、任意拘留和监禁平民、强迫平民流离失所(包括企图强行迁移贝都因人社区)及破坏和没收平民财产,包括拆毁家园和违反国际人道法而以此作为集体惩罚措施以及阻挠人道主义援助,并要求以色列充分尊重人权法,遵守这方面的法律义务,包括根据联合国相关决议所承担的法律义务"。

三、国际公民社会针对以色列的"抵制、撤资和制裁"运动

自 2000 年代起,在巴勒斯坦民间社会组织的推动下,国际公民社会兴起了针对以色列违反国际法、侵犯巴勒斯坦公民人权的"抵制、撤资和制裁"运动(Boycott, Divestment and Sanctions, BDS)。该运动倡导以学术、文化、经济抵制为手段对以色列进行政治施压,迫使以色列在被占领土、定居点、难民回归、巴勒斯坦人权等方面回到国际社会所公认的正常轨道上来。该运动得到全球范围内政府、非政府的学术机构和学者、文化界团体和人士、企业和商业公司的广泛响应,形成了在国际组织约束和国际法约束之外的第三种制约要素——国际公民社会的制约。始于 2005 年的全球性 BDS 运动已持续 15 余年,BDS 网至今仍不时有关于"抵制、撤资和制裁"的新的事件报道。

1. BDS 运动的兴起和它的目标宗旨

2005 年 2 月 8 日举行的沙姆沙伊赫首脑会议①,标志着第二次因提法达的结束。巴勒斯坦民族权力机构主席阿巴斯和以色列总理沙龙同意,所有巴勒斯坦派系将停止对所有以色列人的一切暴力行为,而以色列将停止对所有巴勒斯坦人的一切军事活动。在此背景下,巴勒斯坦社会组织在同年(2005 年 7 月)倡导了全球性的"抵制、撤资和制裁"(BDS)非暴力运动。BDS 的兴起,标志着巴勒斯坦主流社会的抵抗从暴力性抗议转向了非暴力性施压,从本土公民社会的内部抵抗转向了联合国际公民社会的内外部结合的抵抗。

发起 BDS 运动的思想,萌发于 2001 年在南非德班举行的"非政府组织论坛"期间。在论坛上,巴勒斯坦活动人士会见了反种族隔离的退伍军人,后者认为以色列和南非的种族隔离制度有相似之处,并建议开展类似于他们用来战胜种族隔离制度的运动。②

南非"反种族隔离"(Anti-Apartheid Movement,AAM)运动兴起于 1960 年,由总部设在英国的非政府组织所倡导,它的宗旨是反对南非种族隔离制度和政策。1964 年,AAM 运动组织者呼应两年前通过的联合国第 1761 号决议③,推动召开"对南非经济制裁国际会议"。之

---

① 在埃及西奈半岛的沙姆沙伊赫(Sharm El Sheikh)举行的首脑会议上,以色列总理沙龙、巴勒斯坦民族权力机构主席阿巴斯、埃及总统穆巴拉克和约旦国王阿卜杜拉二世讨论了结束为期四年的第二次因提法达,努力稳定局势,继续推进和平进程路线图等议题。

② 参见 Tom Hickey, Philip Marfleet. The "South Africa moment": Palestine, Israel and the boycott [J]. International Socialism, Vol. 128,2010, pp. 31 - 55. 在联合国主持下,2001 年世界反种族主义大会(又称第一次德班会议)于 2001 年 8 月 31 日—9 月 8 日在南非德班举行。非政府组织论坛于 8 月 28 日—9 月 1 日在附近举行,与主要会议分开。有 3 000 个非政府组织的 8 000 名代表参加。

③ 联合国大会于 1962 年 11 月 6 日通过的第 171 号决议,是对南非政府所制定的种族隔离政策的反应。决议认为种族隔离和实施种族隔离的政策违反了南非根据《联合国宪章》承担的义务,并威胁到国际和平与安全。决议要求会员国中断与南非的外交关系,停止与南非的贸易(特别是武器出口),并拒绝通向南非的船只和飞机。

后,发起了从南非撤资运动,以抗议南非的种族隔离制度;1980 年代,从南非撤资运动在美国得到了大规模实施。这一运动迫使南非政府开始谈判,最终导致种族隔离制度的解体。①

以距当时 40 余年前的 AAM 运动为蓝本,2005 年,由 170 个巴勒斯坦工会、难民网络、妇女组织、专业协会、抵抗委员会和其他巴勒斯坦民间社会组织联合倡导 BDS 运动。2005 年 7 月 9 日,该运动宣布 BDS 的倡导声明②。该声明指出,BDS 运动的开展是鉴于"以色列持续违反国际法,而迄今为止一切形式的国际干预和建立和平都未能说服或强迫以色列遵守人道法,尊重基本人权,并结束其对巴勒斯坦领土的占领和对巴勒斯坦人的压迫",并且鉴于"国际社会有良心的人历来肩负着打击不公正的道义责任"。因此,该声明呼吁"世界各地的国际民间社会组织和良心人民对以色列进行广泛的抵制,并对以色列实行类似于南非在种族隔离时代的国际撤资措施"。同时,BDS 的倡导者宣布,巴勒斯坦人民获得"自由、正义与平等"③的权利是该运动的终极目标,通过"抵制、撤资和制裁"所需要达到的具体目标是:"第一,结束对阿拉伯所有领土的占领和定居,并拆除西岸隔离墙;第二,承认以色列的阿拉伯-巴勒斯坦公民享有充分平等的基本权利;第三,按照联合国第 194

---

① 联合国大会第 1761 号决议的其中一个内容,是成立联合国反对种族隔离特别委员会,并呼吁对南非实施经济和其他制裁。这一特别委员会最初受到西方国家反对,它们不同意对南非实施抵制和制裁。但是,在第 1761 号决议通过后,总部设在英国的"反种族隔离"运动打破僵局,安排了 1964 年 4 月在伦敦举行"对南非经济制裁国际会议"。会议确定了对南非进行国际组织制裁的必要性、合法性和实用性,南非的政策被视为对非洲和世界和平与安全的直接威胁。从南非撤资运动最初是在 1960 年代所倡导,以抗议南非的种族隔离制度,但直到 1986 年,美国通过了联邦立法实施撤资,从南非撤资运动才开始大规模实施。参见 Arianna Lisson. The Anti-Apartheid Movement, Britain and South Africa: Anti-Apartheid Protest vs Real Politik [D]. PhD Dissertation, 2000.

② 载 BDS 网(https://bdsmovement.net/)。

③ 在 BDS 网主页上,"Freedom Justice Equality"字样与 BDS 的标识紧密融合。

号决议的规定,尊重、保护和促进巴勒斯坦难民返回家园和财产的权利。"①

2. BDS 的抵制、撤资、制裁行动和 BDS 引起的争议

抵制、撤资和制裁是一套策略,它为国际公民社会提供了一种和平的方式以争取人权、正义和问责制。关于"抵制、撤资和制裁"的内涵,BDS 组织机构的权威表达是:抵制行动是指"抵制以色列种族隔离政权,抵制与之共谋的以色列体育、文化和学术机构,并抵制所有从事侵犯巴勒斯坦人权行为的以色列和国际公司"。撤资行动是指"银行、地方议会、教堂、养老基金和大学,撤出对以色列国以及所有支持以色列种族隔离的以色列和国际公司的投资"。制裁行动是指"各国政府履行其法律义务,结束以色列的种族隔离,而不是帮助或协助其维持,包括禁止与以色列非法定居点的商业往来,终止军事贸易和自由贸易协定,以及暂停以色列在联合国机构和国际足联等国际论坛的成员资格"。②

需要指出的是,在"抵制、撤资和制裁"的总策略下,BDS 组织机构更倾向于把这个策略体系进行领域分类——学术、文化、经济,三大领域之中包含了抵制、撤资和制裁的手段。

(1) 学术 BDS

对以色列进行学术 BDS 的理据是:以色列的大学是以色列占领、定居者殖民主义和种族隔离政权的主要的、自愿的、顽固的帮助者。③ 几十年来,以色列大学在规划、实施和证明以色列占领和种族隔离政策的合理性方面发挥了关键作用,同时与以色列军方保持着独特的密切关系。例如,特拉维夫大学开发了数十套武器系统,以及将以色

---

① BDS 网。https://bdsmovement.net/what-is-bds

② BDS 网。https://bdsmovement.net/what-is-bds

③ BDS 网。https://bdsmovement.net/academic-boycott

列军队不对称使用武力的做法理论化为"达希亚主义"①；以色列理工学院开发军用无人驾驶飞机技术和用于拆毁被占领土上巴勒斯坦房屋的遥控武器推土机②。

　　学术 BDS 的倡议，产生了几种标志性行动。其一，2011 年，南非的约翰内斯堡大学断绝了与本古里安大学的联系，理由主要是本古里安大学参与了以色列侵犯人权的行为。③　其二，学术 BDS 得到了世界各地学术协会的支持，包括美国研究协会（American Studies Association）、全国妇女研究协会、非洲文学协会等。爱尔兰教师工会、比利时法语学生联合会（FEF）、英国全国学生联合会（NUS）、卡塔尔大学学生代表委员会（QUSRB）、纽约大学和马萨诸塞大学阿姆赫斯特分校的研究生会等都支持对以色列的学术抵制。④　其三，南非、美国、英国、印度、瑞典、爱尔兰、巴西、比利时、意大利和其他地方的数千名学者签署了声明，支持学术机构抵制以色列。⑤

　　但另一方面，以上这些 BDS 学术抵制的行动，也引起了对 BDS 是否损害了学术自由原则的辩论。典型的反对意见如乔纳森·马克斯所述⑥：

---

① "达希亚主义"，Dahiya doctrine。达希亚（Dahieh）是黎巴嫩贝鲁特的一个村庄的名称，以色列指称这些村庄是真主党经营的军事总部、情报中心和通讯中心，并由伊朗提供资金。在 2006 年第二次黎巴嫩战争期间，在以色列国防军发动的攻击下，该村庄的四分之一被夷为平地。自这次武力攻击后，在以色列的军事理论中，对于名为平民村庄、实为军事基地的军事打击，称为"不对称使用武力"的"达希亚主义"。该理论基于以色列国防军北线指挥官加迪·艾泽恩科特（Gadi Eizenkot）将军于 2008 年 10 月提出的说法。艾泽恩科特认为，达希亚等村庄，"不是平民村庄，而是军事基地"，真主党在这些村庄中藏有大量火箭弹，以从这些村庄向以色列境内进行发射。艾泽恩科特进而强调，今后，以色列将对任何向以色列开火的村庄使用不成比例的武力，以造成巨大的破坏。参见 https://wikileaks.org/plusd/cables/08TELAVIV2329_a.html

② BDS 网。https://bdsmovement.net/academic-boycott♯tab1

③ BDS 网。https://bdsmovement.net/academic-boycott

④ BDS 网。https://bdsmovement.net/academic-boycott

⑤ BDS 网。https://bdsmovement.net/academic-boycott

⑥ 乔纳森·马克斯（Jonathan Marks），乌尔西努斯学院（Ursinus College）政治学教授兼政治系主任。乔纳森·马克斯的观点发表在以"推进犹太思想"为宗旨的在线思想平台"Mosaic"上。该平台致力于研讨"关于犹太人、犹太教或犹太国家迫切需要关注的问题或主题"。

"对于任何欣赏学术自由的价值并赞赏捍卫自由的人来说,应该清楚的是,对任何一个国家的学术抵制都是一种旨在削弱学术与政治之间差异的思想。"①

（2）文化 BDS

对以色列进行文化 BDS 的理据是：以色列的文化机构是以色列占领政权、定居者殖民主义和对巴勒斯坦人民的种族隔离的意识形态和制度基础的一部分。这些机构通过沉默或积极参与,显然牵涉到支持、证明和粉饰以色列的占领和有系统地剥夺巴勒斯坦权利的行为。②

文化 BDS 的倡议,产生了几种标志性行动。其一,数千名艺术家和文化工作者已经签署了支持文化抵制的公开声明。2015 年,超过1 000 名英国文化名人签署了一项文化抵制承诺。他们已在加拿大蒙特利尔、爱尔兰、南非、瑞士、黎巴嫩、美国等地发起了有关倡议。一些杰出的文化人物参与了对以色列的文化 BDS,其中包括斯特凡·埃塞尔（Stéphane Hessel）③、约翰·彼得（John Berger）④、阿兰达蒂·罗伊（Arundhati Roy）⑤、娜欧米·克莱因（Naomi Klein）⑥等全球许多知名

---

① Jonathan Marks. How BDS Is Undermining Academic Freedom [J/OL]. Mosaic Magazine, 2018 - 04 - 18. https://mosaicmagazine.com/observation/israel-zionism/2018/04/how-bds-is-undermining-academic-freedom/

② BDS 网。https://bdsmovement.net/cultural-boycott

③ 斯特凡·埃塞尔（Stéphane Hessel,1917—2013）,法国外交官、社会活动人士。纳粹大屠杀的幸存者,1948 年《世界人权宣言》的参与者之一,2011 年被《外交政策》(Foreign Policy)杂志评为全球顶级思想家。

④ 约翰·彼得（John Berger, 1926—2017）,英国艺术评论家、小说家。他的小说《G.》获 1972年布克奖。

⑤ 阿兰达蒂·罗伊（Arundhati Roy,1961—   ）,印度知名作家、社会活动人士。她的小说《小物之神》(The God of Small Things)获 1997 年布克奖。

⑥ 娜欧米·克莱因（Naomi Klein,1956—   ）,加拿大记者、作家和社会活动家,她以从政治经济方面对全球化的批判而著名。克莱因在 2005 年全球知识分子投票中名列第 11,是排名最高的女性。

思想家、作家、艺术评论家、记者，以及查克·D(Chuck D)①、罗杰·沃特斯(Roger Waters)②等许多世界知名的娱乐界歌手、作曲家。其二，许多顶级艺术家，因 BDS 理念而取消了在以色列的演出，或拒绝在以色列演出。其中包括猫王(Elvis Costello)、美国说唱歌手吉尔·斯科特·赫伦(Gil Scott-Heron)、美国说唱歌手劳琳·希尔(Lauryn Hill)、英国电子乐队 Faithless、希腊表演艺术家玛丽亚娜·格林德(Marianah Grindr)、U2 摇滚乐队、冰岛歌手比约克(Bjork)、印度演奏家扎基尔·侯赛因(Zakir Hussain)、法国导演让-吕克·戈达尔(Jean-Luc Godard)、美国饶舌歌手史努比狗狗(Snoop Dogg)、美国歌手女魔力(Cat Power)和法国歌手凡妮莎·帕拉迪丝(Vanessa Paradis)。其三，文化机构拒绝接受以色列政府的资助。如 2014 年爱丁堡艺术节(Edinburgh Fringe)举行与抵制相关的抗议活动，两支由国家资助的以色列剧团被逐出艺术节。2014 年，圣保罗双年展(São Paulo Biennial)在绝大多数参展艺术家的呼吁下，终止了与以色列的赞助协议。③

　　BDS 在世界范围内的文化抵制，以色列不得不予以应对。以色列意识到，随着 BDS 成为对抗以色列的一种文化思潮，使得以色列与国际文化界的隔离正在增加。以色列政府已投入大量资源，以应对持续不断的文化 BDS。

---

① 原名为卡尔顿·道格拉斯·瑞登豪尔(Carlton Douglas Ridenhour, 1960—　)，娱乐界称其为"查克·D"(Chuck D)，美国说唱歌手、作家、制作人。1985 年，查克·D 与美国说唱歌手"风味弗拉福"[Flavor Flav，原名威廉·乔纳森·德雷顿(William Jonathan Drayton)]共同创立了具有政治和社会意识的嘻哈音乐——说唱组合"全民公敌组合"(Public Enemy)。

② 乔治·罗杰·沃特斯(George Roger Waters, 1943—　)，英国著名摇滚音乐歌手和作曲家。1990 年，沃特斯(Waters)举办了历史上规模最大的摇滚音乐会之一——"柏林之墙——现场演唱会"(The Wall-Live in Berlin)，出席观众达 45 万。

③ BDS 网。https://bdsmovement.net/cultural-boycott#tab1

（3）经济 BDS

对以色列的经济 BDS，一方面是推动外国对以色列投资的撤资，另一方面是推动世界各国对以色列的定居点产品进行抵制或在商品上贴"产地标签"。因此，经济 BDS 与被占领土定居点问题具有直接的相关性。

对以色列进行经济 BDS 的理据是：国际公司协助并与以色列共谋违反国际法，参与以色列对巴勒斯坦人的压迫，包括在以色列非法定居点的商业活动，并作为被占领土以色列军方和政府的承包商。因此，应推动国际商界和投资者，针对参与压迫巴勒斯坦人的以色列公司和企业开展有效的撤资和抵制行动。BDS 组织者分析认为，以色列经济具有依赖国际贸易和投资的特点，因而国际经济制裁将对以色列的巴勒斯坦被占领土和定居点政策产生直接的影响。

经济 BDS 的倡议得到了相当多的外国政府和公司企业的响应和支持，对以色列的经济产生了一些重要的影响。

以 2014—2016 年情况为例。根据追踪全球外国直接投资变化的联合国贸易和发展会议的报告，2014 年以色列的外国直接投资与 2013 年相比下降了近 50％。以色列经济学者罗妮·马诺斯（Roni Manos）认为，除了全球经济增长疲软以及许多国家的经济和商业政策存在不确定性等主要原因外，以色列所面临的经济 BDS 也是导致 2014 年以色列吸收外国投资额大幅度下降的一个原因。[1] 2015 年，法国基础设施公司威立雅（Veolia）的子公司特兰斯德夫（Transdev）投资有争议的耶路撒冷轻轨项目，该项目将西耶路撒冷与东耶路撒冷的犹太人定居点连接起来。经过 BDS 运动为期 7 年的抵制努力，威立雅公司于 2015

---

[1] 具体数据是，2014 年对以色列的投资为 64 亿美元，而 2013 年为 118 亿美元。见 Moshe Glantz. Foreign investment in Israel cut by half in 2014 [N/OL]. Ynet，2015 - 06 - 24. https：//www. ynetnews. com/articles/0，7340，L-4672509，00. html

年 8 月出售了特兰斯德夫子公司在轻轨项目中的股份,威立雅在以色列的业务结束。① 2016 年,爱尔兰建筑材料公司 CRH 在 BDS 运动的压力下,出售了其内谢尔(Nesher)公司在以色列业务中的股份,内谢尔公司为以色列供应用于建造西岸隔离墙和被占领土定居点的水泥。②

3. 对 BDS 的争议以及 BDS 对以色列的制约作用

BDS 的倡导者把这场运动定义为反种族主义运动,它反对一切形式的种族主义,包括反犹太主义和仇视伊斯兰的行为。③ 从更广泛的意义上讲,BDS 将自身定位为挑战新自由主义西方霸权并与种族主义、性别歧视、贫困和类似原因作斗争的全球社会运动的一部分。④

对于 BDS 的性质和效果,一直存在着争议和不同数据的差异。

在 BDS 的性质上,反对者认为,将以色列与南非的种族隔离政权进行比较将"妖魔化"以色列,而且是反犹太的⑤;支持者认为,称以色列为种族隔离国家并没有反犹太主义⑥,按著名的反种族隔离活动家如德斯蒙德·图图(Desmond Tutu)和南非政治家罗纳德·卡斯里尔

---

① Team. Boycott Movement Claims Victory as Veolia Ends All Investment in Israel [J/OL]. Newsweek, 2015 - 06 - 30. https://jewishbusinessnews. com/2015/09/04/boycott-movement-claims-victory-as-veolia-ends-all-investme nt-in-israel/

② Team. Boycott Movement Claims Victory as Veolia Ends All Investment in Israel [J/OL]. Newsweek, 2015 - 06 - 30. https://jewishbusinessnews. com/2015/09/04/boycott-movement-claims-victory-as-veolia-ends-all-investme nt-in-israel/

③ Omar Barghouti. Boycott, Divestment, Sanctions: The Global Struggle for Palestinian Rights [M]. Haymarket Books, 2011, p. 49.

④ Omar Barghouti. Boycott, Divestment, Sanctions: The Global Struggle for Palestinian Rights [M]. Haymarket Books, 2011, pp. 58 - 59.

⑤ Jennifer Megan Hitchcock. A Rhetorical Frame Analysis of Palestinian-Led Boycott, Divestment, Sanctions (BDS) Movement Discourse [D]. Old Dominion University, 2020, p. 49.

⑥ Bill Mullen, Ashley Dawson. Against Apartheid: The Case for Boycotting Israeli Universities [M]. Haymarket Books, 2015, p. 3.

斯(Ronald Kasrils)的说法,加沙和西岸的局势比种族隔离更糟
糕。① 在反对者当中,值得注意的是阿拉伯一些知识分子的观点。由
32位阿拉伯知识分子组成的阿拉伯区域一体化理事会(Arab Council
for Regional Integration)在2019年11月的伦敦会议上讨论了巴以关
系和BDS运动。② 这些阿拉伯人士认为,BDS使阿拉伯国家损失了数
十亿美元的贸易,削弱了巴勒斯坦为未来国家建立机构的努力,撕裂了
阿拉伯社会结构,因为种族、宗教和国家领导人越来越多地使用最初针
对以色列的战术。③ 为此,他们倡议拒绝BDS运动。

　　在BDS的经济效果上,支持者普遍表示影响是可观的,反对者则
认为影响很小。2015年6月兰德公司的一项研究估计,成功的针对以
色列的BDS运动可能会在十年内使以色列经济累计损失470亿美
元。④ 相反的研究结果是,由于以色列的国内生产总值在2006—2015
年期间几乎翻了一番,并且在同一时期对以色列的外国投资增加了两
倍,因此BDS对以色列的经济影响不大。⑤ 以色列议会2015年的一份
报告得出结论,BDS对以色列依赖出口的经济没有影响,对欧洲的出口
正在增长。⑥

① Sean Jacobs, Jon Soske. Apartheid Israel: The Politics of an Analogy [M]. Haymarket Books, 2015, p. 4.
② A Groundbreaking Arab Initiative to Repudiate BDS [N/OL]. Jewish Journal, 2019 - 11 - 20. https://jewishjournal. com/news/worldwide/307371/a-groundbreaking-arab-initiative-to-repudiate-bds/
③ David M. Halbfinger. Arab Thinkers Call to Abandon Boycotts and Engage With Israel [N]. New York Times, 2019 - 11 - 21.
④ Niv Elis. Study: Peace would boost Israel's economy $123b by 2024 [N]. The Jerusalem Post, 2015 - 06 - 08.
⑤ Doron S. Ben-Atar, Andrew Pessin (ed.). Anti-Zionism on Campus: The University, Free Speech, and BDS [M]. Indiana University Press, 2018, pp. 15 - 16.
⑥ Ora Coren, Zvi Zrahiya. Knesset Report: BDS Movement Has No Impact on Economy [N]. Haaretz, 2018 - 04 - 10.

　　有论者指出,对南非的 BDS 是成功的,而对以色列的 BDS 却难以普及。① 但是,BDS 对以色列事实上仍然构成了政治压力和经济影响。第一,BDS 运动对以色列形成了政治孤立的心理压力。这是学者兼评论家伯纳德·阿维沙的见解。2016 年 1 月 12 日,欧盟外交事务委员会重申了 2015 年 11 月的一项标签要求,规定以色列对在定居点生产的产品的标签与在以色列本土生产的产品的标签应不同,即定居点产品必须标明产自定居点,供购买者识别和选择。对于欧盟的决定,以色列各派别近乎一致地作出否定反应②。对此,阿维沙认为,这种反应不是说明 BDS 运动的无效,而恰恰是反映了"以色列对抵制、撤除和制裁日益增长的恐惧,它是日益增长的孤立威胁的一部分"。③ 第二,BDS 运动的经济抵制,影响到以色列的定居点产品对欧洲的出口。以色列出口到欧洲的定居点产品,主要为橄榄油、水果、葡萄酒,以及工业产品。据估计,如果实施抵制,这部分产品将影响以色列年出口总额的约 1‰(约 150 亿欧元)。④ 这个比例,对出口总额影响有限,但对于定居点产业所产生的影响是无法忽视的。第三,BDS 有利于被占领土上巴勒斯

---

① Michael Bueckert. Boycotts and Backlash: Canadian Opposition to Boycott, Divestment, and Sanctions (BDS) Movements from South Africa to Israel [D]. Carleton University, 2020.

② 利库德集团的内塔尼亚胡总理对欧盟回应说,"我们不同意接受欧盟给遭受恐怖袭击的一方打上标签的事实";极右翼政党犹太家园党(Jewish Home Party)的阿耶莱特(Ayelet Shaked)称欧盟的决定是"反以色列、反犹太的";工党领袖艾萨克·赫尔佐格将欧盟的决定与 1974 年联合国的"犹太复国主义就是种族主义"决议相提并论;中间派政党未来党(Yesh Atid)创始人、议会反对党领袖亚伊尔·拉皮德(Yair Lapid)指责欧盟的决定是"向圣战最恶劣的分子投降",贴标签行动"是针对以色列的抵制运动的直接延续,是反犹太和被误导的"。见 Bernard Avishai. The EU vs BDS: the Politics of Israel Sanctions [J]. New Yorker. 2016 - 01 - 22.

③ Bernard Avishai. The EU vs BDS: the Politics of Israel Sanctions [J]. New Yorker. 2016 - 01 - 22.

④ Lorne Cook, Josef Federman. Court says EU states must label Israeli settlement products [N]. Associated Press, 2019 - 11 - 12.

坦人的人权和其他权利的改善。在被占领土上,以色列公司企业始终雇佣当地阿拉伯劳动力。据资料显示,早期,以色列每年在被占领土上为当地阿拉伯人提供 1 万—1.5 万个新的就业机会(1973 年)①;目前,以色列定居点企业中约有 35 400 名当地的阿拉伯工人(2020 年)②。在 2019 年欧盟最高法院裁决以色列定居点产品必须标明产地后,定居者委员会除了表态说裁决歧视了定居点工厂的犹太人,同时强调裁决直接伤害在这些工厂工作、生产这些产品的阿拉伯人。③ 这一表态,一方面将制裁的压力反弹到制裁者,另一方面,也把被占领土上的定居点企业的阿拉伯劳工情况提到了国际社会面前,客观上进一步引起国际社会对以色列定居点企业中阿拉伯劳工的人权的关注。④

第二节　国际政治格局的制衡

对以色列的军事占领和被占领土定居点活动的第二层级制衡,来自国际政治格局。这种制衡作用又来自两个层级:一个层级是全球性的实力大国或联盟,如美国、英国、苏联-俄罗斯和欧盟;另一个层级是与以色列处于同一个地区安全复合体中的周边阿拉伯国家。

由于美以之间的特殊关系,美国历届政府对以色列定居点问题的立场大多比较温和:一方面认为定居点活动违反国际法,谴责定居点活动已经成为巴以和平进程的主要障碍,反对继续建设新的定居点;另

① Uri Davis. The Arab Labour Force in Israel [J]. Journal of Palestine Studies, Vol. 3, No. 1, 1973, 157 - 161.

② Manar Rasim Younes. Palestinian female workers in Israeli settlements: infringed rights and dignity [N]. Visto International, 2020 - 10 - 01.

③ Lorne Cook, Josef Federman. Court says EU states must label Israeli settlement products [N]. Associated Press, 2019 - 11 - 12.

④ 比如,上述关于定居点企业阿拉伯劳工情况的资料(2020 年)中,就反映了其中女工的权利和尊严受到以色列雇主侵犯的情况。

一方面又认为已经建成的犹太定居点不应轻易拆除,并继续向以色列提供军事援助以保证以色列的国家安全。美国对联合国安理会有关以色列定居点问题的决议屡次行使否决权(仅有奥巴马总统投过弃权票),同时又极力呼吁以色列冻结犹太定居点的继续扩张。比起美国,英、法、德等欧洲国家以及欧盟在该问题上的态度更为明确,认为以色列在被占领土上修建的犹太定居点违反了国际法,定居点活动应该被冻结。冷战期间的苏联明确表示持反对态度,苏联解体后的俄罗斯也基本上延续了这一态度。以色列周边的阿拉伯国家及国际组织对该问题持基本一致的否定态度;近年来,许多阿拉伯国家表示仍致力于"阿拉伯和平倡议",但前提是以色列彻底撤出六日战争后所占领的巴勒斯坦领土,以换取和平及关系全面正常化。

一、美国历届政府对犹太定居点问题的立场

美国与以色列,无疑是最坚强的盟友。美国和世界犹太社区成员积极支持英国 1917 年《贝尔福宣言》中提出的在巴勒斯坦建立"犹太民族家园"的概念。1948 年 5 月 15 日,在以色列宣布建国几分钟后,美国即承认了以色列。之后,美以关系从最初的对建立"犹太民族家园"的同情和支持,上升为一种不同寻常的盟友关系。美国支持规模虽小但军事实力强大、并且经济和军事力量均依赖美国的以色列,以平衡中东地区相互冲突的利益。[1]

过去,美国的中东利益包括遏制苏联在该地区的扩张,确保工业化国家获得中东石油资源。从 1989 年后期开始,东欧剧变消除了苏联势力对中东的威胁,以色列在阻止苏联进入该地区方面不再具有原先的

---

[1] Clyde R. Mark. Israeli-United States Relations [EB/PDF]. CRS Issue Brief for Congress, 2004. https://www.econstor.eu/bitstream/10419/59817/1/718157125.pdf

作用;同时,美国又意识到与以色列的友好关系使美国在中东的其他利益受损。随着美国与阿拉伯国家关系的提升,美国试图在其对以色列的承诺与其他地区的承诺和利益之间取得平衡。在"911"之后,美国实施一系列的全球范围内的反恐战略,以色列又成为美国在反恐战略中的重要伙伴;同时,这一时期以来,巴勒斯坦政治局势的动荡,西岸被占领土上犹太定居点的加速扩建,人道主义危机的加剧,美国继续保持了对定居点问题的固有立场,以缓和这一地区的冲突。

　　表明对以色列在被占领土上建立定居点的立场,是美国在中东平衡地区利益的一个重要的地缘政治因素。自1967年六日战争后以色列在被占领土上建立起第一个定居点以来,美国长期认为这些定居点是"和平的障碍",因为这些定居点的存在意味着以色列对主权的主张弱化了与巴勒斯坦谈判的意愿。① 由此,美国政府对以色列新建、扩建、吞并被占领土上的定居点,予以了各种形式的干预和制约。以下从美国政府对定居点合法性问题的表态、美国对安理会涉及定居点决议的投票两个视角进行交叉考察。

1. 六日战争当年美国对安理会第242号决议的立场

　　在考察美国对涉以色列在被占领土上建立定居点安理会决议的投票取向之前,有必要先连带考察关于定居点所建土地(即以色列超越联合国第181号分治决议所占领的阿拉伯领土)的安理会决议表决中,美国的投票情况。为了解决六日战争后以色列军事占领问题、敦促以色列撤出被占领土,1967年11月22日,联合国安理会对第242(1967)号决议进行表决。决议明确指出:"强调不容以战争获取领土",应实施"以色列军队撤离其于最近冲突所占领之领土"、"尊重并承认该地区每

---

① Clyde R. Mark. Israeli-United States Relations [EB/PDF]. CRS Issue Brief for Congress, 2004. https://www.econstor.eu/bitstream/10419/59817/1/718157125.pdf

一国家之主权、领土完整……之权利"两项原则。① 约翰逊总统②主政下的美国政府，对该决议投了赞成票。决议以 15 票赞成，获得一致通过。

在当天安理会对该决议草案的讨论中，美国驻联合国大使戈德堡（Goldberg）发言指出，美国"将对该决议草案投赞成票。因为我们认为它与 6 月 19 日约翰逊总统所表达的美国政策相一致"。③ 戈德堡此处所指的是 1967 年 6 月 19 日约翰逊总统在美国国务院对外政策教育会议上的讲话。约翰逊在这次讲话中宣布，最近发生的冲突④证明了中东五项和平原则的智慧。中东五项和平原则为：第一，"该地区的每个国家都有基本的生存权，并得到邻国的尊重"。第二，"解决问题的一项基本要求：为难民伸张正义"。第三，"海洋权利必须得到尊重"。第四，冲突显示"过去 12 年中东军备竞赛的危险"。第五，冲突凸显了"尊重该地区所有国家政治独立和领土完整的重要性"。⑤

2. 六日战争后美国对以色列在被占领土上建立定居点的立场

1967 年约翰逊总统的这个讲话，可视为美国政府对阿拉伯被占领土最早的政策。此后，当以色列计划在被占领土上建立定居点，美国政府随即对其表明立场，不过，这是一个非公开的内部指示。1968 年 4

---

① 联合国网中文版：1967 年安理会通过的决议，S/RES/242（1967）。https://undocs. org/zh/S/RES/242（1967）

② 约翰逊（Lyndon B. Johnson），民主党人，1963—1969 年任第 36 届美国总统。

③ 见互联网档案馆快照数据库（Internet Archive Wayback Machine），https://web. archive. org/web/20060908201858/http://domino. un. org/unispal. nsf/0/9f5f09a80bb6878b0525672300565063? OpenDocument

④ 指第三次中东战争，也即以色列所称的六日战争。

⑤ Edward C. Keefer, Harriet Dashiell Schwar（ed.）. Foreign Relations of the United States, 1964 - 1968, Vol XIX: Arab-Israeli Crisis and War, 1967 [M]. United States Government Printing Office, 2004.

月 8 日,美国国务卿迪安·拉斯克(Dean Rusk)致电美国驻以色列大使馆外交官。电文指出,"通过在被占领土上修建平民或准平民的定居点,以色列政府使问题的最终解决复杂化。"电文还指出,这些定居点"违反了《日内瓦第四公约》第 49 条的规定","无论以色列政府提出何种理由和说辞,……以色列的行为违背了联合国安理会决议的原则,也与(美国)总统 6 月 19 日讲话中表明的美国政府的政策相矛盾"。①

1967 年六日战争后 50 余年来,以色列在被占领土,特别是撤出西奈半岛和加沙地带后在约旦河西岸,有步骤、成规模地实施定居点计划。对此,从美国政府高级官员特别是总统的观点,以及对安理会决议具有否决权的美国的投票取向两个角度,可以反映出美国对以色列在被占领土上建立定居点问题的立场。以美国在安理会对定居点问题决议案的投票取向的变化,笔者将美国政府的立场分为以下几个阶段。

(1)第一阶段(1960 年代后期—1980 年代中后期),约 20 余年。这个阶段中,美国总统分别为约翰逊、尼克松、福特、卡特和里根②。五任总统所主政的美国政府,对以色列在被占领土上的定居点的态度,从确认定居点违反《日内瓦第四公约》、反对定居点活动,过渡到要求以色列冻结定居点活动。对联合国安理会关于谴责以色列在被占领土上建立定居点的安理会四项决议,美国三次投了弃权票、一次投了赞成票,均使决议获得通过。

"和平进程"一词自 1970 年代中期开始被广泛用于描述美国主导下、在以色列和阿拉伯国家之间为实现和平而进行的谈判过程,以逐步

① 见:李兴刚. 阿以冲突中的犹太定居点问题研究[M]. 昆明:云南大学出版社,2011:210—211.

② 林登·约翰逊(Lyndon B. Johnson),民主党人,1963—1969 年任第 36 届总统;理查德·尼克松(Richard M. Nixon),共和党人,1969—1974 年任第 37 届总统;杰拉德·福特(Gerald Ford),共和党人,1974—1977 年任第 38 届总统;吉米·卡特(Jimmy Carter),民主党人,1977—1981 年任第 39 届总统;罗纳德·里根(Ronald Reagan),共和党人,1981—1989 年任第 40 届总统。

解决世界上最难以解决的这一冲突。① 而结束以色列通过战争对阿拉伯和巴勒斯坦领土的占领，以及撤出在此之上建立的犹太定居点，是阿拉伯和巴勒斯坦方面在有关和平进程谈判中的关键诉求之一。因此，以色列的占领立场和定居点计划，被美国所批评。

　　1976年3月23日，福特总统主政期间(1974—1977)，美国驻联合国人使斯科兰顿(Scranton)在安理会讨论中东问题，谈到以色列在被占领土上的定居点时说，美国政府认为"占领国必须尽可能保持占领区的原状"，任何改变必须"要与国际法一致"；并认为，"将以色列平民安置在被占领土上，违背《日内瓦第四公约》，也不能成为中东地区有关各方未来谈判的既成事实"，犹太定居点是"和平谈判取得成功的障碍"。如果说1968年美国国务卿迪安·拉斯克致美国外交官的电文是在内部阐述政府立场，那么斯科兰顿1976年在联合国安理会讨论中的发言，则意味着是美国政府首次公开明确表明对以色列在被占领土上建立定居点问题的立场。② 这个立场就是：以色列在被占领土上建立的定居点的性质，其一，"违背《日内瓦第四公约》"；其二，成为"和平谈判取得成功的障碍"。

　　在卡特总统主政时期(1977—1981)，美国政府对以色列的定居点建设继续提出异议，继续认为被占领土上的定居点是"和平谈判取得成功的障碍"。1980年6月，卡特总统在美国犹太人新闻协会的问答会上被问道，是否认为犹太定居点是"非法的"？卡特总统回避回答非法与否，而是说："我们认为，这些定居点违反了《日内瓦公约》，即占领领土不应因占领国建立永久定居点而改变。……至少近15年以来的历任总统任期内，我们一直坚持这一立场，即在该地区建立定居点有悖于

---

① 参见：[美]威廉·匡特. 中东和平进程：1967年以来的美国外交关系和阿以冲突[M]. 饶淑莹. 郭素琴，夏慧芳译，华东师范大学出版社，2009：1.

② 参见：李兴刚. 阿以冲突中的犹太定居点问题研究[M]. 昆明：云南大学出版社，2011：211—212.

实现全面和平的进程。"①

　　对于谴责以色列在被占领土上建立定居点的安理会决议,卡特政府则表现了另外一种妥协策略。总体策略是允许谴责决议予以通过,但在投弃权票还是赞成票问题上则持摇摆不定的态度。卡特政府投弃权票,表现了在盟友道义上对以色列有所照顾的态度;而投赞成票,则对以色列传递了更大的压力。

　　对于1979年两个谴责以色列在被占领土上建立定居点的安理会决议,美国投了弃权票。1979年3月22日联合国安理会通过第446号决议。决议的核心内容为:确定以色列在1967年以来占领的巴勒斯坦和其他阿拉伯领土内建立的定居点的政策和做法都没有法律效力;再次要求以色列严格遵守《日内瓦第四公约》,不要将以色列的一部分平民迁入被占领的阿拉伯领土内。② 投票结果为,常任理事国美国、英国,以及非常任理事国挪威投了弃权票,其他国家投赞成票。决议获得通过。

　　时隔四个月,联合国安理会再次提出谴责以色列在被占领土上建立定居点的决议案。决议案的核心内容为:对以色列当局在包括耶路撒冷在内的被占领的阿拉伯领土内执行定居点政策的做法,以及此一政策对当地阿拉伯人和巴勒斯坦人居民所造成的后果,深表关切;定居点政策对于任何试图在中东达成和平解决办法的努力必然产生严重影响,要求以色列政府和人民立即停止在1967年以来所占领的包括耶路撒冷在内的阿拉伯领土建立、构筑和规划定居点。③ 1979年7月20

----

① Louis Jacobson. Was Jimmy Carter the last president to call Israeli settlements illegal? [N/OL]. PolitiFact,Poynter Institute,2019 - 04 - 22. https://www.politifact.com/

② 联合国网中文版:1979年安理会通过的决议,S/RES/446(1979),https://undocs.org/zh/S/RES/446(1979)。"定居点"在原文中作"移民点"。

③ 联合国网中文版:1979年安理会通过的决议,S/RES/446(1979),https://undocs.org/zh/S/RES/452(1979)。"定居点"在原文中作"移民点"。

日，安理会表决第 452 号决议，美国再次投了弃权票（其他 14 个国家都投了赞成票），决议获得通过。

不过，1980 年，对于谴责以色列在被占领土上建立定居点的安理会决议，美国改投赞成票，这是美国迄今 50 年来唯一的一次。1980 年 3 月 1 日联合国安理会通过第 465 号决议，美国改变之前两次投弃权票的态度，改投了赞成票。决议的核心内容为：以色列将其部分人口和新来移民定居到被占领土的政策和措施悍然违反《日内瓦第四公约》，并对达成中东全面、公正持久的和平构成一项严重障碍；要求以色列政府和人民取消这种措施，拆除现存的定居点，特别是紧急停止在 1967 年以来占领的……阿拉伯领土内建立、构筑和规划的定居点。① 投票结果为，15 个国家全部投了赞成票，决议获得一致通过。因此，当时卡特总统关于以色列在被占领土上建立定居点问题上的立场，额外受到舆论的关注。卡特对定居点的立场被认为是"强硬"的，原因是除了主政时期对安理会谴责定居点的决议投赞成票以外，还包括"卡特说，西岸定居点是非法的"②这样一个有歧义的解读。

值得注意的是，对以色列在被占领土上的定居点，避免用"非法的"（illegal）一词，事实上成为美国总统的"政治正确"标准之一。美国历届总统中，据称唯有卡特总统说过定居点是"非法的"一词。对此，美国"政治事实"网③发表研究文章，澄清卡特在总统任期内并未使用"非法

① 联合国网中文版：1980 年安理会通过的决议，S/RES/465(1980)，https://undocs.org/zh/S/RES/465(1980)。"定居"，"定居点"，在原文中作"移民"，"移民点"。

② 路透社 1983 年 3 月 15 日新闻标题"West Bank Settlements Are Illegal, Carter Says"，见https://www.nytimes.com/1983/03/15/world/west-bank-settlements-are-illegal-carter-says.html

③ "政治事实"网（PolitiFact），2007 年创办。美国的政治新闻评论平台。对于当选官员、候选人、他们的工作人员、说客、利益集团和其他参与美国政治的人士所发表的言论，记者研究与评述其准确性，并将调查结果发布在该平台上，对每一言论均给出"真相与真实"的评价。

的"一词,而是卸任两年后以平民身份说的。① 由此证明,在任美国总统均回避定居点"非法"这一用词,或者说回避法律定性。

里根总统主政期间(1981—1989),美国政府对以色列在被占领土上建立定居点的态度和政策发生转变。冻结定居点建设,在谈判中解决定居点最终地位,成为里根政府中东政策的一部分。里根总统在1982年9月1日有关中东问题的一次全国讲话中,呼吁将冻结定居点作为和平谈判的一部分。他说:"以色列立即采取冻结定居点建设的行动,比任何其他行动都更有可能为更广泛地参与这些谈判创造信心。进一步的定居活动绝不是以色列安全的必要条件,只会削弱阿拉伯人的信心,最终妨碍谈判。"②

(2)第二阶段(1980年代后期—2010年代前期),约近30年。这个阶段中,美国总统分别为布什、克林顿、小布什、奥巴马③。四任总统所主政的美国政府,对以色列在被占领土上的定居点的态度,基本上是奉行反对以色列在被占领土上建立定居点,要求以色列冻结定居点活动。④ 而对于谴责以色列在被占领土上建立定居点的安理会决议,布什、克林顿、小布什政府又采取否决的立场。然而,奥巴马改变了他之前三任总统的否决立场,选择了投弃权票,回到再之前美国政府允许此类安理会决议获得通过的立场。这是30余年后又一次回到卡特政府1980年投弃权票允许此类安理会决议通过,及其之前历届美国政府相

① Louis Jacobson. Was Jimmy Carter the last president to call Israeli settlements illegal? [N/OL]. PolitiFact, Poynter Institute, 2019-04-22. https://www.politifact.com/

② Louis Jacobson. Was Jimmy Carter the last president to call Israeli settlements illegal? [N/OL]. PolitiFact, Poynter Institute, 2019-04-22. https://www.politifact.com/

③ 乔治·H. W. 布什(George Herbert Walker Bush),共和党人,1989—1993年任第41届总统;比尔·克林顿(Bill Clinton),民主党人,1993—2001年任第42届总统;小布什,乔治·W. 布什(George Walker Bush),共和党人,2001—2009年任第43届总统;巴拉克·奥巴马(Barack Obama),民主党人,2009—2017年任第44届总统。

④ 李兴刚. 阿以冲突中的犹太定居点问题研究[M].昆明:云南大学出版社,2011:214.

似的投票取向,所以引起国际社会的特别关注,并引起以色列的强烈反响。

　　布什总统主政期间(1989—1993),政府重申了美国对以色列的定居点问题的立场。1990 年 6 月 4 日,布什在与苏联领导人戈尔巴乔夫举行的新闻发布会上表示:“美国对(以色列)在被占领土上的定居点政策没有改变,而且是明确的,即我们反对在 1967 年界线以外的领土上建立新的定居点。这是一项一再申明和重申的政策。”①

　　克林顿总统主政时期(1993—2001),继续延续美国政府对定居点问题的态度。1996 年 12 月 17 日,克林顿在华盛顿举行的新闻发布会上称:内塔尼亚胡总理对西岸定居点的补贴,破坏了和平进程,对和平构成了障碍,因为它旨在阻止谈判。② 克林顿表示,定居点问题与“双方谈判达成妥协”的奥斯陆和平谈判承诺“不一致”。克林顿委托撰写的“米切尔报告”(Mitchell Report)呼吁以色列“冻结所有定居点活动,包括现有定居点的‘自然增长’”。③

　　小布什总统主政期间(2001—2009),美国政府延续了克林顿对以色列在被占领土上建立定居点的政策。在小布什政府的主导下,2003年,美国、欧盟、联合国和俄罗斯制定发布了中东和平“路线图”,其中包括对“冻结定居点的扩张和拆除自 2001 年以来建立的前哨基地”的规定。与“路线图”平行的是,小布什政府与以色列达成了双边谅解,定义了华盛顿如何理解其提议的定居点冻结。该定义的关键含义是,新建筑并不需要以色列夺取更多土地。因此,如果每个定居点中的建筑继

① Transcript of Bush-Gorbachev News Conference [N]. The Washington Post, 1990 - 06 - 04.

② Rebecca Trounson, Norman Kempster. In Escalation, Clinton Calls Israeli Settlement Policy Obstacle to Peace [N]. Los Angeles Times, 1996 - 12 - 17.

③ Louis Jacobson. Was Jimmy Carter the last president to call Israeli settlements illegal? [N/OL]. PolitiFact, Poynter Institute, 2019 - 04 - 22. https://www.politifact.com/

续在当前建筑物线的外围范围内,则该定居点建筑不会因违反"路线图"而被冻结。①

奥巴马总统主政期间(2009—2017),继续了小布什政府"冻结定居点"的想法,力图以此作为巴以建立互信的基础,促使巴以进行谈判。② 同时,奥巴马对以色列在定居点问题上的固执③表示了不满。2009 年 6 月 4 日,奥巴马在开罗发表的讲话表达了强硬的立场。他指出:"以色列必须承认,正如以色列的生存权不可剥夺一样,巴勒斯坦的生存权也不可剥夺。美国不接受以色列继续建立定居点的合法性。这种建设违反了以前的协议,破坏了实现和平的努力。是时候停止这些定居点的建设了。"④

在布什政府至奥巴马政府这近 30 年中,美国在关于谴责以色列的投票取向上几度发生变化。先是改变了第一阶段投弃权票或赞成票使决议通过的做法,六次投反对票,使决议未通过。之后再一次回到第一阶段立场,投了弃权票,使决议获得通过。

1989 年 2 月 17 日、6 月 9 日、11 月 7 日,美国分别否决了"关于谴责以色列在被占领土的政策和做法"的安理会第 S/20463 号、安理会第 S/20677 号、安理会第 S/20945/Rev. 1 号决议草案共三项;1997 年 3 月 7 日,美国否决了"关于呼吁以色列当局避免一切定居活动"的安理会

---

① Steven J. Rosen. Israeli Settlements,American Pressure,and Peace [J/OL]. Jewish Political Studies Review,2012 - 05 - 04. https://jcpa. org/article/israeli-settlements-american-pressure-and-peace - 2/

② Steven J. Rosen,Israeli Settlements,American Pressure,and Peace [J]. Jewish Political Studies Review,Vol. 24,No. 1/2,2012,p. 33.

③ 比如,"冻结定居点"是中东和平"路线图"的一项主要承诺,但据 BBC 报道,就在中东和平"路线图"发布后不久的 2003 年 5 月 12 日,以色列总理沙龙在午餐会上对美国国务卿鲍威尔表示,冻结定居点"这是不可能的"。见 Paul Reynolds. Powell visit highlights problems [N]. BBC,2003 - 05 - 12.

④ Louis Jacobson. Was Jimmy Carter the last president to call Israeli settlements illegal? [N/OL]. PolitiFact,Poynter Institute,2019 - 04 - 22. https://www. politifact. com/

第 S/1997/199 号决议草案一项;1997 年 3 月 21 日,美国否决了"关于要求以色列停止在东耶路撒冷建造定居点"的安理会第 S/1997/241 号决议草案一项;2011 年 2 月 18 日,美国否决了"关于谴责自 1967 年以来非法建立的以色列定居点"的安理会第 S/2011/24 号决议草案一项。① 因作为安理会常任理事国持有一票否决权,美国对上述全部六个安理会决议投反对票,致使决议未通过。

关于六次对安理会决议投反对票的理由,可以从美国驻联合国大使苏珊·赖斯(Susan Rice)2011 年 2 月 18 日在安理会的发言中找到大致答案。赖斯所陈述的美国投反对票的理由可归纳为三点。首先,美国反对以色列在被占领土上建立定居点的立场没有改变,"我们对今天在安理会面前的决议的反对不应被误解为意味着我们支持定居点活动。相反,我们最强烈地拒绝以色列继续进行定居点活动的合法性。以色列在 1967 年占领的领土上开展定居点活动已有 40 多年了,破坏了以色列的安全,并破坏了对该地区和平与稳定的希望。持续的定居点活动违反了以色列的国际承诺,破坏了当事方之间的信任,并威胁着和平的前景。"其次,美国不赞成由安理会来解决以色列的定居点问题,"尽管我们与安理会其他成员乃至整个世界都认为以色列继续进行定居点活动的愚蠢和不合法性,但我们认为,安理会试图解决使以色列人和巴勒斯坦人分歧的核心问题是不明智的。"再次,美国认为,借助安理会来解决巴以分歧,会降低巴以双方对谈判的意愿,"每项潜在行动都必须以一个最高标准来衡量:它将使各方更加接近谈判和达成协议。不幸的是,该决议草案冒着加强双方立场的风险。它可以鼓励当事各方

---

① 上述资料取自犹太虚拟图书馆(Jewish Virtual Library)的"U. N. Security Council: U. S. Vetoes of Resolutions Critical to Israel (1972-Present)"。见 https://www.jewishvirtuallibrary. org/u-s-vetoes-of-un-security-council-resolutions-critical-to-israel。犹太虚拟图书馆的清单系根据联合国网(https://www.un.org/depts/dhl/resguide/scact_veto_table_en.htm)的"Security Council-Veto List"分议案主题整理而成。

不参加谈判,如果他们恢复谈判,只要陷入僵局,就可以返回安理会。"①

　　奥巴马总统在其第二任期内的最后一个月,出人意料地对安理会谴责以色列在被占领土上建立定居点的第 2334 号决议投了弃权票,使决议获得通过。决议的通过引起以色列强烈愤慨。英国《卫报》报道,总理内塔尼亚胡通过其办公室在第一时间作出反应,把该决议斥为"可耻",并对提案国家作出外交报复。②

　　在美国不行使否决权的情况下,安理会以 14 票赞成、1 票弃权通过了 2016 年 12 月 23 日联合国安理会第 2334 号决议。该决议对以色列定居点的谴责内容与以往决议相比,是一个涉及议题更为详细、要求更为明确、措辞更为强硬的决议。该决议的核心内容是:谴责"所有违反国际人道法和相关决议、旨在改变 1967 年以来被占领的巴勒斯坦领土(包括东耶路撒冷)的人口组成、性质和地位的措施,除其他外,包括修建和扩大定居点、迁移以色列定居者、没收土地、拆毁房屋和导致巴勒斯坦平民流离失所"的行为,严重关切"以色列持续不断的定居点活动严重危及基于 1967 年界线的两国解决方案的可行性",再次要求"以色列在包括东耶路撒冷的巴勒斯坦被占领土上立即完全停止一切定居点活动"、"完全停止以色列一切定居点活动",并且"结束以色列 1967 年开始的占领"。③

　　美国一改 30 余年的惯例,允许第 2334 号决议获得通过,是奥巴马

---

① Susan Rice. Speech to the UN Security Council on Settlement Res [EB/OL]. New York, 2011 - 02 - 18. https://www. americanrhetoric. com/speeches/susanriceunstmtisraelisettlements. htm

② Peter Beaumont. Israel rejects 'shameful' UN resolution amid criticism of Netanyahu [N]. The Guardian, 2016 - 12 - 24.《卫报》同时阐述了以色列国内的不同看法。如以色列资深记者沙米·沙列夫(Chemi Shalev)评论说:"第 2334 号决议破灭了以色列政府诱导的一种幻想,即定居点计划已经正常化,已越过了不可逆转的临界点,已成为一种既成事实,不会受到挑战。"

③ 联合国网中文版:2016 年安理会通过的决议,S/RES/2334(2016),https://undocs. org/zh/S/RES/2334(2016)。笔者此处引用时个别词序按习见的规范表达略有调整。

总统与以色列总理内塔尼亚胡之间观点冲突的一个爆发点。这显现了他们在如何解决巴以冲突方面的意识形态分歧。奥巴马上任伊始,就敦促内塔尼亚胡冻结或暂时停止西岸的定居点建设,朝着两国解决方案迈进;而内塔尼亚胡则认为在此基础上的巴以和平谈判是"基于幻想的和平"。①

这次奥巴马政府改变30余年惯例的安理会投票,美国政府并未给出允许决议通过的理由,而是解释为何是投弃权票而不是赞成票,并把舆论的关注点转移到以色列在国际社会受到的"不公平待遇"。美国常驻联合国代表说,"美方一直认为定居点问题阻碍巴以和平进程,但只要以色列还是联合国会员国,它就会受到其他国家的区别对待;仅在2016年,联合国大会以及人权理事会就通过了18项谴责以色列的决议,其中表现出明显的偏见,美国不会支持这些决议"。②

（3）第三阶段（2010年代后期—　　）,起始至今约四年多。这个阶段还在进行中,迄今美国总统分别为特朗普和拜登③。

特朗普总统主政期间（2017—2021）,美以关系达到了前所未有的高度。在高度敏感问题上,特朗普突破了之前美国政府的做法。2017年12月6日,特朗普宣布承认耶路撒冷为以色列首都;2018年5月14日,特朗普将美国驻以色列大使馆正式迁往耶路撒冷;2019年3月25日,特朗普正式承认以色列对戈兰高地的主权;2020年1月28日,特朗普和内塔尼亚胡共同发布了"中东和平新计划",其关键内容之一是建议以土地交换的方式,将西岸定居点和约旦河谷并入以色列。这四个

---

① Mariam Khan. Inside Barack Obama and Benjamin Netanyahu's Strained Relationship [N]. ABC News，2016 - 12 - 28.

② 联合国安理会2016年综述。安理会通过关于以色列定居点无法律效力的决议,其他重要决议获反对票未通过[N/OL]. 联合国安理会（中文版）,新闻,2017 - 01 - 12. https://www. un. org/securitycouncil/zh/content/annual-round-ups-2016

③ 唐纳德·特朗普（Donald John Trump）,共和党人,2017—2021年任第45届总统;乔·拜登（Joseph Robinette Biden）,民主党人,2021年至今任第46届总统。

试图对历史现状做出重大改变的动作,全部与以色列 1967 年的占领和在被占领土上建立的定居点相关。

值得注意的是,"中东和平新计划"着手起草的时间是 2017 年 11 月①,也就是说,上述四个大动作在时间节点上是同时的,或者说,四个部分构成了一个精心设计的战略整体。这个战略整体在更大范围内是近年来美国实行的收缩战略的一个组成部分。在欧洲、中东、亚太三极,美国近年来在欧洲、中东实行收缩战略,让利益相关国家承担更多国际责任,从而布局与实施"亚太再平衡"战略。美国在中东实行收缩战略后,需要以色列这一中东唯一的民主国家通过经济实力和军事优势全力捍卫美国在中东的利益。为此,美国需要满足以色列在耶路撒冷、戈兰高地、约旦河谷、西岸定居点问题上的核心政治诉求。美国从而做出了上述动作。

但是,特朗普政府对以色列在定居点问题上也采取制约策略,这在"中东和平新计划"发布后体现在两个方面。一是制止以色列未经与巴勒斯坦方面的谈判、单方面实施吞并。计划公布后不到两周,内塔尼亚胡总理即宣布以色列政府已根据和平计划开始在被占领的西岸绘制土地地图。以色列的行动立即被美国叫停,美国驻以色列大使戴维·弗里德曼(David Friedman)发推文指出,以色列必须接受以美联合委员会完成测绘工作,在委员会程序完成之前,任何单方面采取行动吞并西岸土地,都将危及美国对该地区拟议蓝图的支持。② 二是在特朗普政府主导下,以色列在 2020 年 9 月与阿联酋实现关系正常化,同月与巴林实现关系正常化,10 月与苏丹实现关系正常化,12 月与摩洛哥实现关

---

① Peter Baker. Trump Team Begins Drafting Middle East Peace Plan [N]. The New York Times, 2017 - 11 - 11.

② US envoy warns Washington could pull support as Israel unilaterally starts drawing map for West Bank annexations [N/OL]. RT, World News, 2020 - 02 - 09. https://www.rt.com/news/480437-us-envoy-support-israel-annexation

系正常化。这是以色列继 1979 年与埃及关系正常化、1994 年与约旦关系正常化 30 多年后的再一次历史性突破。而以色列 2020 年与上述四个阿拉伯国家关系正常化，其中一个重要的前提是以色列暂停对西岸定居点的吞并。这也必然成为已经在与以色列谈判的其他阿拉伯国家的关键谈判条件。

拜登总统主政（2021— ）还在进行中，其对以色列在被占领土上建立的定居点的政策尚未见新动作。而拜登在参选此届总统时的表态，大致可勾勒他以及民主党对该问题的想法。2019 年 7 月 14 日，美国的反对以色列占领西岸和加沙的左翼犹太组织"如果不是现在"（IfNotNow），在其网站上发表罗伯特·麦基（Robert Mackey）的评论文章。这篇文章评述该组织成员追问竞选活动中的拜登"如何利用美国的影响力向以色列施压，以结束占领"，从而获知民主党和拜登的立场。

关于民主党的立场，麦基的评论文章所得出的结论是："民主党人急于保护以色列，'IfNotNow'感觉不到华盛顿要求以色列尊重国际法的压力哪怕是有最轻微的上升。"关于拜登的观点，可从麦基的评论文章中看出两点。第一，坚持两国方案，对建立定居点持异议。当拜登被问及他当选后是否准备向以色列施压时，拜登说："没有答案，只有两国方案。我认为定居点是没有必要的。"第二，认为要结束以色列的占领，既需要对以色列施压，也需要对巴勒斯坦方面施压。"如果不是现在"成员向拜登指出，拜登在担任副总统和参议员期间，在关于以色列在被占领的西岸、被吞并的东耶路撒冷和戈兰高地建立定居点方面曾发挥了他的作用。他们就此追问拜登，当选后，"你会承诺对以色列政府施加有意义的压力，以结束占领吗？"拜登回答："是的。但是，也必须向巴勒斯坦人施压，让他们停止仇恨，停止鼓励暴力。"当被追问拜登将采取什么具体行动"以支持被占领的巴勒斯坦人的自由与尊严"时，拜登则再次把焦点转移到巴勒斯坦方面，他说："我将告诉他们接受以色列有权存在的观念，而且我将坚持我已经做过的制止以色列对这些领土的占领。"①

民主党与共和党,在关于自由主义和保守主义价值观上存在意识形态差异,在诸多国内问题方面存在不同的治理策略。但是,由于依托于政治智库的专家研究意见,以及美国当下的全球战略和中东政策建立在"离岸制衡战略"②和"亚太再平衡战略"基点之上,两党在国际关系和外交方面,政策基本保持一致;而且,特朗普政府时期倡议的"中东和平新计划",涉及了巴以所面对的全部棘手问题,它的某些思路和方案,会成为未来的巴以和平谈判中的重要参照点。同时,特朗普政府主导下所达成的以色列与阿联酋、巴林、卡塔尔、苏丹、摩洛哥关系正常化,也将成为美国的中东收缩战略的重要政治遗产。所以,除了对以色列严重偏袒的不平衡倾向、以色列对被占领土上定居点的实施主权问题③,拜登政府不会对特朗普政府的政策"萧规曹随"之外,美国的中东政策以及其中对巴以冲突的基本策略如"两国方案"等,颠覆性变化的可能性不大,至少目前尚未见端倪。

二、英、法、苏-俄、德以及欧盟各国对犹太定居点问题的立场

在犹太定居点问题上,欧洲大国的立场对以色列具有至关重要的影响。在这些国家中,本书重点述及近代以来对现代巴勒斯坦和西岸现状的形成产生决定性影响的欧洲国家。其中包括对国际事务具有重

---

① Robert Mackey. Pete Buttigieg and Joe Biden Condemn Israeli Occupation, as Young American Jews Urge Democrats to Press Israel [N/OL]. The Intercept, 2019-07-14.

② 参见:逄锐之. 美国在亚太地区的离岸制衡战略——从小布什政府到特朗普政府[J]. 南开学报(哲学社会科学版),2019(6):28—41.

③ 至于在解决巴以冲突问题上,特朗普在制定"中东和平新计划"中所体现的美国单边主义,而不是与欧盟等联合,则并非美国政府在历次制定中东和平进程方案中的首次。拜登主政后,更多地转向与欧洲等地区盟友的合作,在解决巴以冲突问题上,是采取多边还是单边策略,尚待观察。

要发言权的联合国安理会常任理事国①中的英国、法国、苏联-俄罗斯，也包括非安理会常任理事国的德国，同时述及欧盟有关国家的立场。

1. 英、法、苏-俄、德等国家对巴以现状形成的重要影响

英国对巴以现状的影响是历史性的。第一次世界大战期间，1915—1916 年间，英国驻埃及专员麦克马洪在与谢里夫侯赛因的通信中，答应建立一个独立的阿拉伯国。同时，英国与巴勒斯坦的犹太人社区伊休夫之间建立了密切的合作关系。1917 年 11 月 2 日，英国外交大臣阿瑟·贝尔福致函英国犹太人社区领袖沃尔特·罗斯柴尔德勋爵，转达英国政府赞成在巴勒斯坦建立"犹太民族家园"的承诺。这一后来被称为《贝尔福宣言》的函，被普遍认为是世界主要国家正式支持犹太人回归巴勒斯坦的第一个宣言，但也被认为是之后造成巴勒斯坦地区阿犹冲突的根源。对此，犹太作家亚瑟·科斯特勒（Arthur Koestler）的话尖锐但具有启发性，他说这是"一个国家庄严地向第二个国家许诺了三分之一的国家"②。《贝尔福宣言》发表后，引起阿拉伯人的震惊和愤怒。一战结束后，英国根据国际联盟授权于 1920—1948 年对巴勒斯坦实行委任统治。在此期间，英国陷入英阿、英犹的交叉矛盾与冲突中。委任统治期间，1937 年，英国皮尔委员会提出建立一个犹太国家和阿拉伯国家的计划。1939 年，英国发布白皮书，限制犹太人向巴勒斯坦移民的人数。1947 年 2 月，英国政府宣布放弃对巴勒斯坦委任统治，将巴勒斯坦问题交给联合国。在 1947 年 11 月 29 日联合国大会表

---

① 联合国安理会负责维护国际和平与安全，是对重大国际事务发表国际共识、作出决定的主要决策机构。安理会五个常任理事国享有永久席位，各个常任理事国在决策的中心地位上具有永久性的发言权，并且对所反对的任何政策享有永久性的否决权。参见 BBC 对安理会常任理事国权利的阐述：http://news. bbc. co. uk/hi/english/static/in_depth/uk_politics/2001/open_politics/foreign_policy/uks_world_role. stm

② 据 Avi Shlaim. By recognising Palestine, Britain can help right the wrongs of the Balfour declaration［EB/OL］. https://balfourproject. org/right-the-wrongs/

决关于巴勒斯坦分治的第 181 号决议中,英国投了弃权票。

法国也是一个对巴以现状具有重要历史影响的国家。在欧洲弥漫反犹主义的大背景下,1894 年法国发生德雷福斯案。多数研究认为,德雷福斯案对犹太复国主义运动的兴起具有一定的联系。第一次世界大战期间,1916 年 5 月 16 日,英、法、俄三国就战后分割奥斯曼帝国的亚洲部分谈判秘密协议,签署了《赛克斯-皮科协定》①(包括后来形成委任统治的巴勒斯坦这片地区就是由该协定从奥斯曼帝国的叙利亚省划分出来的②)。德国全球与区域研究所中东问题专家弗尔廷(Henner Fürtig)对该协定评价说:"这种人为地划分国界、凭空建国的方式造成了之后的几十年间无数的战争冲突。这个问题持续了百年仍没有得到解决,而且也一直对地区安全构成隐患。"③在 1947 年 11 月 29 日联合国大会表决关于巴勒斯坦分治的第 181 号决议中,法国投了赞成票。

苏联-俄罗斯同样是一个对巴以现状具有重要影响的国家。苏联时代,官方意识形态总体上持反对犹太复国主义运动的立场,但在具体的外交政策中,实用主义优先于意识形态。在 1947 年的联合国分治计划辩论中,苏联支持在巴勒斯坦建立一个犹太国家和一个阿拉伯国家的建议,并对第 181 号决议投了赞成票。继而,1948 年 5 月 17 日,在以色列宣布建国三天后,苏联成为第一个在法律上承认以色列的国家。④

---

① 因起草者为英国代表马克·赛克斯和法国代表弗朗索瓦·皮科而称名。

②《赛克斯-皮科协定》对奥斯曼帝国亚洲部分的划分是:将叙利亚、安那托利亚南部、伊拉克的摩苏尔地区划为法国势力范围;叙利亚南部和美索不达米亚南部(现伊拉克大部分地区)划为英国势力范围;黑海东南沿岸、博斯普鲁斯海峡、达达尼尔海峡两岸地区划为俄罗斯势力范围。

③ 见德国之声中文网(DW. COM),2014 - 06 - 24. https://www. dw. com/zh/一份历史协议埋下的百年隐患/a-17733846

④ Philip Marshall Brown. The Recognition of Israel [J]. American Journal of International Law, Vol. 42, No. 3,1948, pp. 620 - 627. 美国被称为是第一个"在事实上"承认以色列的国家。在 1948 年 5 月 14 日以色列宣布建国 11 分钟后,美国总统杜鲁门承认这一新国家。(见以色列外交部网"Israel Among the Nations: North America",https://mfa. gov. il)

对于 1967 年六日战争和西岸的后苏联犹太移民定居者而言,苏联-俄罗斯在这两个方面都产生了重要的影响。

西岸被占领土(以及其他被占领土)定居点,与以色列 1967 年的六日战争直接相关,而六日战争的导火索中,苏联起了关键作用。1967 年 5 月 13 日,苏联给了埃及总统纳赛尔一份情报,报告称以色列军队正在叙利亚边境集结。埃及经派遣参谋长前往边境调查得知并没有以色列军队集结。尽管纳赛尔知道苏联的报告是错误的,但他可能将其解读为苏联支持埃及进攻以色列。[1] 为此,纳赛尔采取了将埃及军队调往西奈、要求联合国紧急部队撤出埃及、对以色列船只关闭蒂朗海峡等一系列动作。以色列认为关闭蒂朗海峡是一种战争行为,据此于 1967 年 6 月 5 日发起了第三次中东战争。经这场以色列占据绝对优势的六日战争,产生了阿拉伯被占领土问题,以及持续至今的西岸定居点等问题。[2]

苏联解体后,自 1989 年开始大量苏联-俄罗斯犹太人依据以色列《回归法》[3]大规模移民以色列,形成以色列建国后新的一次阿利亚运动——"后苏联 1990 年代阿利亚运动"(1990s post-Soviet aliyah)现象。移民潮在 1999 年达到顶峰。[4] 据以色列中央统计局数据,1989—2018

---

① Galia Golan. Soviet Policies in the Middle East: From World War Two to Gorbachev [M]. England Cambridge: Cambridge University Press. 1990, p.58.

② 因抗议六日战争之中以及之后以色列的政策,苏联断绝了与以色列的外交关系,并且以武器和训练支持以色列的阿拉伯敌人;直至 1991 年作为苏联的主要继承国俄罗斯才恢复与以色列的外交关系。1967 年 6 月—1991 年 1 月苏联中断与以色列外交关系期间,荷兰在驻莫斯科大使馆内设立了以色列事务部门,处理以色列与苏联外交事务。见 Petrus Buwalda. They did not dwell alone. The emigration from the Soviet Union. 1967－1990. During the representation of Israeli Interests by the Netherlands Embassy in Moscow [D]. University of Groningen, 1996.

③ 以色列《回归法》(Law of Return),1950 年 7 月通过,1970 年修订。

④ 1990 年,"后苏联"取消了之前对移民的限制,导致产生大量犹太人移民;同时美国对犹太移民入境限制收紧,如对每年的人数限制在 50 000 人。两个原因使得 1990 年代大量"后苏联"犹太人移民以色列。据 John Quigley. Soviet Immigration to the West Bank: Is it Legal? [J]. Int'l and Comp, Vol. 21,1991, p.387.

年期间,来自苏联-俄罗斯的犹太移民约为 109.5 余万人①,加上之前 1948—1988 年来自苏联的犹太移民②,这部分移民的总数 2018 年达到 128 余万③。按同年以色列总人口 897 余万计,来自苏联-俄罗斯的移民占以色列总人口的 14.3%④。有评论认为,自 1990 年代以来,占以色列七分之一人口的"讲俄语以色列人"在以色列政治中发挥了主导作用;在以色列的大选中,它甚至已经扭转了天平,并决定选举的最终结果。⑤ 同时,苏联-俄罗斯移民集中居住在阿什杜德、佩塔提克瓦、海法以及约旦河西岸的定居点。⑥ 如具有城市地位的西岸第四大定居点——阿里埃勒定居点⑦,因为距以色列本土仅约 20 公里,其公寓数量众多、价格低廉,对移民很具有吸引力。从 1989 年开始,苏联-俄罗斯犹太人移民陆续来到阿里埃勒,并持续整个 1990 年代,使这个 1990 年为 8 000 人的定居点人口激增,到 2019 年人口上升到 20 540 人⑧。

德国在纳粹期间对犹太人的迫害和大屠杀,与英国委任统治时期巴勒斯坦犹太移民的剧增具有直接联系。1933 年,反犹主义者阿道

① 确切统计数为 1 095 417 人。见犹太虚拟图书馆:https://www.jewishvirtuallibrary.org/total-immigration-to-israel-by-country-per-year。下同。

② 1948—1988 年为 185 451 人。

③ 至 2018 年,确切统计数为 1 280 868 人。

④ 截至 2018 年 12 月 31 日,以色列中央统计局公布以色列总人口为 8 972 000 人。据 Stuart Winer. Israel's population nears 9 million on eve of 2019 [N]. The Times of Israel, 2018 - 12 - 31。而目前最新数据,截至 2020 年 12 月 31 日,以色列总人口为 9 291 000 人。见 TOI Staff. As it welcomes in 2021, Israel's population rises to 9,291,000 [N]. The Times of Israel,2020 - 12 - 31。

⑤ Arkadi Mazin. Russian Immigrants in Israeli Politics: The Past, The Recent Elections and the Near Future [R]. Friedrich-Ebert-Stiftung, Israel Office, 2006, p. 7.

⑥ 艾仁贵. 一个还是多个:认同极化与当代以色列的身份政治困境[J]. 西亚非洲,2020(4):55.

⑦ 获得城市地位的四个最大的定居点是,莫迪因伊利特(Modi'in Illit)、马阿莱阿杜姆(Ma'ale Adumim)、贝塔尔伊利特(Beitar Illit)、阿里埃勒(Ariel)。

⑧ 据以色列中央统计局:Population in the Localities 2019(https://www.cbs.gov.il/)。

夫·希特勒成为德国总理。1935 年，德国通过《纽伦堡法令》，其中的法律从种族角度定义了犹太教，并取消所有犹太人的公民权。1941 年3 月，希特勒正式下令实施"最终解决方案"，犹太人被迫佩戴标识身份的黄色大卫星，并被大批转移到贫民窟、劳改营和集中营被用作奴隶劳工，最终在毒气室中被杀害。1943 年 5 月 19 日，德国宣布"无犹"（Judenrein）。① 纳粹对犹太人的迫害，加剧了德国和东欧犹太人向巴勒斯坦的移民。第五次阿利亚运动中近 30 万犹太人来到巴勒斯坦，正是发生在德国希特勒统治时期。从 1934 年至 1948 年，涌向巴勒斯坦的犹太移民，还包括违反英国 1939 年限制犹太人移民人数的白皮书的"阿利亚 B"（Aliyah Bet）犹太人非法移民②，以及"布里哈"（Bericha）地下组织活动，帮助大屠杀幸存者等在二战后从欧洲逃到巴勒斯坦的犹太人。

　　从奥斯曼帝国后期到以色列建国前后，英国、法国、苏联-俄罗斯、德国对巴勒斯坦的历史变迁和走向发生了重要的作用。以色列建国后，它们与其他欧洲国家，又共同对这块土地上阿以、巴以之间的冲突与和平进程，产生着重要的影响。在 1967 年六日战争后，欧洲国家对巴勒斯坦被占领土以及犹太定居点等问题，保持着它们明确的并且是一致的立场。

2. 欧洲国家对以色列占领和定居点活动的批评及其主要动因

（1）欧洲国家对以色列占领和定居点活动的批评

　　欧洲西方国家对以色列占领和定居点问题的批评③，持续而明确。

---

① Germany Virtual Jewish History Tour［M/OL］. Jewish Virtual Library. https：//www. jewishvirtuallibrary. org/germany-virtual-jewish-history-tour

② 相对于在限制人数内移民的"阿利亚 A"（Aliyah Aleph）。

③ 综观欧洲国家的政府网和权威媒体新闻，对以色列的巴勒斯坦被占领土和定居点问题，常见报道的标题使用"reprimands"一词（是记者和编辑为突出标题的主观概括），而政府声明或领导人原话用词则为"condemn"或"criticised"等。因此，本书这里概括性使用"批评"一词。

在历次以色列作出在西岸新建定居点住房的决定时，都受到英、法、德等西方国家和俄罗斯的反对。

以法国外交部网 2018—2020 年关于"以色列-巴勒斯坦-领土"（Israel-Palestinian-territories）主题的外交声明为例。在上述三年中，关于巴勒斯坦被占领土定居点问题的政府声明共 12 份，其中包括法国单独的声明①以及法、英、德等西方盟国的联合声明②。这些声明文本反复阐明了西方国家对以色列西岸定居点的观点。其一，根据国际法，特别是根据联合国安理会第 2334 号决议，一切形式的被占领土上的以色列定居点都是非法的。其二，定居点的扩大直接损害了未来巴勒斯坦国的生存能力，破坏了两国解决方案的条件。其三，两国解决方案是在巴勒斯坦地区实现公正与持久和平的唯一途径，两国都应在安全、公认的边界内和平与安全地生活，并以耶路撒冷为两国的首都。法国等欧洲国家随时准备支持基于商定的国际参数（parameters），并通过当事方之间的谈判而朝着这个方向作出的各种努力。其四，除非巴以双方达成协议，否则欧洲国家不会承认对 1967 年绿线的任何改变，包括对耶路撒冷的改变。必须永久停止吞并被占领的巴勒斯坦领土部分地区的计划。其五，批评以色列批准建造西岸定居点新住房，呼吁以色列

---

① 据法国外交部网（https://www.diplomatie.gouv.fr），在 2018 年，以色列先后批准在西岸的 20 个不同定居点建造 1 100 多套新住房、在西岸 30 个不同定居点建造近 2 000 套新住房、在西岸 2 个定居点建造 792 套新住房、在西岸定居点建造 2 191 套新住房；对此，法国政府分别于 1 月 10 日、5 月 31 日、11 月 7 日、12 月 27 日发表声明予以批评。在 2019 年，以色列先后批准在东耶路撒冷定居点建造 800 多套新住房、在西岸建造 2 304 套新住房；法国政府分别于 5 月 30 日、8 月 6 日发表声明予以批评。在 2020 年，以色列先后批准在西岸建造 1 936 套新住房、在东耶路撒冷 2 个定居点建造数千套新住房、在东耶路撒冷 E1 区建造 3 401 套新住房、在东耶路撒冷以色列定居点建造 1 257 套新住房；对此，法国分别于 1 月 9 日、2 月 21 日、2 月 28 日、11 月 16 日发表声明予以批评。

② 2019 年 9 月 12 日，法国、英国、德国、意大利、西班牙发表联合声明，表示对以色列宣布可能吞并西岸地区，特别是约旦河谷和死海北岸地区表示深切关注。2020 年 10 月 16 日，法国、德国、英国、意大利、西班牙外交部发言人发表联合声明，表示对以色列决定在被占领的西岸推进 4 900 多个定居点建筑深感关切。

放弃这些项目以及所有破坏两国解决方案的项目。

英、法等西方国家直言批评以色列在被占领土上建立定居点,不仅在国际讲坛上和各种政治性声明里,也在访问以色列的时候予以公开批评。2008 年,时值以色列建国 60 周年,法国总统、英国首相先后访问了以色列。2008 年 6 月 23 日,到访以色列的法国总统萨科齐在以色列议会发表讲话,他在讲话中呼吁以色列停止在被占领土西岸的定居活动,并指出不停止定居活动就不可能有和平。① 2008 年 7 月 20 日,英国首相布朗在访问以色列和巴勒斯坦时,对以色列定居点问题表态说:我认为整个欧盟在这个问题上都非常清楚,我们希望冻结定居点。布朗说,定居点扩张使和平更加难以实现,它破坏了信任,加剧了巴勒斯坦人的苦难,使以色列为和平而需要作出的让步更加困难。②

德国总理默克尔也在 2008 年访问了以色列。但是,德国因为纳粹大屠杀的原因,其国家领导人不会采取上述法、英国家领导人的行事方式。3 月 28 日,访以的默克尔总理在以色列议会发表讲话。默克尔总理的讲话更多地是强调对以色列的负疚和支持。对于巴以冲突,默克尔表示支持两国解决方案,但她含蓄地指出,实施两国方案需要"作出痛苦妥协的坚强决心"。③ 德国领导人到访以色列,不便于公开批评以色列的政策,在此前提下,"作出痛苦妥协"的婉辞,其中包含了提示以色列在领土、定居点等问题上修改政策、作出让步的意思。

德国政府的婉辞,还表现在政府声明中。在以色列定居点问题上以"关切"替代批评,成为德国政府单独发表声明时的"标准措辞"。

---

① Sarkozy calls for halt to Jewish settlements [N]. Raidió Teilifís Éireann (RTE),2008 - 06 - 23.

② Mohammed Daraghmeh. British leader presses Israel to halt settlements [N]. Associated Press,2008 - 07 - 21.

③ Merkel admits Germany's 'Holocaust shame' [N]. CNN,2008 - 03 - 28. http://www.cnn. com/2008/WORLD/meast/03/18/germany. israel/index. html

2012 年 12 月 3 日,德国政府发言人表示,德国政府对以色列政府批准在东耶路撒冷和约旦河西岸新建 3 000 套住房"深表关切"。① 2015 年 7 月 28 日,德国外交部发言人就以色列批准在西岸建造 1 000 多套新住房发表声明,对以色列新的定居点计划表示"关注"。② 2018 年 1 月 13 日,德国外交部就以色列批准新建数百套西岸定居点新住房发表声明,表示"非常关切地"注意到以色列扩大在约旦河西岸定居点的计划。③

　　俄罗斯对于以色列批准在定居点新建住房,发表的批评声明没有英、法等国家频繁。它单独发表政府声明较少,除此之外是与欧洲其他国家联合发表声明。④ 在解决巴以冲突问题上俄罗斯的国际参与,还体现在它是"中东四方"⑤成员之一。"中东四方"较近的一次行动是,

----

① AFP. Germany condemns Israeli settlement plans [EB/OL]. The Local,2012 - 12 - 03. https://www. thelocal. de/20121203/46535/

② 德国外交部网"German Government concerned about new Israeli settlement plans". 2015 - 01 - 28. https://www. auswaertiges-amt. de/en/newsroom/news/150728-westjordanland/273622

③ Cuneyt Karadag. Germany concerned on Israeli settlements in West Bank [N]. 2018 - 01 - 13.

④ 单独声明如 2016 年 9 月 3 日,采取了俄罗斯联邦外交部新闻司对以色列的新定居点计划发表评论的方式。该评论指出,俄罗斯对以色列批准在约旦河西岸和东耶路撒冷的以色列定居点中建造 285 个新住宅以及同时未经官方建筑许可在奥法里姆建造的 179 个住宅同时合法化感到非常关切。据俄罗斯联邦外交部网 Comment by the Information and Press Department on Israel's new settlement plans for the occupied Palestinian territories,2016 - 09 - 03. https://www. mid. ru/en/kommentarii/-/asset _ publisher/2MrVt3CzL5sw/content/id/2420065。联合声明如 2012 年 12 月 21 日,俄罗斯外交部长拉夫罗夫与欧盟外交政策负责人阿什顿共同表示,欧盟和俄罗斯联邦对以色列扩大西岸定居点的计划,特别是发展 E1 区的计划感到沮丧和强烈反对。见 EU,Russia condemn Israeli settlement expansion plans [N]. Reuters,The Jerusalem Post,2012 - 12 - 21.

⑤ "中东四方"(Quartet on the Middle East),于 2002 年在马德里成立。四方是联合国、美国、欧盟、俄罗斯。它的使命为:在实地采取切实步骤以发展巴勒斯坦经济,并在保持两国解决方案的可能性方面发挥重要作用。见 OQR to be renamed Office of the Quartet [EB/OL]. 2015 - 06 - 11. https://unispal. un. org/DPA/DPR/unispal. nsf/0/F4B0732299D7FDC885257E62004A2306

2016 年 7 月 7 日，俄罗斯联邦常驻联合国代表维塔利・库金（Vitaly Churkin）向安理会主席递交了"中东四方"报告。该报告对巴勒斯坦和以色列各自存在的有损于实现和平的多方面调查事项作了平衡阐述。该报告专辟一点，阐述"定居点的扩大、土地的指定和对巴勒斯坦发展的拒绝"问题。其中指出：西岸和东耶路撒冷的定居点建设和扩大的持续政策，在逐步侵蚀两国解决方案的可行性；对之前未经政府授权的前哨基地予以"合法化"，将使现有定居点的规模更为扩大，等等。① 正是源于此"中东四方"报告，联合国安理会形成了第 2334 号决议，于 2016 年 12 月 23 日无一反对票（美国弃权）获得通过，第 2334 号决议使"定居点问题再成焦点"②。

　　欧盟是欧洲议会民主制国家和主要由北约国家组成的联盟。欧盟参与阿以/巴以冲突问题的国际解决，自 1970 年《欧洲政治合作协议》形成即开始。在 2003 年的欧盟安全战略中，解决巴以冲突被确定为"欧洲的战略重点"之一。欧共体/欧盟③在参与解决阿以/巴以冲突以来，始终坚持对以色列占领和定居点等问题的反对和批评，并成功地使巴勒斯坦人和巴解组织成为实现未来和平的关键政治主体。奥斯陆协议签署后，欧盟又成为中东和平进程的主要资金提供者。对于欧盟以资金资助推进中东和平进程，有学者已对它的政治风险表示了担忧：如果这一努力取得成效，最终建立巴勒斯坦国，欧盟将因其对巴勒斯坦民族权力机构的持续支持而得到国际社会认可；但是，如果没有建立一

① 报告全文见联合国网（中文）：中东四方报告-报告［EB/OL］. 2016 - 01 - 07. https://www. un. org/unispal/document/auto-insert-181686/

② 联合国新闻稿语。见：联合国新闻（中文），2019 - 12 - 18. https://news. un. org/zh/story/2019/12/1047611

③ 欧洲共同体（European Community，EC），1957 年形成。欧洲联盟（European Union，EU），2009 年起承接了欧共体的地位和职权，1993 年正式成立。欧盟，为欧洲议会民主制国家成员组成的政治与经济联盟，由德国、法国为核心成员国，除一些中立国以外，多数成员国为北约组织成员。欧盟的立场代表了西方国家的主流价值观。

个国家,欧盟反而会被指责采取了误入歧途的促进巴勒斯坦建国策略,
被认为是直接或间接支持了对巴勒斯坦的占领,而不是巴勒斯坦的
独立。①

(2)欧洲国家反对以色列占领和定居点活动立场的主要动因

自 1967 年六日战争以色列占领阿拉伯领土、在西岸持续扩建定居
点以来,欧洲国家通过联合国以及相关国际组织的决议,通过政府发表
的声明,表明了批评以色列违反国际法则,反对以色列在被占领土上的
定居点活动,要求以色列以 1967 年边界为前提、以两国解决方案为框
架进行谈判,以实现巴以和平的立场。

这一立场的时间跨度已持续半个多世纪,表达话语始终如一。从
中反映出欧洲国家对以色列的"占领"政策和"定居点"政策对国际法则
和国际政治秩序构成实质性损害的不容,以及予以匡正的不懈努力。

欧洲国家,尤其是英、法等西方国家坚守上述立场的主要动因在
于,这些国家是两次世界大战以来国际法则的主要制定者,维护这些国
际法则和由这些法则构成的国际秩序,欧洲国家视其为自身的传统责
任。比如,最初日内瓦四公约的第一公约,即《改善战地武装部队伤者
病者境遇之日内瓦公约》,就是 1864 年由瑞士、法国、比利时、荷兰、葡
萄牙等 12 个西方国家制定和签署的。再看《海牙公约》②,第一次海牙
和平会议所制定的《海牙公约(1899)》3 个公约和 3 项宣言的 26 个签署
国,其中多数是欧洲国家(20 个国家是包括英国、法国、德国、俄罗斯等
的欧洲国家,其他 6 个为美国、中国、日本等美洲和亚洲国家)③。再把

---

① Anders Persson. Introduction: The Occupation at 50: EU-Israel/Palestine Relations Since
　 1967 [J]. Middle East Critique,Vol. 27,2018.

② 《海牙公约》是 1899 年和 1907 年两次海牙和平会议制定的包括 13 项公约和 3 项宣言的合称。

③ 26 个国家按签署顺序依次为:德国、奥地利-匈牙利、比利时、中国、丹麦、西班牙、美国、墨
　 西哥、法国、英国、希腊、意大利、日本、卢森堡、黑山、荷兰、波斯、葡萄牙、罗马尼亚、俄罗斯、
　 塞尔维亚、暹罗、瑞典-挪威联合王国、瑞士、土耳其奥斯曼帝国、保加利亚。据 https://
　 repository. overheid. nl/frbr/vd/002330/1/pdf/002330_Gewaarmerkt_0. pdf

视角拉到当代,国际政治格局自 1989 年苏东剧变、2001 年"911"恐怖主义袭击和 2008 年全球金融危机以来,国际秩序的转变和新的全球议程的出现,促成了欧洲"规范性权力"(Normative Power Europe)概念的形成①。政治学学者伊恩·曼纳斯认为,"规范性权力"原则在世界政治中的合法性,来自以前制定的国际公约、条约或协议,尤其是在联合国系统内具有重要意义的国际公约、条约或协议。欧盟在促进"规范性权力"原则方面的行动涵盖了一系列政策和做法,包括对世界政治的诸多挑战采取更全面或综合的方法。曼纳斯指出,欧盟历来擅长通过发展援助、贸易、区域间合作、扩大政治对话来应对更多的结构性挑战。冲突预防和危机管理政策的逐步演变,帮助欧盟提高了应对更紧迫挑战的能力,欧盟在促进原则方面的最大优势是它对接触和对话进程的鼓励。② 欧洲在当代对巴以冲突并未补充新意的立场表达,正是基于"规范性权力"原则下对传统并公认的国际法则价值观的维护。同时,欧盟等欧洲国家在"规范性权力"原则下,近年来对以色列及其所占领土定居点采取了"差别化"策略。

3. 欧盟在批评和以激励促和平之外的"差别化"抑制策略

英、法、德、俄以及欧盟其他国家的广泛和持久的批评,对以色列在被占领土上的持续占领和扩建西岸定居点形成违反国际法的压力,并对以色列构成损害两国解决方案、妨碍实现永久和平的道义责任。另一方面,欧洲国家通过与以色列扩大经济合作规模,激励以色列改变其

---

① 近十几年来,学术界将美国和欧盟国家对于国际法规则的立场进行了许多对比性研究,普遍认为美国的立场是模棱两可的,而欧盟国家则一直是国际法的坚定支持者。据 Mark A. Pollack. Who supports international law, and why?: The United States, the European Union, and the international legal order [J]. International Journal of Constitutional Law, Vol. 13, No. 4, 2015, p. 873 - 900.

② Ian Manners. The Concept of Normative Power in World Politics [J/OL]. Danish Institute for International Studies (DIIS), 2009. http://www.jstor.com/stable/resrep13211

巴勒斯坦被占领土政策。如,2008 年 6 月,在欧洲国家对以色列定居点加速扩张表示深切关注的同时,欧盟在其欧洲邻国政策的框架内,提出无条件提升与以色列的关系。① 之后,2012 年 7 月,欧盟-以色列协会理事会确定了一份包括 60 个双边关系可以无条件加强的领域的清单。继而,2013 年 12 月,欧盟提出了一项特殊优惠伙伴关系措施,作为未来与巴勒斯坦和平协议的一部分。②

对此,休·洛瓦特在为欧洲对外关系委员会所写的报告③中尖锐地指出,所有这些激励政策只是满足了以色列对欧洲之间更多经济合作的需求,却没有减缓以色列对欧盟资助的西岸 C 区人道主义项目的摧毁④,以及扩建定居点进一步侵占巴勒斯坦土地的速度。事实上,以色列对欧洲新升级的批评声明的反应,往往是要么保持沉默,要么证明持续的定居点政策没有破坏以色列与欧洲的关系,同时也没有使欧洲

―――――――――

① EU statement on the Eighth Meeting of the EU-Israel Association Council〔EB/PDF〕. Council of the European Union,2008 - 06 - 16. http://www. europarl. europa. eu/ meetdocs/2004_2009/documents/dv/association_counc/association_council. pdf

② European Council Conclusions on the Middle East Peace Process〔EB/PDF〕. Council of the European Union,2013 - 12 - 16. http://www. consilium. europa. eu/uedocs/cms data/ docs/pressdata/EN/foraff/140097. pdf

③ Hugh Lovatt. EU Differentiation and the Push for Peace in Israel-Palestine〔R〕. London: Published by the European Council on Foreign Relations (ECFR),2016. ISBN:978 - 1 - 910118 - 94 - 8.本文是休·洛瓦特(Hugh Lovatt)2015 年为泛欧智库"欧洲对外关系委员会"(ECFR)所写的报告《欧盟差别化与以色列定居点》(EU Differentiation and Israeli settlements)的更新版。

④ 西岸的 C 区由以色列全面实施民事和军事控制。C 区人道主义项目,指欧盟向西岸 C 区提供的人道主义援助和发展援助,并与巴勒斯坦民族权力机构合作开发 C 区。在近年来外交谈判全面陷入僵局的背景下,欧盟及其成员国寻求增强对 C 区巴勒斯坦社区的援助效力,以维护两国解决方案的适用性。但这些项目经常与以色列在 C 区的规划和建设相冲突。据统计(见 Lien Van Rechem. The EU's Aid-Policy in Area C of the West Bank-Palestine: How the EU Deals With the Israeli Demolitions〔D〕. Ghent University,2019.),从 2014 年到 2018 年,以色列拆除或没收了 438 个由欧盟或成员国资助的人道主义援助机构,总金额为 130 万欧元。

避免反犹主义的指控。洛瓦特的报告认为,欧盟对巴以和平进程的传统做法是基于维持一个激励框架。传统的想法是,激励可以使以色列缓和其行为,沿着与巴勒斯坦邻国和平相处的道路前进。但奥斯陆和平进程启动 20 多年后结束冲突的黯淡前景表明,这种激励办法显然已经失败。在巴勒斯坦被占领土和以色列政治的发展走向错误的时候,欧洲的政策越来越不符合当地的现实。

为此,欧洲对以色列及其所占领土定居点实行了差别化策略。"差别化"策略是指欧盟及其成员国采取各种措施,将与定居点相关的实体和活动排除在欧盟及其成员国与以色列的双边关系之外。欧盟从未承认以色列在被占领土(包括被以色列正式吞并的东耶路撒冷和叙利亚戈兰高地)的定居点的合法性。这意味着,欧盟有义务切实执行其不承认政策,全面有效地执行自己的立法,反对以色列将定居点实体和活动纳入其与欧盟的对外关系。为此,洛瓦特认为,"差别化"的区分措施可以转化为"规范性权力",因为进一步融入和进入欧洲需要以色列遵守欧洲的法规、政策和价值观。[①]

与此同时,欧洲国家对以色列的行动,始终抱着小心翼翼的心态。政治学学者娜塔莉·托西指出,由于明显的历史原因,欧盟和具体成员国对以色列指责一些欧洲国家存在反以色列偏见非常敏感,特别是考虑到这种所谓的偏见被归因于根深蒂固的欧洲反犹主义。以色列的外交策略一直很巧妙地利用欧洲的敏感情绪来获得欧盟的支持,并缓和欧盟对以色列的批评。[②] 洛瓦特也努力澄清道,"差别化"策略并非源于孤立以色列的愿望,而是源于加深欧以关系和欧盟法律义务。这项

---

① Hugh Lovatt. EU Differentiation and the Push for Peace in Israel-Palestine [R]. London: Published by the European Council on Foreign Relations (ECFR), 2016. ISBN: 978 - 1 - 910118 - 94 - 8.

② Nathalie Tocci. The conflict and EU-Israeli relations [R]. //Esra Bulut Aymat (ed.). EU Institute for Security Studies, 2010, p. 55. ISBN 978 - 92 - 9198 - 176 - 2.

策略的根源是由 9 个成员国组成的欧洲经济共同体于 1980 年发表的《威尼斯宣言》。欧洲长期以来一直致力于两项基本原则：它与以色列的牢固历史性密切关系和以两国为基础解决巴以冲突。一个与以色列和平共处的巴勒斯坦国是欧盟最持久的共同外交安全政策立场之一。①

关于欧盟今后对巴以冲突的解决策略，有欧洲学者指出，欧盟在参与冲突解决当中，面临着怎么从"A 国"向"B 国"转移的巨大问题，即便它知道 Z 国在哪里（在道路尽头的解决方案）。② 对此，政治学学者安德斯·佩尔森指出，在可预见的未来，欧盟面临的主要挑战是如何采取行动结束以色列长达 50 多年的占领，其关键在于如何将欧盟结束占领的口头推动转变为更实际的推动；换句话说，在通往"Z 国"的漫长道路上，开始推动从"A 国"走向"B 国"。对欧盟来说，"Z 国"始终是巴勒斯坦与以色列并存的两国解决方案。③

三、阿拉伯国家对犹太定居点问题的立场

1. 阿拉伯国家拒绝联大分治决议和 1948 年战争对巴勒斯坦政局的介入

阿拉伯/巴勒斯坦领土被占领土，是 1947 年联合国第 181 号决议之后数次阿以战争以及以色列不放弃所获战果所形成的历史遗留问题。而第一次中东战争，改变了联合国大会以 33 票赞成、13 票反对、

① Hugh Lovatt. EU Differentiation and Israeli settlements [R]. European Council on Foreign Relations (ECFR)，2015.
② Javier Solana 引自：Paul Taylor. Why Diplomacy Failed [M]. //Reuters (ed.). The Israeli-Palestinian Conflict：Crisis in the Middle East. New Jersey：Pearson Education，2003，p. 154.
③ Anders Persson. Introduction：The Occupation at 50：EU-Israel/Palestine Relations Since 1967 [J]. Middle East Critique，Vol. 27，2018.

10 票弃权而通过的巴勒斯坦分治计划,是巴勒斯坦地缘政治走向更为错综复杂局面的开始。因此,考察阿拉伯国家对以色列占领和定居点问题的立场,有必要回顾阿拉伯国家对联合国分治决议的拒绝和第一次中东战争介入巴勒斯坦政局的立场。

当联合国拟定巴勒斯坦分治计划,1947 年 11 月 29 日以大会第181 号决议的形式投票通过后,阿拉伯国家联盟(以下简称阿拉伯联盟或阿盟)及其所有成员国一致拒绝了该计划。1948 年 5 月 14 日,犹太人宣布成立以色列国。第二天,阿拉伯联盟成员国伊拉克、叙利亚、黎巴嫩、约旦和埃及的军队,从几个方向进入之前英国委任统治的巴勒斯坦地区,向以色列发动进攻,第一次中东战争爆发。当天,1948 年 5 月15 日,阿拉伯联盟秘书长给联合国秘书长发出一份长篇电报,请求联合国秘书长在联合国大会和安理会予以发表。[①]

电报共分 10 条,阐述了阿拉伯国家对巴勒斯坦主权的立场和本次军事干预的理由,其核心内容可归纳为如下四点。

第一,阿盟国家解决巴勒斯坦问题的方案与犹太复国主义者的解决方案相冲突。《阿拉伯联盟宪章》中宣布,巴勒斯坦自脱离奥斯曼帝国以来已成为一个独立的国家。阿拉伯联盟通过其会员国,根据《国际联盟盟约》和《联合国宪章》,一直在寻求公平、公正解决巴勒斯坦问题的办法,但这种解决方案总是与犹太复国主义者的要求相冲突。犹太复国主义者公开宣布坚持一个犹太国家,并全力装备了武器和防御工事,准备以武力强加他们的解决方案。

第二,联合国分治决议剥夺了巴勒斯坦阿拉伯居民的自决权。对于联合国大会提出的以分治解决巴勒斯坦问题的办法,阿拉伯国

---

① 这份电报的全文,可见影印版:Cablegram Dated 15 May 1948 Addressed to the Secretary-General by the Secretary-General of the League of Arab States [EB/OL]. United Nations Security Council,S/745,15 May 1948. https://undocs. org/S/745;重录版:https:// unispal. un. org/DPA/DPR/unispal. nsf/0/A717E30BD2F6E5EC8525 761E0072E9B3

家已作出警告,认为这种解决办法有损于巴勒斯坦阿拉伯居民独立的权利,并与民主原则、《国际联盟盟约》和《联合国宪章》相矛盾。因此阿拉伯人拒绝这一计划,认为这一计划不可能以和平手段得到执行,而以武力实施这一计划将对这一地区的和平与安全构成威胁。

第三,阿拉伯国家军事干预巴勒斯坦的目的是恢复当地的法律与安全。现在,委任统治已经结束,没有留下任何合法建立的当局来管理巴勒斯坦的法律和秩序,并为生命和财产提供必要和充分的保护。现在,巴勒斯坦的和平与秩序已被完全打乱,由于犹太人的侵略,大约有25万以上的阿拉伯人被迫离开家园,移居到邻近的阿拉伯国家。巴勒斯坦最近的动乱进一步对阿拉伯国家领土内的和平与安全构成了严重和直接的威胁。出于急于制止情况的进一步恶化,防止混乱和丧失法治的现象蔓延到邻近的阿拉伯国家领土上,并为了填补由于委任统治结束而没有任何合法成立的当局来取代它而造成的真空,阿拉伯各国政府发现自己被迫进行干预的唯一目的,是恢复巴勒斯坦的和平与安全以及建立法律和秩序。

第四,阿拉伯国家的干预将随着巴勒斯坦合法政府的建立而终止。根据《国际联盟盟约》和《联合国宪章》所承认的自决原则,在巴勒斯坦建立政府的权利属于其居民。巴勒斯坦的独立和主权,随着委任统治的结束目前事实上已经确立,一旦巴勒斯坦的合法居民建立起巴勒斯坦行政当局,并在不受任何外来干涉的情况下履行政府职能后,阿拉伯国家仅限于恢复和平和建立法律与秩序的干预将被终止。阿拉伯国家强调并一再声明,它们对巴勒斯坦的干预完全是出于上述的考虑和目的,而不是出于任何其他动机。

第一次中东战争并没有实现阿拉伯国家军事干预巴勒斯坦所预计的目标。战争的结果是,以色列、埃及、约旦改变了1947年分治计划的两国方案边界①。之后,阿以之间又发生了四次中东战争。其中的第三次中东战争,以色列再次改变了 1947 年分治计划的两国方案边界,形成了阿拉伯/巴勒斯坦被占领土,继而在被占领土上形成了定居点问题。伊塔马尔·拉比诺维奇认为,六日战争是自 1948 年以来阿以关系史上的第一个重大转折点,以色列所获得的新领土,是与阿拉伯世界达成协议的资本,它成为之后任何解决方案的重要组成部分。② 阿以之间的五次战争,以色列或反败为胜,或先发制人,建立起军事强国的地区优势。换句话说,在以战争作为对话的方式中,以色列处于优势,而阿拉伯国家处于劣势。而随着 1982 年的中东战争,即迄今为止中东的最后一次战争的结束,阿以之间以战争对话的方式翻过了历史的一页。巴勒斯坦问题的解决,从以战争为方式转变为以政治为方式。

2. 1967—2001 年阿拉伯国家对以政策和对被占领土定居点问题的立场

以以色列占领和被占领土定居点等相关问题为视角,阿拉伯国家对以色列的政策经历了三次重大变化,其标志为 1967 年"喀土穆决议"、2002 年《阿拉伯和平倡议》、2020 年《亚伯拉罕协议宣言》。

（1）1967"喀土穆决议"确立与以色列"不和解、不承认、不谈判"原则

六日战争结束不久,1967 年 8 月 29 日—9 月 1 日,第四次阿拉伯国家联盟首脑会议③在苏丹首都喀土穆召开,这次会议上的阿拉伯共

---

① 第一次中东战争,使巴勒斯坦阿拉伯人造成重大损失:停火线成为以色列事实上的边界,以色列占领了原分治决议划给巴勒斯坦阿拉伯人的 4 850 平方公里土地和西耶路撒冷,埃及控制了加沙地带,约旦占领了西岸和东耶路撒冷,造成大量巴勒斯坦难民逃离到周边阿拉伯国家。见:陈天社. 阿拉伯世界与巴勒斯坦问题[M].北京:世界知识出版社,2013:69.

② Reuven Y. Hazan, Alan Dowty, Menachem Hofnung, Gideon Rahat (ed.). The Oxford Handbook of Israeli Politics and Society [M]. Oxford University Press, 2020.

③ 1964 年 1 月,在埃及总统纳赛尔倡议下,第一次阿拉伯国家联盟首脑会议在开罗举行。

识重申了其传统的拒绝主义立场①。会议结束时发布的"喀土穆决议"因第 3 条中的"不和解、不承认、不谈判"②而著名。人们普遍认为,"三不"原则成为之后相当一段时间内,阿拉伯国家对以色列政治和外交的共同立场。但是,对此也有不同说法,认为这只是问题的表层。③

在"喀土穆决议"之后,阿拉伯国家和阿盟等组织坚决反对以色列的占领和在被占领土上建立定居点,同时,在"三不"问题上也时有一定的灵活性。1981 年,当时的沙特阿拉伯王储法赫德提出了中东和平计划"八点建议",包括要求以色列从 1967 年占领的所有阿拉伯领土撤出,要求以色列拆除 1967 年以后在阿拉伯土地上建立的定居点等建议。其中,第 7 点"承认本地区一切国家和平相处的权利",被认为是含蓄地承认了以色列的存在。④ 1982 年 9 月,第十二次阿拉伯国家首脑会议在摩洛哥的非斯召开,在会议通过的一项宣言中,要求以色列撤出 1967 年所占领的阿拉伯领土,拆除被占领土上的以色列定居点。⑤ 这一表述被认为是阿拉伯联盟第一次对被占领土定居点问题的有针对性

---

① Reuven Y. Hazan, Alan Dowty, Menachem Hofnung, Gideon Rahat (ed.). The Oxford Handbook of Israeli Politics and Society [M]. Oxford University Press, 2020.

② 第三条全文为:"阿拉伯国家元首已同意在国际和外交层级联合进行政治努力,以消除侵略的影响,并确保以色列侵略部队撤出自 6 月 5 日侵略以来一直被占领的阿拉伯土地。我们将在阿拉伯国家所遵循的主要原则的框架内进行这项工作,即不与以色列和解,不承认以色列,不与以色列谈判,并坚持巴勒斯坦人民在自己国家的权利。"(据 https://en. wikipedia. org/wiki/Khartoum_Resolution)

③ 新历史学家阿维·沙莱姆在其著作中作了另一种阐述。他说,阿拉伯发言人将"喀土穆决议"解读为,"不缔结正式的和平条约,但不是拒绝和平;不进行直接的谈判,但没有拒绝通过第三方进行的谈判;在法律上不承认以色列,但是接受它作为一个国家的存在"。沙莱姆说,这次会议实际上标志着阿以关系的转折点。他指出,纳赛尔敦促侯赛因与以色列寻求"全面解决"。沙莱姆指出,当时以色列并不知道这些,他们的领导人对"三不"只是表面上的看法。见 Avi Shlaim. The iron wall: Israel and the Arab world [M]. Penguin, 2001, pp. 258 - 259.

④ 田俊才. 阿拉伯联盟对巴勒斯坦政策的演变(1945—1989 年)[D]. 河北师范大学,2006.

⑤ 联合国网: https://www. un. org/chinese/peace/palestine/booklet/ch7. pdf

的公开表态。① 之后,阿拉伯联盟或发表声明,谴责以色列在约旦河西岸定居点新建住房;或呼吁美国就以色列扩建定居点而对以色列冻结援助;或强调中东和平进程的停止是以色列继续其定居点扩张政策等因素的结果。此外,伊斯兰合作组织、海湾合作委员会等组织,也对以色列在被占领土上建立定居点予以反对和谴责。②

(2) 1979、1994 年实现埃以、约以和平和西奈以及西岸问题

1979 年 3 月 26 日,萨达特总统和贝京总理代表两国政府签署了《埃及—以色列和平条约》。条约约定双方相互承认,结束自 1948 年阿以战争以来一直存在的战争状态,实现关系正常化。关于对以色列占领西奈半岛后建立的定居点,条约规定,以色列将在"三年内从西奈半岛撤出所有武装部队和平民"③,其中撤出"平民"即指拆除定居点和撤出定居者。埃以和平条约成为以色列与阿拉伯国家之间签署的第一个和平条约,具有里程碑意义。该条约的签订,打破了阿盟的"三不"原则,并使以色列在阿拉伯被占领土上第一次拆除了定居点。

1994 年 10 月 26 日,马哈里总理和拉宾总理代表两国政府签署了《以色列—约旦和平条约》。这是以色列与阿拉伯国家签订的第二个和平条约,结束了自 1948 年战争以来两国之间一直存在的战争状态。由于约旦与以色列之间存在着复杂的中东战争遗留的巴勒斯坦难民问题,以及巴以在西岸暴力冲突的外溢效应问题,因此,约以关系比埃以关系复杂得多。普通约旦人(约旦人中大量为巴勒斯坦人)④认为,以

---

① 李兴刚.阿以冲突中的犹太定居点问题研究[M].昆明:云南大学出版社,2011:202.

② 1980 年代—1990 年代阿拉伯国家对以色列占领和被占领土定居点的反对和谴责情况,详见:李兴刚.阿以冲突中的犹太定居点问题研究[M].昆明:云南大学出版社,2011:202—203.

③ Cyrus R. Vance, M. Dayan. The Egyptian-Israeli Peace Treaty [J]. Middle East Journal, Vol. 33, No. 3,1979, pp. 327 - 347.

④ 约旦人口中,大部分为阿拉伯人,其中 60%以上是巴勒斯坦人。见中国驻约旦大使馆网"约旦国家概况",https://www.fmprc.gov.cn/ce/cejo/chn/ydjj/t142982.htm

色列想通过双边和平条约使阿拉伯国家中立,这样它就可以继续侵略巴勒斯坦人;以色列既要得到这块蛋糕(和平),又要吃这块蛋糕(保留西岸作为领土缓冲)。因此,有学者指出,约旦和以色列之间要达到双边关系的全面而富有成果的正常化,需要解决巴勒斯坦问题,消除约旦与以色列正常化的巨大障碍。[①]

(3) 2002 年《阿拉伯和平倡议》以撤离和结束冲突换取阿以和平的立场

在沙特阿拉伯王储阿卜杜拉·本·阿卜杜勒·阿齐兹的提议下,2002 年阿拉伯国家联盟理事会第十四届首脑会议通过了《阿拉伯和平倡议》。它标志着阿拉伯国家立场的重大转变,或者按 2009 年时任以色列总统佩雷斯所说的是"180 度转变"[②]。一是改变了 1948 年 5 月 15 日阿拉伯联盟秘书长给联合国秘书长电报的立场,明确指出"阿拉伯国家深信以军事手段解决冲突不会实现和平或为当事各方提供安全";二是改变了"喀土穆决议"作出的与以色列"不和解、不承认、不谈判"的原则,提出了在以色列满足了回到 1967 年边界等条件,以及结束巴以冲突后,阿拉伯国家愿意与以色列签订和平协议的"有前提和平"政策。

《阿拉伯和平倡议》具体表述为下列两点。第一点是:"进一步呼吁以色列确认:(I)以色列从 1967 年以来被占领的所有领土,包括叙利亚戈兰高地,撤出到 1967 年 6 月 4 日的界线,以及黎巴嫩南部其余被占领的黎巴嫩领土。(II)根据联合国大会第 194 号决议,实现巴勒斯坦难民问题的公正解决。(III)接受在 1967 年 6 月 4 日以后被占领的巴

---

① Laura Zittrain Eisenberg, Neil Caplan. The Israel-Jordan Peace Treaty: Patterns of Negotiation, Problems of Implementation [J]. Israel Affairs, Vol. 9, No. 3, 2003, pp. 87 - 110.

② Terje Rød-Larsen, Nur Laiq, Fabrice Aidan (ed.). The Search for Peace in the Arab-Israeli Conflict: A Compendium of Documents and Analysis [M]. Oxford University Press, 2014, p. 484.

勒斯坦领土——西岸和加沙地带建立一个以东耶路撒冷为其首都的主权独立的巴勒斯坦国。"第二点是:"阿拉伯国家申明:(I)考虑在阿以冲突结束后,与以色列签订和平协议,为该地区所有国家提供安全保障。(II)在全面和平的框架内与以色列建立正常关系。"①

关于上述第一点和第二点之间,以及第二点两层意思之间的逻辑关系,与《阿拉伯和平倡议》同一天发布的《贝鲁特宣言》表述得更为直接和明确。《贝鲁特宣言》在"对以色列的期望"一节中指出,实现第二点,是对第一点的"回报";在第二点中,结束巴以冲突在前,实现阿以和平在后。②

由阿拉法特领导的巴勒斯坦权力机构立即接受了这一倡议。他的继任者阿巴斯也支持该倡议。这一倡议在 2007 年和 2017 年的阿拉伯联盟首脑会议上得到了再次认可。在以色列方面,因为这一倡议要求以色列撤回到 1967 年 6 月 5 日之前的边界,沙龙总理拒绝了该倡议,认为这是"不可能的"③。在 2007 年阿拉伯联盟重新支持这个倡议后,奥尔默特总理表示,这个倡议"可能是未来会谈的基础",同时表示"不同意每一个细节"。④

---

① 《阿拉伯和平倡议》的原文,见巴以冲突交互式数据库(The Israeli-Palestinian Conflict: Interactive Database),https://ecf.org.il/media_items/572

② 《贝鲁特宣言》在此原文为:"对以色列的期望:A. 从被占领的阿拉伯领土,包括叙利亚戈兰高地,完全撤出至 1967 年 6 月 4 日界线和仍在黎巴嫩南部被占领的领土。B. 根据联合国大会第 194 号决议,达成巴勒斯坦难民问题的公正解决方案。C. 接受在 1967 年 6 月 4 日以后被占领的巴勒斯坦领土——西岸和加沙地带建立一个以东耶路撒冷为其首都的独立和拥有主权的巴勒斯坦国。作为回报,阿拉伯国家将采取以下行动:考虑在阿以冲突结束后,与以色列签署和平协议,实现该地区所有国家的和平;在全面和平的框架内与以色列建立正常关系。"见 BBC News: http://news.bbc.co.uk/2/hi/world/monitoring/media_reports/1899395.stm

③ Gil Hoffman. Sharon warns Saudi plan may be Arab plot [N]. The Jerusalem Post. 2002-03-04.

④ Rory McCarthy. Olmert gives cautious welcome to Arab peace plan [N]. The Guardian, 2007-03-30.

《阿拉伯和平倡议》发布以来,阿拉伯国家对以色列在被占领土上扩建定居点,一如既往地予以反对和谴责。而且,按照这一倡议确定的立场,将以色列是否停止扩建定居点,与巴以是否继续谈判挂起钩来。例如,在奥巴马政府的施压下,内塔尼亚胡总理于 2000 年 11 月 25 日宣布对西岸所有定居点实施为期 10 个月的新建项目冻结,以恢复巴以谈判。2010 年 3 月,以奥巴马总统的中东问题特使乔治·米切尔(George Mitchell)作为中间人,以色列与巴勒斯坦团队进行间接谈判。在此期间,以色列 3 月 9 日批准在东耶路撒冷的拉马特什洛莫(Ramat Shlomo)大型定居点建造 1600 套新住宅。显然,这违反了原定的定居点冻结承诺。为此,阿拉伯联盟 13 个成员国 3 月 10 日召开紧急会议,会后发表声明宣布,除非以色列停止在东耶路撒冷新建 1600 套犹太人定居点住宅的计划,否则巴以谈判无法恢复,不论是直接谈判还是间接谈判。①

3. 2020 年"亚伯拉罕协议"与定居点议题以及阿以实现和平程序

2020 年,阿拉伯国家阿联酋、巴林、苏丹、摩洛哥先后与以色列签订和平条约,实现关系正常化。② 这些条约的签订,使埃以、约以和平

---

① 见：阿盟宣布不会在以色列停建定居点之前恢复巴以谈判[N/OL],新华网,2010 - 03 - 11. https://finance. qq. com/a/20100311/004328. htm; Adam Entous. Biden to try to boost Middle East peace prospects [N]. Reuters, 2010 - 03 - 07.

② 2020 年 9 月 15 日,阿联酋、以色列、美国签署《亚伯拉罕达成和平协议：阿拉伯联合酋长国和以色列国之间和平、外交关系和全面正常化条约》(Abraham Accords Peace Agreement: Treaty of Peace, Diplomatic Relations and Full Normalization Between the United Arab Emirates and the State of Israel)。同日,巴林、以色列、美国签署《亚伯拉罕协议：和平、合作与建设性外交和友好关系宣言》(Abraham Accords: Declaration of Peace, Cooperation, and Constructive Diplomatic and Friendly Relations)。2020 年 10 月 23 日,以色列和苏丹同意两国实现关系正常化,苏丹同意加入《亚伯拉罕协议宣言》,并在宣言下作了签署。2020 年 12 月 22 日摩洛哥、以色列签署《联合声明》(Joint Declaration),表示"恢复全面官方接触,建立全面外交、和平友好关系"。

条约之后，阿以关系正常化在新世纪有了新的突破性的发展。

（1）《亚伯拉罕协议宣言》与海湾阿拉伯四国和平条约

2020 年 8 月 13 日，美国、以色列、阿联酋发表联合声明，并签署《亚伯拉罕协议宣言》（The Abraham Accords Declaration）。这个宣言奠定了后续相关阿拉伯国家与以色列达成和平协议的基础。它提出："我们鼓励努力促进信仰间和文化间对话，以促进三种亚伯拉罕宗教和全人类之间的和平文化。"这一表述传达了两层意思：一是新的协议不同于过去交战国的和平立约，新的和平协议的意义扩大到了宗教、文化等精神层面的和平立约；二是将"亚伯拉罕"引入到以色列与阿拉伯国家的和平文化中。这些含义在《阿联酋—以色列和平条约》中有更具体的表述："阿拉伯和犹太民族是共同祖先亚伯拉罕的后代"，和平协议的目标是"以此精神激励在中东培育一种穆斯林、犹太人、基督教徒和各种信念、教派、信仰和民族的人民共同生活的现实，并且和睦共存、相互理解、彼此尊重"。[①]"亚伯拉罕协议"一词的创造，对"同一祖先及其后裔"、"同一源头不同宗教"的既有概念赋予了当代意义[②]，堪称是一个既具概括性又极具想象力的新术语。

上述和平协议/条约中，以《亚伯拉罕协议宣言》为标志，阿联酋成为继 1979 年埃及、1994 年约旦之后的第三个与以色列签署和平条约的阿拉伯国家，也是第一个与以色列签订和平条约的海湾国家。

（2）"亚伯拉罕协议"对以色列"吞并"所占领土定居点意图的制约

以色列与阿联酋等四国实现关系正常化，遏制了以色列对约旦河

---

① 《亚伯拉罕协议宣言》（The Abraham Accords Declaration）原文，以及《以色列—阿联酋和平条约》、《以色列—巴林和平条约》、《以色列—摩洛哥和平条约》、《以色列—苏丹和平条约》原文，见美国国务院网：https://www.state.gov/the-abraham-accords/

② "命名为'亚伯拉罕协议'的目的是强调犹太教和伊斯兰教对先知亚伯拉罕的共同信仰。"见 AlisonTahmizian Meuse．Israel inks twin Arab treaties with UAE，Bahrain［N/OL］．Asia Times，2020 - 09 - 16．https://web.archive.org/web/20201023210310/https://asiatimes.com/2020/09/israel-inks-twin-arab-treaties-with-uae-bahrain/

谷和西岸部分定居点的"吞并"(实施主权)意图。

第一,虽然是双边协议,但是在阿联酋、巴林与以色列签订的和平条约中,都写进了对通过谈判和平解决巴以冲突的关切。阿联酋—以色列和平条约约定,双方"承诺共同努力,通过谈判解决以色列-巴勒斯坦冲突"。《巴林—以色列和平条约》指出,"承认每个国家的主权和和平与安全的生活权,并继续努力实现公正、全面的和平,持久解决以色列-巴勒斯坦冲突"。

第二,"亚伯拉罕协议"在文本之外附加的承诺,暂停了以色列对约旦河谷和部分定居点的单方面吞并。2020年1月28日,美国和以色列公布"中东和平新计划"。该计划构想了约旦河谷和定居点在内的西岸30%领土划归以色列后的概念地图,也构想了一个符合该计划准则(即"低限度国家"[①])的巴勒斯坦国的蓝图。按"中东和平新计划"的议程,其实施程序是需要经过"愿景计划—以巴谈判—以巴签订和平协议"的过程,但是在阿巴斯拒绝该计划的情况下,内塔尼亚胡启动绘制西岸新地图,并宣称7月1日将启动对约旦河谷实施主权的法律程序。在以色列可能采取单方面行动对约旦河谷和西岸部分定居点实施主权的背景下,"亚伯拉罕协议"对以色列的"吞并"意图作出制约。2020年8月13日,美国、以色列、阿联酋发表联合声明[②],联合声明中称,美国总统特朗普、以色列总理内塔尼亚胡、阿布扎比王储本·扎耶德"同意以色列和阿拉伯联合酋长国之间的关系完全正常化","由于这一外交突破,并应特朗普总统的要求和阿拉伯联合酋长国的支持,以色列将暂停对特朗普今年1月在美国宣布的一项计划中设想的西岸地区宣布主权"。[③] 暂停

---

① 低限度国家(state-minus),见本书前述。

② 《美国、以色列国和阿拉伯联合酋长国的联合声明》(Joint Statement of the United States, the State of Israel, and the United Arab Emirates)。

③ Maha El Dahan, Jeffrey Heller, Steve Holland. Israel, UAE to normalize relations in shift in Mideast politics; West Bank annexations on hold [N]. Reuters, 2020 - 08 - 13.

对约旦河谷和西岸部分定居点实施主权,以换取与阿拉伯国家实现关系正常化,这是"亚伯拉罕协议"的条件。

需要指出的是,对以色列的这个制约,针对的是单方面行动,而通过谈判,巴以之间作出的任何妥协、让步和领土调整,都为国际社会所认可。这类"除外"性表述,可在各种相关决议和协议中见到。

(3)"亚伯拉罕协议"改变了结束巴以冲突与阿以实现和平的程序

2002 年由沙特提出的《阿拉伯和平倡议》,呼吁阿拉伯国家与以色列的关系正常化,必须在以巴冲突结束之后。阿联酋和巴林已经改变了叙事方式,朝着正常化迈进,但在冲突方面没有任何进展。[①] 巴勒斯坦人指责阿联酋和巴林背叛了耶路撒冷、阿克萨清真寺和巴勒斯坦人的事业。

面对以色列与海湾国家在解决巴以冲突之前实现关系正常化,巴勒斯坦人一方面感觉受到了有关阿拉伯国家的背叛,另一方面得到了伊朗、土耳其和其他一些国家的支持。[②] 而真正严峻的是,他们的传统阿拉伯盟友正在向以色列靠拢。作为这一局面的标志是,巴勒斯坦人期待的一项谴责阿联酋与以色列协议的决议案,没有被阿拉伯国家联盟通过。在这种局面下,巴勒斯坦领导人可以使用的选择清单正在减少,采取更加务实的立场与以色列进行议题广泛(包括 2020 年"中东和平新计划"议题)的谈判,在巴以双方互相作出妥协的前提下,以两国方案为框架推进巴以冲突和西岸定居点问题的解决,已成为一种紧迫的策略性任务。

以适当的妥协解决巴以冲突和定居点问题,在中东和平进程中已有先例。2011 年是联合国第 181 号分治决议 64 周年,当年巴勒斯坦民

---

① Oren Liebermann. Two Gulf nations recognized Israel at the White House. Here's what's in it for all sides [N]. CNN,2020 - 09 - 15.

② Oren Liebermann. Two Gulf nations recognized Israel at the White House. Here's what's in it for all sides [N]. CNN,2020 - 09 - 15.

族权力机构主席马哈茂德·阿巴斯在第 2 频道(Channel 2)接受记者采访。在访谈中,阿巴斯谈到了一个令以色列记者恩里克·齐默尔曼(Enrique Zimmerman)当时"感到惊讶"的观点。阿巴斯坦言:"阿拉伯人拒绝接受[联合国第 181 号]分治决定是一个错误",他"正在努力纠正这个错误"①。在这次采访中,阿巴斯还详细阐述了他的前任阿拉法特担任巴勒斯坦民族权力机构主席期间,由沙特提出的 2002 年《阿拉伯和平倡议》。阿巴斯说:"该倡议要求以色列与所有阿拉伯国家保持关系正常化,以换取一个慷慨的分割计划,这是 64 年前没有人能想到的——同意以色列国土的面积是 78%(部分土地以以色列 1967 年边界内的土地交换),而不是以色列在联合国分治计划中其国土面积的 55%。"②

　　然而,2002 年《阿拉伯和平倡议》后因第二次因提法达爆发和以色列拒绝等原因而未能实施。阿巴斯之所以在联合国分治决议发布 64 年后,把阿拉伯拒绝 1947 年分治决议的"错误",与 2002 年《阿拉伯和平倡议》的"分割计划"一并提及,笔者认为其中显现出阿巴斯的三层意思。第一,从今天的现实反思历史,拒绝分治决议(以及后续的战争)对巴勒斯坦是个重大的历史遗憾。第二,阿拉法特时代的巴勒斯坦已务实地接受了③在领土问题上包含充分妥协诚意的和平倡议。第三,今天的阿巴斯,正在努力纠正阿拉伯国家 1947—1948 年的错误;联系前两点,阿巴斯暗示了巴勒斯坦与以色列谈判的诚意,包括领土分割议题的谈判。

　　事实上,经过 1948 年阿以战争,特别是经过 1967 年六日战争,以

---

① Akiva Eldar. Abbas Should Change His Locks Before Next Wave of Palestinian Prisoners Freed [N]. Haaretz,2011 - 12 - 06.

② Akiva Eldar. Abbas Should Change His Locks Before Next Wave of Palestinian Prisoners Freed [N]. Haaretz,2011 - 12 - 06.

③ 见 Support for the Saudi Initiative [N]. New York Times,2002 - 02 - 28.

色列实际控制面积一再扩大,对比联合国分治决议所划分的阿拉伯国版图,巴勒斯坦面积一再减小。巴以实控领土的反差加大,已成为严峻的现实。(可见 1946—2000 年巴勒斯坦阿拉伯人所控领土对比示意地图①)

在阿拉伯国家与以色列止戈停战,巴以冲突成为巴勒斯坦问题的主要议题后,阿拉伯国家对解决冲突的基本立场是一以贯之和明确的;同时,在解决冲突的程序和策略上表现出趋向务实的立场。其中,以 1967 年停战线为边界撤离被占领土、解决巴勒斯坦难民回归权、建立以东耶路撒冷为首都的巴勒斯坦国这三条是其基本立场。但是,"1967 年边界"、"难民回归权"、"耶路撒冷地位"三个问题,又是以色列坚持不容商量,或推到今后永久地位谈判的问题,因此巴以冲突至今仍然是地区政治难题。但是,阿拉伯国家与国际社会一致的上述立场,对以色列形成了制约性压力。

与此同时,阿拉伯国家对解决巴以冲突策略的改变,也对巴勒斯坦方面形成压力。从 2010 年代开始,以色列在美国的"亚太再平衡战略"和中东问题被美国边缘化,以及伊朗在地缘政治中的崛起等议题上,与逊尼派阿拉伯国家找到了共识,从而将直接解决巴以冲突转向以"区域方式"作为解决巴勒斯坦问题的新思路。而且,特拉维夫大学历史学教授伊塔马尔·拉比诺维奇分析道,早在 1919 年,犹太复国主义运动内部就出现了一个派别,试图通过与更大的阿拉伯世界达成协议来解决巴勒斯坦冲突。这种方法的基本逻辑是,犹太复国主义运动更容易与范围更大的领导人达成协议,而不是与巴勒斯坦领导人就有限的巴勒

---

① 本书略。可访问 Phttps://www.jpost.com/international/finnish-matriculation-exam-used-debunked-palestinian-propaganda-map-606098 读取。该组图刊于巴勒斯坦全国委员会(palestine national council)网的《1946—2010 年巴勒斯坦人失去的土地》(alestinian Loss of Land 1946‐2010)一文中,呈现了巴勒斯坦阿拉伯人所控领土分别在 1946 年、1947 年、1967 年、2010 年的状况。

斯坦领土进行斗争。这一主题直至现在一直是阿以关系的一部分。① 面对这样一种格局,巴勒斯坦民族权力机构主席阿巴斯也需要以更加务实的策略,来呼应以色列的谈判吁求,用巴以双方的政治远见来寻求巴以冲突和定居点等问题的解决新路径。

第三节　以色列国内公民社会的制衡

对以色列的军事占领和被占领土定居点活动的第三层级制衡,来自以色列国内公民社会的各种组织和运动。作为一个移民国家,以色列自建国以来便带有多元特质。作为一个以民主为立国之本的国家,以色列为各种社会声音的表达提供了空间。这种民主多元的特质,令以色列的各种社会力量既相互冲突撕裂又彼此约束制衡。随着以色列公民社会的日益勃兴,各种民间的非政府组织纷纷成立,在社会中扮演越来越重要的角色。以色列社会所具有的民主、多元和一定程度上开放的特征,为各种公民运动提供了蓬勃发展的土壤。

与约旦河西岸定居点问题相关的最重要公民运动是以色列的和平主义运动。得益于世界范围内追求和平的反战运动的兴起,不仅各种国际力量联合起来努力推动巴以和平进程,而且以色列国内的和平主义运动也日益勃兴。以色列的和平主义运动从上世纪 20 年代一直持续至今,在过去一个世纪中经历了诸多发展变化的过程。和平运动在以色列建国前便已零星存在,曾经短暂出现过"和平联盟"、"团结"等致力于以和平手段解决"阿犹冲突"的组织。在以色列建国后,尤其是六日战争以后,和平运动逐步兴起并蓬勃发展,出现了"和平与安全运

---

① Itamar Rabinovich. Israel and the Arab World [M].//Reuven Y. Hazan, Alan Dowty, Menachem Hofnung, Gideon Rahat (ed.). The Oxford Handbook of Israeli Politics and Society. Oxford University Press, 2020.

动"、"现在就和平"等运动。这些运动呼吁放弃"以色列地"的设想,要求停止被占领土上的犹太定居点扩建活动,最终实现从约旦河西岸和加沙地带的撤离,并致力于促成以色列与阿拉伯国家之间的持久和平。与"现在就和平"运动有亲缘关系的"神形"等人权组织,致力于记录和发布以色列在占领区域侵犯人权的行为。"出于良心拒服兵役"运动以及退役士兵的"打破沉默"运动,也是和平主义运动的重要组成部分。总而言之,以色列的民主多元社会孕育了这些宣扬人权、反对战争、谋求和平的非政府组织及运动,它们成为制衡以色列在巴勒斯坦被占领土上的定居点活动的一支重要力量。

一、"现在就和平"运动与人权组织"神形"

1. 以"通过公共压力实现和平"为理念的"现在就和平"运动

起始于 1978 年,为中东和平请愿的以色列人权组织"现在就和平"运动①是以色列历史最悠久、规模最大的公民运动。它的宗旨是"通过公共压力实现和平"。"现在就和平"的政治理念是,政治家容易受到公众压力的影响,因此,它的活动途径是动员公众,从而影响以色列主流政治,旨在确保与巴以和平问题始终处于政治议程和公众话语的首位。②

"现在就和平"在阿以、巴以冲突问题上,赞同国际社会的普遍观

---

① "现在就和平"(Peace Now)创立于 1979 年。在总统萨达特 1977 年 11 月访问耶路撒冷,与以色列总理贝京开始和平谈判,至以色列与埃及 1978 年 9 月 17 日签订"戴维营协议"(之后,埃及双方于 1979 年 3 月正式签订《埃及—以色列和平条约》)期间,1978 年 3 月,以色列军队国防军的 348 名预备役官兵向以色列总理发出公开信,这封后来被称为"军官信"(The Officer's Letter)的请愿书表示,只有通过谈判达成协议,以色列与邻国之间才能实现和平,才能满足以色列的安全需求。随后,成千上万的以色列人向以色列政府请愿以支持"军官信",被称为"现在就和平"的运动由此产生。

② 据"现在就和平"网(peacenow. org. il):Who We Are. https://peacenow. org. il/en/about-us/who-are-we

点、否认以色列政府辩解的立场是非常鲜明的:"追求和平、与巴勒斯坦和阿拉伯国家实现妥协与和解,对于保证以色列未来的安全及其作为一个国家的身份是必要的";"对西岸以及居住在西岸的 300 万以上巴勒斯坦人的持续军事和平民控制,危及以色列作为犹太人国家的基本生存和民主特征"。在一系列以色列与巴勒斯坦之间的敏感问题上,"现在就和平"的观点与以色列政府立场相对立或部分相左:关于以色列与西岸边界,"现在就和平"认为"基于 1967 年 6 月的边界,包括双方同意的土地交换";关于独立的巴勒斯坦国,"现在就和平"认为"支持建立一个巴勒斯坦国,作为加强以色列犹太人和民主价值观的一种手段";关于耶路撒冷地位,"现在就和平"认为"基于人口分布的解决方案和老城的一项特殊国际协议,两个国家两个首都";关于西岸定居点,"现在就和平"认为"定居点损害了以色列的国际形象,因为定居点是任何未来和平协议的主要障碍,所以它们对以色列作为一个犹太民主国家的未来构成生存威胁"。[①]

在 2000 年爆发第二次因提法达前,"现在就和平"在以色列公众中具有巨大的影响力,在"公众压力影响主流政治"的理念下,组织了许多大规模向政府施压的街头示威抗议活动,其中著名的有:1982 年 9 月 25 日"现在就和平"在特拉维夫组织大规模抗议"贝鲁特难民营大屠杀"活动,要求其建立一个全国调查委员会调查大屠杀,并呼吁国防部长沙龙辞职。有 40 万以色列人参加了该国有史以来最大的示威活动,约占当时以色列总人口的 10%。1988 年,巴解组织主席阿拉法特公开接受联合国安理会 242 号决议、第一次按照联合国大会第 181 号决议规定的边界接受以色列的存在。作为回应,"现在就和平"组织了超过 10 万人的示威游行,呼吁立即进行巴以谈判。1989 年 12 月 30 日,"现

---

① 据"现在就和平"网(peacenow. org. il);Our Vision. https://peacenow. org. il/en/about-us/vision

在就和平"组织巴勒斯坦人与以色列人和从欧洲赶来的和平活动人士手拉手，在耶路撒冷老城城墙周围组成"人链"，呼吁巴以和平、结束以色列对西岸的占领，这次"牵手耶路撒冷"活动的参加者约有 2.5 万人。[①]

但是，从 1990 年代之后，特别是经过 2000—2003 年第二次因提法达，"现在就和平"的策略发生了重大转向，形式上从组织街头示威抗议转变为通过互联网发布、辩论等，内容上从呼吁巴以和平转向对定居点监测。其转变原因有二：第一，由于巴勒斯坦人对以色列长期占领西岸和加沙的抵抗，从第一次因提法达普通民众采用投石、路障、汽油弹、轮胎燃烧等暴力抗议运动变为第二次因提法达期间针对以色列的自杀式恐怖袭击剧增的激进暴力活动，右翼政府的强硬政策和反恐措施获得国内公众的广泛支持。"现在就和平"持续了 20 多年的抗议占领、呼吁巴以和平逐渐降低了政治议程的公众关注度。第二，从 1990 年代后期开始"现在就和平"意识到，巴勒斯坦被占领土上的定居点问题愈来愈突出地成为巴以两国解决方案的一个关键障碍，防止定居点扩大并阻止非法定居活动，是实质性推动巴以和平的重要工作。

为此，"现在就和平"从 1990 年代后期开始，建立了"定居点观察"(Settlement Watch)组织，跟踪和分析定居点的发展状况，包括观察定居点的扩建、定居者安置、定居人口、定居点管理、定居点环境等。通过对定居发展的研究、分析和曝光，致力于防止定居点扩建和阻止非法定居[②]。发展至今，"定居点观察小组"的信誉和可靠性已负有国际声誉，其发布的事实经常被以色列和国际媒体、政府和非政府组织引用。据

---

① Jackson Diehl. Thousands Demonstrate for Palestinian Rights [N]. The Washington Post，1989 - 12 - 31.

② 非法定居，指西岸犹太人定居"前哨基地"(outpost)，是最早出现于 1993 年以色列政府在奥斯陆和平进程中承诺冻结新定居点后未经军事当局正式批准而产生的定居点。见 Eyal Benvenisti. The International Law of Occupation [M]. Oxford University Press，2012，p. 236.

维基解密①2011年透露,"现在就和平"定期向美国和以色列国防部通报正在进行中的定居点建设情况,国防部利用"现在就和平"的服务来追踪西岸定居点状况。② 由于"现在就和平"反对占领、反对定居点的立场,它与以色列极右翼势力发生尖锐矛盾,其成员也成为犹太极端分子的"代价标签"攻击的目标。比如2011年11月8日耶路撒冷附近一个定居点的21岁年轻犹太人,涉嫌在"现在就和平"活动家哈吉特·奥夫兰(Hagit Ofran)的公寓楼道墙壁上喷涂"奥夫兰,拉宾在等你"的死亡威胁。③

2. 以"人的尊严"为理念的人权组织"B'tselem"(神形)

与"现在就和平"的创立相隔10年后,总部位于耶路撒冷的"B'tselem"(神形)④于1989年由以色列学者和左翼政党的活动家创立,创始人中的一些人来自"现在就和平"。"B'tselem"一词为希伯来语"人的尊严"之意。取名"B'tselem",表明该人权组织的理念,既与宗教(《旧约圣经》创世记1：27)关于人类按照神的形象(b'tselem elohim)被创造⑤的内容相联系,又与联合国《世界人权宣言》第1条"人人生而自由,在尊严和权利上一律平等"的原则相一致。

在以色列社会经历了两次因提法达、以色列政治整体向右转之后,"B'tselem"确立的基本宗旨是："不仅保护以色列控制下的巴勒斯坦人

---

① 维基解密(WikiLeaks)由澳大利亚出版商朱利安·阿桑奇(Julian Assange,1971—　)于2006年创立,专门分析和发布涉及战争、间谍和腐败的受审查或受限制的官方资料的大型数据集。网址 https://wikileaks.org。维基解密迄今已发布的文档和相关分析超过一千万个。
② Ofer Aderet. Israel's Peace Now Updates U.S. on West Bank Construction [N]. Haaretz,2011-04-07.
③ Oz Rosenberg, Ofir Bar-Zohar. Jerusalem Police Arrest Suspect in 'Price Tag' Attacks on Peace Now Offices [N]. Haaretz,2011-09-11.
④ 人权组织"B'tselem","以色列所占领土人权信息中心"的名称。
⑤ 《旧约圣经》创世记1：27："神就照着自己的形象造人,乃是照着他的形象造男造女"。

的权利,而且保护以色列的民主。"在这样一种平衡原则下,"B'tselem"
表示,它既重点关注以色列违反国际人道法原则的行为,也同时监测巴
勒斯坦的违法行为,并一贯谴责针对以色列平民的自杀式袭击和卡萨
姆火箭是战争罪,以确保生活在约旦河和地中海之间的一块土地上的
所有人(包括巴勒斯坦人和以色列人)的人权、民主、自由和平等的未来
的前景。① "B'tselem"网站发布的典型案例包括:第一个将隔离墙视
为人权问题,帮助形成了国际法院的咨询意见和以色列高等法院的先
例裁决的基础;公布希伯伦的 14 岁阿拉伯女孩阿伊莎(Ayesha)拍摄的
被犹太定居邻居骚扰的视频,显示希伯伦的犹太定居者社区造成的巴
勒斯坦人日常生活的残酷现实,在以色列国内和世界各地引起了广泛
的公众讨论,"B'tselem"也由此开创了"相机分发"项目②;开创性地记
录了一般安全部门审讯中的酷刑,直接导致禁止在审讯中使用任何武
力规定的出台;出版报告《土地掠夺》(Land Grab)和测绘项目,揭露了
定居点企业受法律加护和政府激励的事实;针对惩罚性房屋拆迁的研
究和运动,以及其他组织的法律倡导,促成了国防部宣布禁止惩罚性的
房屋拆除;公布以色列安全部队官兵在约旦河西岸的尼林村用橡胶子
弹射击一名戴着手铐、蒙着眼睛的巴勒斯坦囚犯阿布-拉赫马(Abu-
Rahma)的视频,促成肇事的一名士兵和一名军官受到判处,等等。
"B'tselem"认为,这些违反人权案例的记录和发布,促进了以色列的问
责制、法治和普遍尊重人权原则,巩固了以色列的民主基础,并加强了
尊重人权的文化。

　　以色列社会对于"B'tselem",赞誉者、抨击者皆有之。

　　赞誉者,如以色列著名记者、2007 年传播领域"以色列奖"获得者

① 据"B'tselem"网(btselem. org):About B'Tselem. https://www. btselem. org/about_btselem
② "相机分发"(Camera Project)项目,2007 年"B'tselem"开发的新项目。他们为居住在西岸的
　巴勒斯坦志愿者提供摄像机和培训,帮助他们成为公民记者。让他们记录在占领和人权被
　侵犯状况下的生活,并通过 B'Tselem 发布或独立发布这些短视频。

纳乌姆·巴尼亚(Nachum Barnea)评论道:"多年来,B'Tselem 一直在对西岸侵犯人权的行为进行深入研究。以色列需要 B'tselem 就像 B'tselem 需要以色列一样。不难想象,如果没有 B'tselem,这些领土会发生什么。"①又如,在以色列"铸铅行动"之后,以色列军事检察长、准将阿维奇·门德尔布莱特(Avichai Mendelblit)在 2009 年接受《国土报》采访时,提到与"B'tselem"的合作,并说人权组织是"为非常重要的事情传递信息的渠道,……我努力做到行动符合实际,他们确实为我们提供了帮助"。②

抨击者,如外交部长阿维格多·利伯曼(Avigdor Lieberman),他在 2011 年指控"B'tselem"无视恐怖主义并削弱以色列的国防军,要求对 B'Tselem 和其他人权组织进行议会调查。他说,"B'tselem"显然与人权无关,他们散布谎言,诽谤和煽动以色列国和以色列士兵……这些组织无视恐怖主义,其唯一目的是破坏以色列。③ 又如,犹太复国主义联盟以色列议会成员伊齐克·什穆里(Itzik Shmuli)2016 年对"B'tselem"在联合国宣称以色列定居点是造成巴以冲突的原因一事予以抨击,称此举不但"无济于事",而且助长了"对以色列的妖魔化"。④ 更多的批评者质疑"B'tselem"报告的数据准确性和由此判断的正确性。如 2014 年非政治组织"NGO Monito"⑤批评"B'tselem"在 2014 年以色列与加沙冲突中伤亡的报道说:"B'tselem"提供了所谓的"初始"和"初步"数

---

① 据"B'tselem"网(btselem. org):About B'Tselem. https://www. btselem. org/about_btselem
② Jonathan Lisgili Cohen. Military Advocate General,Avichai Mendelblit,Speaks on Chico Tamir, and also on B'Tselem [N]. Haaretz, 2009 - 09 - 18 (Hebrew).
③ Arik Bender. The parliamentary committee will investigate B'Tselem,Adalah and a new Profile [N]. Makor Rishon, 2011 - 01 - 10 (Hebrew).
④ TOI Staff. Leftist MK:By going to UN,B'Tselem helps 'demonization of Israel' [N]. The Times of Israel,2016 - 10 - 15.
⑤ "NGO Monitor"是位于耶路撒冷的一个非政府组织,其政治倾向是亲以色列和右翼。"NGO Monitor"在其使命声明中说,其成立是为了"促进问责制,并在阿以冲突的框架内推动对人道非政府组织的报告和活动进行有力的讨论"。

据,但这些数据无法验证,仅基于来自哈马斯控制的加沙地带巴勒斯坦人的信息。①

这些批评无法动摇"B'tselem"的信念。"B'tselem"在其网站上指出,它过去的所有工作是在假设占领是一种暂时状况所做;然而,在半个多世纪的占领之后,以色列实施的政策巩固了表明长期意图的重大变化,这一现实显然已不能再被视为暂时的。为此,"B'tselem"更明确地表明:"B'tselem"以人权组织的身份,现在明确要求结束占领。为了促进这一目标,"B'tselem"将致力于揭露占领政权固有的不公正、暴力和剥夺权利,解构使其成为可能的机构,并挑战其在以色列和国际上的合法性。由此观之,"现在就和平"和"B'tselem"两个人权组织,前者的重心在监测西岸定居点的扩建和非法定居,后者的重心在揭露巴勒斯坦被占领土当局的侵犯人权和犹太定居者的以暴制暴。它们与极正统派犹太教定居者的"以色列地"愿景、与以色列右翼政府的冲突将长期存在下去。

二、"出于良心拒服兵役"运动

1. 1980 年代的"凡事有个极限"运动

由于以色列总人口较少(1948 年为 806 万)、环以色列全部为阿拉伯国家且处于敌对状态,因而以色列建国次年 1949 年制定的兵役法律文件《国防服务法》②规定,所有以色列公民和永久居民均应服兵役。但是,考虑到以色列阿拉伯裔公民的因素,以色列《国防服务法》在总原则下又具体规定,自动豁免所有非犹太妇女和所有阿拉伯男子(德

---

① Benjamin Weinthal. B'Tselem's Gaza war statistics under fire [N]. The Jerusalem Post, 2014 - 08 - 20.

② 1949 年至今,以色列《国防服务法》(Defense Service Law)几经修订,1959 年和 1986 年作了重要修订。

鲁兹人①除外)免于服兵役,而以色列阿拉伯人也可以自愿服兵役(后来的实际情况是,除了以色列贝都因人,其他阿拉伯裔公民很少这样做)。可见,以色列公民可以出于民族和宗教原因(阿拉伯裔)免除兵役。

　　"出于良心拒服兵役"(conscientious objection)运动在以色列建国的头二十年里已经出现,在此期间的"出于良心拒服兵役"体现的是和平主义、教育、犹太复国主义和非政治路线。然而,1967 年的六日战争改变了以色列"出于良心拒服兵役"的性质。六日战争过程中没有发生拒绝兵役的情况,因为以色列人坚信这场战争是一场正义之战,但战后以色列开始加强对战争中所征服的领土的控制,则出现了拒绝在巴勒斯坦被占领土上服役的情形。这是一种政治拒绝,是一种旨在影响政府政策的新型异议。②

　　以色列对于士兵"出于良心拒服兵役",在 1971—1979 年期间,国防部通融地允许这种拒绝者在被部队挑选时将安排在"绿线"③的以色列境内一侧服役。④ 1979 年,高中毕业生加德·埃尔加齐(Gad Elgazi)等 27 名高中毕业生发表了一封信,声明他们反对占领西岸和加沙地

---

① 以色列德鲁兹人(Israeli Druze),阿拉伯裔,据以色列中央统计局数据,2019 年以色列德鲁兹人人口为 14.3 万人。尽管德鲁兹人的宗教信仰最初是从伊斯兰教伊斯玛仪派(Ismaili Islam)发展而来的,但德鲁兹人并不认为自己是穆斯林。德鲁兹人是唯一被征召入伍的非犹太人少数群体,在以色列国防军中举足轻重,他们甚至在以色列国防军的精锐部队中服役。

② Alek D. Epstein. The freedom of conscience and sociological perspectives on dilemmas of collective secular disobedience: the case of Israel [J]. Journal of Human Rights, Vol. 1, No. 3, 2002, pp. 305 - 320.

③ 绿线(Green Line),1948 年第一次中东战争后,以色列与埃及、约旦、叙利亚、黎巴嫩之间根据 1949 年停战协议划定的分界线。

④ Alek D. Epstein. In search of legitimacy: development of conscientious objection in Israel from the founding of the state to the Lebanon campaign [J]. Israeli Sociology, 1(2), 1999, pp. 319 - 354 (Hebrew).

带,当他们被要求服兵役时将拒绝在西岸被占领土上服役。而入伍后,埃尔加齐却仍然被安排到被占领土服役,他拒绝命令。在被连续监禁3个月后,他向最高法院提出上诉,称鉴于国防部以前给予的豁免,他受到了歧视。

对此,军方的法律顾问解释道:"军队当局向反对者保证,只要拒绝是一种孤立的现象,他们将可按照自己的意愿驻扎在以色列境内。但是曾经是以色列国防军应对的零星拒绝事件,现在已经改变了性质,变成了有组织的抗议活动,其目的是把以色列国防军——必须脱离任何政治或意识形态争论的国家军队——变成一种军队无法参与的对抗的战场。"①最高法院在此案(埃尔加齐诉国防部长和其他人案)的判词中指出:"任何军事组织都不能容忍存在一项一般原则,根据这一原则,无论是出于经济或社会原因或者出于良心的原因,士兵个人可以自己规定其服役地点。"自1980年埃尔加齐案的判例开始,以色列对"出于良心拒服兵役",从允许变更服役地点改变为不被允许。

世界上最早的"出于良心拒服兵役"案例可追溯到295年,当时,罗马退伍军人的儿子、21岁的马克西米利亚努斯(Maximiliannus)被征召入伍。然而,他告诉努米底亚省的总督,由于他的宗教信仰,他不能当兵。他坚持拒绝以至最终被处决。随后,他被封为圣马克西米利安(Saint Maximilian)。② 在近代,"出于良心拒服兵役"的政治基础来源于人的基本权利。1948年《世界人权宣言》第18条"人人有权享有思想、良心和宗教的自由"定义了人的基本权利包括"良心"的自由。欧洲的英国、德国、法国、芬兰、西班牙等国家,美洲的加拿大、美国、哥伦比亚,亚洲的韩国,非洲的南非,都发生过"出于良心拒服兵役"的事例,其

---

① Y. Peri. Israel: conscientious objection in a democracy under siege [M].//C. Moskos, J. Chambers (ed.). The New Conscientious Objection. Oxford: Oxford University Press, 1993, pp. 146 - 157.

② Peter Brock. Pacifism in Europe to 1914 [M]. Princeton University Press, 1972, p. 13.

中政府或军方有允许也有不允许。值得指出的是，2016 年《欧盟基本权利宪章》第 10 条，在引述了《世界人权宣言》第 18 条之后指出："根据国家法律行使这一权利，承认出于良心拒服兵役的权利。"

　　1982 年，以色列一批即将参加黎巴嫩战争（即第五次中东战争）的预备役士兵发起了"Yesh Gvul"（中文一般译为"凡事有个极限"）运动。近 3000 名预备役军人签署了请愿书，其中写道："你们试图用战争来解决巴勒斯坦问题，……在黎巴嫩的废墟上强加一种'新秩序'，为了长枪党而使我们和其他人流血。这不是我们加入以色列国防军的目的。"这份请愿书界定了这场"凡事有个极限"运动的性质——旨在支持拒绝者和出于良心拒服兵役者的政治运动。签署请愿书的其中 160 人因拒绝在黎巴嫩领土服役而被监禁。黎巴嫩战争后，"凡事有个极限"运动转向反对以色列对西岸和加沙的占领，支持在巴勒斯坦被占领土上"出于良心拒服兵役"。1987 年第一次因提法达爆发时，该运动发表了一项 2500 名预备役士兵签署的拒绝在巴勒斯坦被占领土服役的声明。2000 年第二次因提法达爆发时，"凡事有个极限"运动又起草了一份新的请愿书："占领仍在无休止地继续……这不是我们的战争！我们以色列国防军士兵宣布，我们不会参加在被占领土上对巴勒斯坦人的无休止的压迫，也不会参与为此目的在定居点内维持治安和守卫的活动。"①

　　据"凡事有个极限"网站自述，关于界限或极限的基本假设是，民主国家的每个公民在服兵役时都必须确定自己的红线是什么，以及哪些行动跨越了这些界限。该运动反对将作为义务兵和预备役军人置于以色列公民职责之首，主张公民有反对占领和拒绝非防御性战争的权利，并有权利选择性拒服兵役而寻求另一种国民服役的形式。

---

① 据"Yesh Gvul"网（yesh-gvul. org. il）：About Yesh-Gvul. http://www. yesh-gvul. org. il/english

2. 2000 年代的"勇于拒绝"运动

2002 年 1 月,以色列《国土报》上刊登了一则 50 名预备役军人签署的"启事",后来它被称为"士兵信"(The Soldiers' Letter)。信中说:"我们,以色列国防军的预备役战斗军官和士兵,我们是在犹太复国主义的原则下成长起来的,我们为以色列人民和以色列国作出牺牲和奉献,我们一直在前线服役。我们这些每年在以色列国服役数周之久的战斗军官和士兵,尽管我们的个人生命付出了巨大代价,但在整个巴勒斯坦被占领土上一直在执行预备役任务,他们的命令和指示与我们国家的安全毫无关系,其唯一目的是使我们对巴勒斯坦人民的控制永久化。我们亲眼目睹了这场占领使双方付出的血腥代价。我们现在明白,占领的代价是以色列国防军人性的丧失和整个以色列社会的堕落。我们在此宣布,我们将不再继续为定居点的战争而作战。我们不会为了统治、驱逐、饿死和羞辱整个民族而继续在 1967 年边界之外进行战斗。我们在此声明,我们将继续在以色列国防军服役,执行任何为以色列国防服务的其他任务。占领和压迫的任务不符合这个目的,我们不参与其中。"[1]此信在整个以色列引起了广泛争议,并为和平运动注入了新的活力并形成"勇于拒绝"运动(Ometz LeSarev)。2004 年,"勇于拒绝"运动及其创始人之一、以色列国防军预备役上尉大卫·佐辛(David Zonshein)获得诺贝尔和平奖提名。[2]

以色列人权组织和"出于良心拒服兵役"思潮的产生和发展,始终关联着巴以冲突、巴勒斯坦被占领土、西岸定居点等重要政治议程和公众话题。作为公民运动,它们对于以色列的政府决策和社会走向不断产生着影响。

---

① Emil Grunzweig. The officers letter [EB/OL]. https://www.peacelink.nu/Militarnekt/Israel_officers_letter.html.

② Lily Galili. Courage to Refuse nominated for Nobel Peace Prize [N]. Haaretz,2004 - 09 - 29

　　1986年,摩西·列维(Moshe Levi)中将在其参谋长任期即将结束时承认,士兵拒绝在黎巴嫩服役的活动,对国防部决定开始从黎巴嫩撤出以色列国防军起了作用。① 同时,爱普斯顿(Alek D. Epsten)指出②,自1973年以来的政治抗议和公民不服从③也成为以色列右翼激进分子的工具。在1990年代中期,"出于良心拒服兵役"的思想成为以色列极右组织政治哲学的一个重要组成部分。极右翼"佐阿特泽努"④主席摩西·费格林(Moshe Feiglin)认为,只有真正的斗争,即不妥协的公民不服从和大批人准备被逮捕,才能动员群众反对政府,有效地阻止巴以和平进程。⑤ 犹地亚和撒马利亚定居运动的著名世俗领袖埃尔亚基姆·海茨尼(Elyakim Haetzni)是第一个将个人非法化的语言引入激进的右翼斗争词典的人。自1992年以来,他将大部分的精力投入到定居者版本的公民不服从上。在海茨尼看来,"凡事有个极限"运动的成员认为在巴勒斯坦被占领土上服兵役违反了他们的信仰,他们有理由不服从法律,海茨尼由此要求他的读者、朋友和敌人都尊重定居者不服

---

① Y. Peri. Israel: conscientious objection in a democracy under siege [M]. //C. Moskos, J. Chambers (ed.). The New Conscientious Objection. Oxford: Oxford University Press, 1993, pp. 146 - 157.

② Alek D. Epsten. The freedom of conscience and sociological perspectives on dilemmas of collective secular disobedience: the case of Israel [J]. Journal of Human Rights, Vol. 1, No. 3, 2002, pp. 305 - 320.

③ 公民不服从(civil disobedience)是指:在一个民主政治社会中,公民(个人或群体)以直接或间接的方式,非暴力、故意、公开地违反与自己的政治、道德或宗教信念不符的法律、政策或裁判——恶法,并且自愿接受因此导致的国家制裁。公民不服从是西方民主政治社会中一直存在的社会现象。在西方民主政治社会中,自由主义作为社会主流意识形态贯穿始终,自然法高于实在法、个人自由高于国家权威等自由主义基本理念,成为公民不服从正当性的理论基础。见:李寿初. 公民不服从的正当性辨析[J]. 上海交通大学学报,2013(1).

④ 佐阿特泽努(Zo Artzeinu)是以色列的右翼民族主义政治抗议运动,目的是在1990年代初期阻止以色列对阿拉伯人的土地让步。

⑤ Moshe Feigelin. The Ideological Failure and the Tactical Blunder [J]. Nekuda, No. 180, September 1994 (Hebrew).

从涉及投降"埃雷兹以色列"领土的命令的权利。他警告说,不管以色列和巴勒斯坦签订什么协议,以色列定居者都不会撤离他们的定居点。

三、退役士兵的"打破沉默"运动

随着第二次因提法达的爆发,被占领土上以色列军队与巴勒斯坦人的冲突加剧,以军士兵执行了更多的反恐行动和其他对巴勒斯坦人的军事任务,由此也加剧了被占领土上的人道主义危机。在此期间,一群曾在希伯伦服役的士兵于 2004 年 3 月创立"打破沉默"(Breaking the Silence)组织和网站。之后,它逐渐发展成为一种旨在结束以色列占领的公民运动,至今仍然活跃于以色列社会。

该组织通过其网站平台,明确地阐释了它的理念、目标和任务。[1]

第一,"打破沉默"通过公布士兵在巴勒斯坦被占领土上服役的证词,使公众了解以色列军事统治下,巴勒斯坦平民在被占领土上的日常现实。该组织指出,虐待巴勒斯坦人、抢劫和破坏他们财产的案件多年来一直是巴勒斯坦被占领土上的常态,退役士兵的证词描绘了这些他们见证并参与的军事行动,但这些事件却一直被以色列官方描述为"极端"和"独特"的案件。

第二,"打破沉默"以公布士兵在巴勒斯坦被占领土服役期间亲眼目睹的现实,引发以色列社会有意义的公开辩论。通过对以色列社会,为巩固目前的占领制度所付出的重大道德代价的讨论,激起反对占领的意识。

第三,"打破沉默"认为占领不是一个解决巴以冲突的方案,因为对平民的军事统治永远不可能是道德的或人道的,所以,"打破沉默"的明

---

[1] 均据 https://www.breakingthesilence.org.il.

确目标是结束占领,而不是改善占领状况或使占领更加人道。

"打破沉默"在其网站上,收集并公布了自 2000 年 9 月以来在西岸、加沙和东耶路撒冷服役的以色列国防军、边防军和安全部队士兵的书面和视频证词。已收集的 1 000 多份证词,通过士兵的亲身经历,让公众了解在巴勒斯坦被占领土上以色列涉及虐待、逮捕、暗杀、羞辱、执法、抢劫、监视、暴力等 27 个(证词分类)方面的现实,其中包括定居点、定居者暴力。①

公布士兵证词涉及军事行动细节和军事秘密,是个敏感问题。为此,"打破沉默"声称,他们与提供证词的"消息来源"(作证者)会面,进行数小时的深度访谈。所有事实都与其他目击者、有关人权组织的档案进行了交叉核对。所有准备出版的材料都要提交给军事审查办公室,只有经过批准,证词才会在"打破沉默"网站和其他出版物上发表。除了线上活动,该组织还在线下举办讲座、会议和包括国外巡讲等其他公共活动,让"打破沉默"的声音得到更深广的传播。另外,退役士兵的这种负面事实披露受到来自军队指挥官和社会的压力,为此,大多数士兵在证词被公布时选择了匿名的方式。②

作为左翼政治倾向的"打破沉默"受到右翼组织的质疑。右翼组织指责"打破沉默"收集的证词基于匿名、无法验证、未经军队调查、得到外国资助等,认为它强调以色列军事行动的消极方面,威胁国家安全,损害以色列的海外形象。③ 同时,"打破沉默"受到政府的指责,如 2015 年,内塔尼亚胡总理在以色列议会中谴责"打破沉默"在世界各地的听众面前"诽谤"以色列士兵;国防部长将"打破沉默"的动机描述为"恶意",并禁止其参与涉及士兵的活动;教育部长禁止"打破沉默"进入公

① https://www. breakingthesilence. org. il.

② https://www. breakingthesilence. org. il

③ 参见 NGO Monitor 网页: Breaking the Silence. https://www. ngo-monitor. org/ngos/
breaking_the_silence_shovirm_shtika_/.

立学校。[①]

　　虽然受到来自右翼组织的质疑,以及来自军方和政府的压力,但"打破沉默"对政府的批评依旧针锋相对。2020 年"中东和平新计划"公布后,"打破沉默"的创始人之一耶胡达·肖尔发表文章,指称"中东和平新计划"并不新鲜,而是剽窃了 1979 年世界犹太复国主义组织发布的德罗布尔斯计划[②]。确实,德罗布尔斯 40 年前说的"我们保持对犹地亚和撒马利亚领土永久控制的意图不会有任何怀疑",与"中东和平新计划"的以色列绝对控制西岸论一脉相承,因此,肖尔指责"中东和平新计划"实际上是德罗布尔斯计划的 2.0 版。[③]

本章小结

　　从六日战争至今,以色列对巴勒斯坦领土的长期占领,以及在占领区域的犹太定居点活动,受到来自各个层级和各种层面的制衡。一方面,从制衡的层级来看,对西岸定居点活动的制衡来自国际、区域和国内三个层级。具体来说,就国际层级的制衡而言,联合国大会、安全理事会、人权理事会和国际法院发挥了极为关键的作用;受世界大国及其联盟主导的国际政治格局产生了重要的制衡作用;国际公民社会针对以色列的联合抵制行动也对以色列施加了一定制约。就区域层级的制衡而言,与以色列处于同一个地区安全复合体中的周边阿拉伯国家是最为直接的制约力量。就国内层级的制衡而言,以色列国内公民社会

① Isabel Kershner. Israeli Veterans' Criticism of West Bank Occupation Incites Furor [N]. The New York Times,2015 - 12 - 23.

② 德罗布尔斯计划(Drobles Plan),正式名称为"1979—1983 年犹地亚和撒马利亚定居点发展总体规划"。

③ Yehuda Shaul. Trump's Middle East Peace Plan Isn't New. It Plagiarized a 40-Year-Old Israeli Initiative. [EB/OL]. https://foreignpolicy.com/2020/02/11/trump-middle-east-peace-plan-isnt-new-israeli-palestinian-drobles/.

的各种组织和运动发挥着极为重要的制约作用。其中最重要的公民运动是以色列的和平主义运动。得益于世界范围内追求和平的反战运动的兴起,也得益于以色列社会的民主多元特质,许多宣扬人权、反对战争、谋求和平的非政府组织及运动成为重要的制约力量。

另一方面,从制衡的层面来看,有法律、政治和军事等层面的制约,也有经济、文化、观念、伦理等层面的制衡。具体来说,联合国和国际法院等国际组织依据国际人道法和国际人权法形成了法律和伦理层面的制衡,国际公民社会通过联合抵制活动形成了经济、文化和学术层面的制衡,世界大国及其联盟所构成的权力格局形成了政治层面的制衡,以色列与周边阿拉伯国家的军事实力对比形成了军事层面的制衡,以色列公民社会中的和平运动与人权组织形成了观念和伦理层面的制衡。

总的来说,这些不同层级和不同层面的制衡相互交织,形成一种尚不协调、也不稳定、却有一定成效的"多层制衡"机制,从而使冲突限制在一种低度不稳定的、不至于急剧恶化、但又尚未达到和解的中间状态。它牵制了以色列政府的西岸定居点活动,即便右翼利库德集团也无法公开吞并约旦河西岸;它把西岸定居点的巴以暴力冲突压制在一定限度内,不至于重新陷入那种剧烈程度高、伤亡规模大的传统军事战争;同时,它还开启了巴以和平进程,尽管和平进程仍然时断时续,但由于这一制衡机制的存在,各方力量仍在极力促进和平进程的重启。

结　论

　　本书以约旦河西岸犹太定居点为中心,研究领土纷争中的巴以冲突与多层制衡。这项研究是在"战争的衰落和冲突的持续"这一历史背景下展开的。约翰·米勒教授在《远离世界末日:消失的大国战争》以及《残留的战争》等著作中为我们展现了这一历史背景。一方面,各种传统的战争,尤其是大国之间的战争或发达国家之间的战争,可以说逐渐退出历史舞台;同样,一般的国际战争、传统的国家内战、殖民战争和意识形态战争也都有了明显的衰落。另一方面,在世界的某些地区暴力冲突仍然正在持续,一种是发展中国家的、常常被称作"新战争"的非传统内战,另一种是恐怖主义,即由个人或小群体基于某种特定目的而发动的武装暴力。这些残留的暴力冲突主要以地区性的、小规模的、低烈度的、间断性的方式继续存在。米勒教授详细阐述和分析了人类从战争频繁爆发到趋于和平稳定的整个历史过程。由此,他得出的核心结论是:战争之所以衰落,主要是因为人们的战争理念在 20 世纪发生了极为明显的转变;随着和平运动的兴起,战争机制不断遭到批判,继而被渐渐遗弃。

　　笔者同意米勒教授的"战争的衰落和冲突的持续"这一基本的事实判断。自 1967 年六日战争以来约旦河西岸犹太定居点暴力冲突的走势,与世界范围内战争的衰落和暴力的减弱趋势是一致的。但另一方面,笔者不同意米勒教授的核心论点,即战争的衰落和暴力的减弱主要是因为战争理念的明显变化。笔者承认,反战观念的流行与和平运动的兴起确实会对暴力冲突产生重要的制衡作用,这一点在巴以冲突中有很好的体现;但是,除了战争理念的变化与和平运动的兴起之外,巴以冲突还受到其他各式各样重要因素的制衡。因此,本书的做法是尽可能全面地识别战争衰落和冲突持续的诸多影响因素,而不是单以战争观念的转变作为主要影响因素。

通过细致考察约旦河西岸巴以冲突的方方面面,本书得出如下核心结论。第一点是关于冲突的理解。如导论部分所述,塞缪尔·亨廷顿教授主要把冲突阐释为文明之间的冲突;巴里·布赞教授仅把安全这一视角纳入关于中东地区冲突的分析框架;约翰·米勒教授认为,大部分残留的暴力冲突只是把种族、民族、文化和宗教信仰当作幌子,实质上更接近于一般的高强度犯罪。而本书对巴以冲突的考察,则不局限于冲突的任何单一方面。笔者认为,巴以冲突表面上体现为因领土纷争而导致的暴力、军事和政治冲突,背后又确实夹杂着强烈的民族和宗教冲突的因素,结果又引发了经济和社会等方面的冲突和摩擦。因此,巴以冲突是一种多层面的冲突,是由多种错综复杂的因素构成的复合冲突。

第二点是应该以"冲突与制衡"的双重视角替代"冲突"这个单一视角。无论是亨廷顿教授的"文明的冲突"理论,布赞教授的"地区安全复合体"理论,还是米勒教授的"残留的战争"理论,都主要从冲突这个单一视角出发来理解问题。制衡的一面几乎完全被忽视了,冲突与制衡之间的关联被打断了。而笔者则认为,至少就1967年六日战争至今的约旦河西岸而言,巴以冲突受到诸多制衡因素的影响,因此冲突与制衡这两方面无法被割裂开来单独看待。

第三点是关于"多层制衡"的分析框架。笔者受到布赞教授"地区安全复合体"理论中的层级分析框架的启发,分别从国际、区域和国内三个层级来建构巴以冲突的制衡机制。就国际层级而言,联合国和国际法院等国际组织,国际公民社会的联合行动,美国、英国、苏联-俄罗斯和欧盟等世界大国或联盟,都对约旦河西岸的定居点活动和暴力冲突起到了重要的制衡作用。就区域层级而言,以色列周边的重要阿拉伯国家形成了一股重要的制衡力量。就国内层级而言,以色列国内的和平运动和人权组织都是极为重要的制衡因素。而且,这些制衡既体现在军事、政治和法律的层面,也体现在经济、社会和文化的层面,亦体现在伦理和道德的层面。

不同层级和不同层面的制衡以错综复杂的方式交织在一起。例如,联合国和国际法院等国际组织依据国际人道法和国际人权法形成了法律和伦理层面的制衡,国际公民社会通过联合抵制活动形成了经济、文化和学术层面的制衡,世界大国及其联盟所构成的权力格局形成了政治层面的制衡,以色列与周边阿拉伯国家的军事实力对比形成了军事层面的制衡,以色列公民社会中的和平运动与人权组织形成了观念和伦理层面的制衡。这些不同的力量大体上构成了一个网状的制衡机制。

第四点是关于冲突与多层制衡所产生的结果。笔者认为,这个多层制衡机制可能既不协调,也不稳定,更远非完善。其中一些制衡因素可能产生之后又慢慢减弱或者消失,例如政府的更替、苏联的解体或者和平运动的衰微。然而,它对约旦河西岸的巴以冲突确实产生了有一定成效的制约作用。它牵制了以色列政府的西岸定居点活动,即便右翼利库德集团也无法明目张胆地开展吞并约旦河西岸的计划;它把西岸定居点的巴以暴力冲突压制在一定限度内,不至于重新陷入那种剧烈程度高、伤亡规模大的传统军事战争;可以说,它还开启了巴以和平进程,尽管和平进程仍然时断时续,但由于这一制衡机制的存在,各方力量仍在极力促进和平进程的重启。

第五点是关于巴以冲突未来的可能解决办法。米勒教授认为,大部分残留的暴力冲突只是以种族、民族、文化和宗教信仰之名；它们实质上更接近于一般的犯罪，它们所产生的问题实质上更接近于治安问题。所以，米勒把发达国家针对它们采取的武装行动定性为"治安战"或维和战。但是，他又认为国际的治安战受到各种因素的制约，因此难以被机制化，无法成为解决残留暴力冲突的长效机制。他所提出的替代解决方式是组建高效而强有力的国家，由本国政府的治安力量去应对残余的暴力恐怖事件。事实上，这种治安化和司法化的做法已经被以色列政府所实际采用，成为巴以暴力冲突的一种常规应对措施。许多学术研究也已经对这种做法的有效性进行了评估。

笔者承认，治安化和司法化是在当下控制巴以暴力冲突的一个切实可行的办法。它可以通过国家的警力来把暴力控制在最低限度，而这也符合通常的人道要求。尽管如此，笔者认为，单靠治安化和司法化却不足以为巴以和平的进程、巴以之间的真正和解提供任何方向。如前文所述，与国际学界现有的三种有影响力的冲突阐释模式相比，本书的研究路径是一种更为具有包容性的路径。既然巴以冲突是一种包含各种因素的复合冲突，对巴以冲突的制衡是一种多层级和多层面的复合制衡，那么，巴以关系要从冲突模式转向和平友好模式，其路径必然也是一种多重的和复合的路径，而不是任何单一的路径。有些持民主和平论的学者认为民主化可以带来和平，有些学者认为应该依靠国际社会的更多努力，或者如米勒这样的学者认为可以依靠建构更加强有力的国家和政府。笔者则认为，巴以冲突无法单靠任何单一力量或因素就能解决；巴以冲突模式的化解与和平友好模式的建构，需要国际社会、中东地区、以色列国内三个层级的共同努力，需要法律、政治、经济、文化、伦理等多个层面因素的合力共振才能实现。

附 录

以色列的地区委员会及所属的区列表

地区委员会（Regional Council）	区（District）
布伦纳（Brenner）地区委员会 德罗姆哈沙隆（Drom HaSharon）地区委员会 甘瑞夫（Gan Raveh）地区委员会 格德罗（Gederot）地区委员会 盖泽尔（Gezer）地区委员会 赫弗谷/埃梅克海弗（Hefer Valley/Emek Hefer）地区委员会 赫维尔莫迪因（Hevel Modi'in）地区委员会* 海维尔亚夫内（Hevel Yavne）地区委员会 霍夫哈沙隆（Hof HaSharon）地区委员会 列夫哈沙隆（Lev HaSharon）地区委员会 纳哈尔索雷克（Nahal Sorek）地区委员会 斯多丹（Sdot Dan）地区委员会	中部区
阿洛纳（Alona）地区委员会 霍夫哈卡迈尔（Hof HaCarmel）地区委员会 梅纳什（Menashe）地区委员会 泽夫伦（Zevulun）地区委员会	海法区
马特耶胡达（Mateh Yehuda）地区委员会	耶路撒冷区
古什埃齐翁（Gush Etzion）地区委员会* 哈赫夫隆（Har Hevron）地区委员会* 南约旦河谷/比克哈亚顿（Southern Jordan Valley/Bik'at HaYarden）地区委员会* 马特本雅明（Mateh Binyamin）地区委员会* 梅吉洛特（Megilot）地区委员会* 肖姆龙（Shomron）地区委员会*	犹地亚和撒马利亚区

（续表）

地区委员会（Regional Council）	区（District）
布斯坦马尔杰（Bustan al-Marj）地区委员会 下加利利（Lower Galilee）地区委员会 上加利利（Upper Galilee）地区委员会 吉尔博（Gilboa）地区委员会 戈兰（Golan）地区委员会 耶斯列谷/埃梅克耶兹里尔（Jezreel Valley/Emek Yizreel）地区委员会 北约旦河谷/埃梅克·哈雅顿（Northern Jordan Valley/Emek HaYarden）地区委员会 马阿莱约瑟夫（Ma'ale Yosef）地区委员会 马特阿舍（Mateh Asher）地区委员会 梅吉多（Megiddo）地区委员会 梅罗姆哈加利尔（Merom HaGalil）地区委员会 梅沃哈赫蒙（Mevo'ot HaHermon）地区委员会 米斯卡夫（Misgav）地区委员会 泉谷（Valley of Springs）地区委员会 巴图夫（al-Batuf）地区委员会	北部区
卡索姆（al-Kasom）地区委员会 比尔图维亚（Be'er Tuvia）地区委员会 伯内希蒙（Bnei Shimon）地区委员会 阿拉瓦中部（Central Arava）地区委员会 艾希科尔（Eshkol）地区委员会 海维尔埃洛特（Hevel Eilot）地区委员会 霍夫阿什克伦（Hof Ashkelon）地区委员会 拉基什（Lakhish）地区委员会 梅哈维姆（Merhavim）地区委员会 内维米德巴（Neve Midbar）地区委员会 拉马特内盖夫（Ramat Negev）地区委员会 斯多内盖夫/阿扎塔（Sdot Negev/Azata）地区委员会 沙尔哈内盖夫（Sha'ar HaNegev）地区委员会 沙菲尔（Shafir）地区委员会 塔玛（Tamar）地区委员会 约阿夫（Yoav）地区委员会	南部区

笔者说明：（1）资料来源：https://en. wikipedia. org/wiki/Regional_council_（Israel）；（2）有新旧不同名称的，分列"/"前后；（3）标 * 的 7 个地区委员会，覆盖了西岸全部共 128 个定居点；（4）以色列的区，相当于有些国家的省（直辖市）。

西岸全部 128 个定居点及所属地区委员会列表（截至 2019 年）

定居点名称	人口 （2019 年）	建立 时间（年）	所属地区委员会 （regional council）
阿尔加曼（Argaman）	132	1968	南约旦河谷 （Bik'at HaYarden） 地区委员会
贝卡奥特（Beka'ot）	182	1972	
吉加尔（Gilgal）	203	1970	
吉蒂特（Gitit）	504	1973	
哈姆拉（Hamra）	173	1971	
汉达（Hemdat）	296	1980	
马阿莱埃弗赖林（Ma'ale Efrayim）	1 260	1970	
马斯基特（Maskiot）	310	1986	
马苏亚（Masua）	184	1970	
梅霍拉（Mehola）	609	1968	
梅科拉（Mekhora）	166	1973	
内蒂夫哈格杜德（Netiv HaGdud）	212	1976	
尼兰（Niran）	数据暂缺	1977	
纳奥米（Na'omi）	165	1982	
佩扎埃（Petza'el）	304	1975	
罗伊（Ro'i）	175	1976	
罗特姆（Rotem）	228	1983	
沙德莫特梅霍拉（Shadmot Mehola）	666	1979	
托默尔（Tomer）	276	1978	
雅菲特（Yafit）	202	1980	
伊塔夫（Yitav）	358	1970	
拉皮德（Lapid）	2 394	1996	赫维尔莫迪因 （Hevel Modi'in） 地区委员会
阿隆什夫特（Alon Shvut）	3 098	1970	古什埃齐翁 （Gush Etzion） 地区委员会
阿斯法（Asfar）	932	1983	
巴特阿因（Bat Ayin）	1 568	1989	
贝塔尔伊利特（Beitar Illit）	59 270	1985	
卡尔梅祖尔（Karmei Tzur）	1 001	1984	
埃弗拉特/埃弗拉塔（Efrat/Efrata）	10 806	1980	
埃拉扎尔（Elazar）	2 459	1975	
加内莫迪因（Ganei Modi'in）	2 603	1985	
哈吉罗（Har Gilo）	1 635	1972	
凯达尔（Kedar）	1 599	1985	
卡法埃齐翁（Kfar Etzion）	1 156	1967	

（续表）

定居点名称	人口 （2019 年）	建立 时间（年）	所属地区委员会 （regional council）
马阿莱阿杜姆（Ma'ale Adumim）	38 155	1975	
马阿莱阿莫斯（Ma'ale Amos）	663	1981	
米格达兹（Migdal Oz）	575	1977	
内夫丹尼尔（Neve Daniel）	2 322	1982	
诺丁（Nokdim）	2 383	1982	
罗什祖里姆（Rosh Tzurim）	933	1969	
特科阿（Tekoa）	4 076	1977	
阿多拉（Adora）	462	1984	
贝特亚提尔（Beit Yatir）	550	1983	
卡梅尔（Carmel）	437	1981	
埃什科洛特（Eshkolot）	577	1982	
贝特哈盖（Beit Hagai）	667	1984	
基里亚特阿尔巴（Kiryat Arba）	7 326	1972	
马翁（Ma'on）	595	1981	哈赫夫隆
内哥霍特（Negohot）	352	1999	（Har Hevron）
奥特尼尔（Otniel）	1 044	1983	地区委员会
马阿莱哈弗（Ma'ale Hever）	635	1982	
桑萨纳（Sansana）	519	1997	
丽芙妮（Livne）	数据暂缺	1989	
希玛（Shim'a）	741	1985	
苏西亚（Susiya）	1 339	1983	
特莱姆（Telem）	445	1982	
特内奥马里姆（Teneh Omarim）	872	1983	
阿尔蒙（Almon）	1 420	1982	
阿特雷特（Ateret）	900	1981	
贝特埃尔（Beit El）	5 973	1977	
贝特荷伦（Beit Horon）	1 437	1977	
多列夫（Dolev）	1 448	1983	
以利（Eli）	4 415	1984	马特本雅明
吉瓦本雅明（Geva Binyamin）	5 682	1984	（Mateh Binyamin）
吉瓦特泽夫（Giv'at Ze'ev）	18 420	1983	地区委员会
吉文哈哈达沙（Giv'on HaHadasha）	1 067	1980	
哈拉米什（Halamish）	数据暂缺	1977	
哈阿达尔（Har Adar）	4 088	1986	
哈索莫奈（Hashmonaim）	2 771	1988	

（续表）

定居点名称	人口 （2019年）	建立 时间（年）	所属地区委员会 （regional council）
卡法尔阿杜明（Kfar Adumim）	4 674	1979	
科哈夫夏沙哈（Kokhav HaShahar）	2 227	1977	
科哈夫雅科夫（Kokhav Ya'akov）	8 541	1985	
马莱莱沃纳（Ma'ale Levona）	906	1983	
马阿莱米赫玛斯（Ma'ale Mikhmas）	1 529	1981	
马蒂亚胡（Matityahu）	891	1981	
卡法哈拉尼姆（Kfar HaOranim）	2 657	1998	
梅沃霍隆（Mevo Horon）	2 669	1970	
米茨佩耶里霍（Mitzpe Yeriho）	2 560	1978	
莫迪因伊利特（Modi'in Illit）	76 374	1996	
纳阿莱（Na'ale）	2 148	1988	
纳列尔（Nahliel）	725	1984	
尼利（Nili）	1 786	1981	
奥夫拉（Ofra）	3 043	1975	
普萨戈特（Psagot）	1 881	1981	
里莫尼姆（Rimonim）	700	1977	
希洛（Shilo）	4 356	1979	
塔尔蒙（Talmon）	4 575	1989	
阿尔莫格（Almog）	254	1977	梅吉洛特 （Megilot） 地区委员会
阿夫纳特（Avnat）	237	1983	
贝特哈拉瓦（Beit HaArava）	350	1980	
卡利亚（Kalya）	438	1968	
米兹佩沙勒姆（Mitzpe Shalem）	207	1971	
弗里德耶里霍（Vered Yeriho）	341	1980	
阿莱扎哈夫（Alei Zahav）	3 399	1982	
阿尔菲梅纳什（Alfei Menashe）	7 952	1983	
阿里埃勒（Ariel）	20 540	1978	
埃夫内伊赫菲茨（Avnei Hefetz）	1 923	1990	
巴坎（Barkan）	1 895	1981	
贝特阿利耶（Beit Aryeh）	5 253	1981	
布鲁金（Brukhin）	1 166	2012	
尔卡纳（Elkana）	3 838	1977	
埃隆莫雷（Elon Moreh）	1 920	1979	
埃纳夫（Einav）	891	1981	
埃茨埃弗拉姆（Etz Efraim）	2 428	1985	

（续表）

定居点名称	人口 （2019 年）	建立 时间（年）	所属地区委员会 （regional council）
哈尔布拉卡（Har Brakha）	2 757	1983	
赫尔墨什（Hermesh）	224	1982	
希纳尼特（Hinanit）	1 410	1981	
伊曼纽尔（Immanuel）	3 906	1983	
伊塔马（Itamar）	1 269	1984	
卡尔尼肖姆龙（Karnei Shomron）	8 135	1978	
凯杜米姆（Kedumim）	4 544	1977	
卡法塔普阿赫（Kfar Tapuach）	1 312	1978	
克里亚特内塔菲姆（Kiryat Netafim）	958	1983	
马阿莱肖姆龙（Ma'ale Shomron）	996	1980	
梅沃多森（Mevo Dothan）	448	1978	
米格达利姆（Migdalim）	447	1983	肖姆龙
诺菲姆（Nofim）	864	1987	(Shomron)
奥拉尼特（Oranit）	8 955	1985	地区委员会
佩杜埃尔（Peduel）	2 010	1984	
雷赫利姆（Rehelim）	802	2013	
雷汉（Reihan）	330	1977	
勒瓦瓦（Revava）	2 632	1991	
萨利特（Sal'it）	1 331	1977	
沙阿雷提克瓦（Sha'arei Tikva）	6 039	1983	
谢克德（Shaked）	962	1981	
沙维肖姆龙（Shavei Shomron）	977	1977	
雅基尔（Yakir）	2 288	1981	
以斯哈（Yitzhar）	1 726	1983	
托菲姆（Tzofim）	2 406	1989	

资料来源：（1）定居点：https：//en. wikipedia. org/wiki/List_of_Israeli_settlements；
（2）地区委员会：https：//en. wikipedia. org/wiki/Regional_council_(Israel)

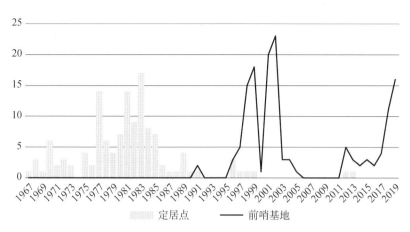

1967—2019 年西岸每年所建定居点、前哨基地数量和消长对比图

资料来源：https：//en. wikipedia. org/wiki/List ＿of ＿Israeli ＿settlements；https：//en. wikipedia. org/wiki/Regional_council＿(Israel)；https：//peacenow. org. il/en/settlements-watch/settlements-data/population 等。

部分术语、译名对照表①

阿高洛	agorot
阿利亚 A	Aliyah Aleph
阿利亚 B	Aliyah Bet
阿利亚运动	Aliyah
阿隆＋计划	Allon Plus Plan
阿隆计划	Allon Plan
埃雷兹以色列	Eretz Israel
巴勒斯坦被占领土/被占领土	occupied Palestinian territories，oPt；Occupied Territories，OT

---

① 说明：1. 本书中有些来自外文（包括英语、希伯来语、阿拉伯语等）的术语和词语，不同学者有不同的中文译法。此表所列，系本书作者所采用的中文表述和它们所对应的外文。2. 人名、地名等译名的中外文列于正文中，此表未收。3. 本书直接引用的中文版的文献，其中的术语、译名保留该文献的译法。

巴勒斯坦选项	Palestinian option
布雷茨以色列	Britz Yisrael
布里哈	Bericha
出于良心拒服兵役	conscientious objection
达希亚主义	Dahiya doctrine
打破沉默	Breaking the Silence
大巴勒斯坦	Greater Palestine
大以色列	Greater Israel
代价标签	price tag
地方委员会	local council
地区委员会	regional council
低限度国家	state-minus
抵制、撤资和制裁	Boycott, Divestment and Sanctions, BDS
定点清除	targeted killings
定居点/犹太定居点	settlement
定居区/共识定居点	settlements blocs
定居者	Settler
杜纳亩	dunam
多层制衡	multiple checks and balances
凡事有个极限	Yesh Gvul
房车	caravans
非正式安全网络	informal security network
高地背后	back of the mountain
公民不服从	civil disobedience
功能主义	functionalist
孤立定居点	isolated settlements
规范性权力	Normative Power
国土报	Haaretz
和解主义	reconciliationist
后苏联1990年代阿利亚运动	1990s post-Soviet aliyah
回归权	right of return
基布兹	kibbutzim
具体报价	concrete offers
卡汉主义	Kahanism
开放桥梁	open bridges
可防御边界	defensible borders

两国解决方案	binational solution
领土主义	territorialist
流散	dispersion
流亡	exile
莫沙夫	moshav
纳哈尔定居点	Nahal settlements
前哨基地	outposts
如果不是现在	IfNotNow
山顶青年	Hilltop Youth
神形/以色列所占领土人权信息中心	B'Tselem
甩石机弦	slings
双民族国家	binational state
土地既成事实	facts on the ground
脱离接触计划	Disengagement Plan
妥拉	Torah
无犹	Judenrein
西岸/约旦河西岸	West Bank
希赫祖约	heahzuyot
现在就和平	Peace Now
相机分发	Camera Project
肖特单词	Schott's Vocab
辛贝特	Shinbet
新历史学家	New historian
新消息报	Yedioth Ahronoth
信仰者集团	Gush Emunim
押沙龙之墓	Tomb of Absalom
耶路撒冷走廊	Jerusalem corridor
耶沙委员会	Yesha Council
耶什丁	Yesh Din
耶希瓦	Yeshiva
伊休夫	Yishuv
以色列安全局	General Security Service，GSS
以色列地	Land of Israel
因提法达	Intifada
勇于拒绝	Ometz LeSarev
犹地亚和撒马利亚	Judea and Samaria

有限自治	limited self-rule
约旦河谷	Jordan Valley
约旦选项	Jordanian option
掷石袭击	stone-throwing
中东四方	Quartet on the Middle East
D 计划	Plan Dalet

西岸犹太定居点及相关事件大事年记（1967—2020 年）

（含耶路撒冷、西奈半岛、戈兰高地、加沙地带犹太定居点）

1967 年　　6 月　　▲　6 月 5 日—10 日，爆发第三次中东战争（六日战争），以色列占领约旦河西岸、东耶路撒冷、加沙地带、戈兰高地。

　　　　　　　　　　▲　6 月 27 日，以色列议会修订了 1948 年的法律和行政条例。这项修正案增加了第 11 条的声明，即"以色列国政府的法律、管辖权和行政应扩展到它所命令的'埃雷兹以色列'（Eretz Israel，以色列地）的任何地区"。

　　　　　　7 月　　▲　7 月 26 日，劳工部长伊加尔·阿隆（Yigal Allon）正式提交给内阁的一项实质性的和平计划（后被非正式地称为"阿隆计划"），计划包括将约旦河定为以色列与约旦的"安全边界"。

　　　　　　当年　　▲　西岸建立了 1 个定居点卡法埃齐翁（Kfar Etzion）；东耶路撒冷建立了 1 个定居点东塔尔皮奥特（East Talpiot）；戈兰高地建立了 1 个定居点梅罗姆戈兰（Merom Golan）；西奈半岛建立了 2 个定居点亚米特（Yamit）、迪克拉（Dikla）。

1968 年　　5 月　　▲　5 月 21 日，联合国安理会以 13 票赞成、0 票反对、2 票弃权（美国、加拿大）通过第 252 号决议。决议重申，不允许凭借军事征服取得领土；所有可能改变耶路撒冷法律地位的立法和行政措施及行动是无效的；促请以色列采取措施立即停止可能改变耶路撒冷地位的行动。

　　　　　　当年　　▲　西岸建立了 3 个定居点阿尔加曼（Argaman）、卡利亚（Kalya）、梅霍拉（Mehola）；戈兰高地建立了 6 个定居点艾因齐万（Ein Zivan）、梅沃哈马（Mevo Hama）、伊莱德（Eliad）、吉瓦特约阿夫（Givat Yoav）、尼奥特戈兰（Neot Golan）、拉马特马吉米姆（Ramat Magshimim）。

1969 年	7 月	▲ 7 月 3 日，安理会一致通过了第 267 号决议，谴责以色列为改变耶路撒冷地位所采取的一切措施；确认以色列所采取的旨在改变耶路撒冷地位的一切立法和行政措施以及行动无效。
	当年	▲ 西岸建立了 1 个定居点罗什祖里姆（Rosh Tzurim）；东耶路撒冷建立了 1 个定居点法国山（French Hill）；西奈半岛建立了 1 个定居点奥菲拉（Ofira）；戈兰高地建立了 1 个定居点拉莫特（Ramot）。
1970 年	当年	▲ 西岸建立了 6 个定居点阿隆什夫特（Alon Shvut）、吉加尔（Gilgal）、马阿莱埃弗赖林（Ma'ale Efrayim）、马苏亚（Masua）、梅沃霍隆（Mevo Horon）、伊塔夫（Yitav）；东耶路撒冷建立了 3 个定居点吉瓦特哈米夫塔（Giv'at Hamivtar）、拉马特埃什科尔（Ramat Eshkol）、桑赫德里亚默赫维特（Sanhedria Murhevet）；加沙地带建立了 1 个定居点卡法达罗姆（Kfar Darom）。
1971 年	当年	▲ 西岸建立了 2 个定居点哈姆拉（Hamra）、米兹佩沙勒姆（Mitzpe Shalem）；西奈半岛建立了 1 个定居点尼维奥特（Neviot）；戈兰高地建立了 2 个定居点厄尔罗姆（El Rom）、格舒尔（Geshur）。
1972 年	当年	▲ 西岸建立了 3 个定居点贝卡奥特（Beka'ot）、哈吉罗（Har Gilo）、基里亚特阿尔巴（Kiryat Arba）；东耶路撒冷建立了 2 个定居点马洛特达夫纳（Ma'alot Dafna）、内夫雅科夫（Neve Yaakov）；西奈半岛建立了 1 个定居点迪扎哈夫（Di-Zahav）；戈兰高地建立了 3 个定居点阿菲克（Afik）、宾尼耶赫达（Bnei Yehuda）、尼夫阿蒂夫（Neve Ativ）；加沙地带建立了 1 个定居点莫拉格（Morag）。
1973 年	10 月	▲ 10 月 6 日—24 日，爆发第四次中东战争。 ▲ 在第四次中东战争后期，联合国安理会于 10 月 22 日通过第 338 号决议，决议内容包括要求有关各方在 12 小时内立即停火，并要求停火后立即开始执行安全理事会第 242 号决议的所有部分。
	当年	▲ 西岸建立了 2 个定居点吉蒂特（Gitit）、梅科拉

（Mekhora）；东耶路撒冷建立了 1 个定居点吉洛（Gilo）；西奈半岛建立了 2 个定居点阿夫沙洛姆（Avshalom）、内提夫哈萨拉（Netiv HaAsara）；戈兰高地建立了 1 个定居点阿夫内伊坦（Avnei Eitan）；加沙地带建立了 2 个定居点卡蒂夫（Katif）、内策哈扎尼（Netzer Hazani）。

1974 年　　2 月　　▲　致力于在约旦河西岸、加沙地带和戈兰高地建立犹太人定居点的以色列右翼团体信仰者集团（Gush Emunim）正式创立。

　　　　　　当年　　▲　东耶路撒冷建立了 1 个定居点拉莫特阿隆（Ramot Allon）；西奈半岛建立了 1 个定居点苏法（Sufa）；戈兰高地建立了 3 个定居点卡法哈鲁夫（Kfar Haruv）、克谢特（Keshet）、诺夫（Nov）。

1975 年　　11 月　　▲　11 月 10 日，联合国大会通过第 3379 号决议，决议指出，犹太复国主义为种族主义和种族歧视的一种形式。

　　　　　　当年　　▲　西岸建立了 4 个定居点埃拉扎尔（Elazar）、马阿莱阿杜姆（Ma'ale Adumim）、奥夫拉（Ofra）、佩扎埃（Petza'el）；戈兰高地建立了 3 个定居点阿莱加姆拉（Ma'ale Gamla）、欧德美（Odem）、约纳坦（Yonatan）。

1976 年　　当年　　▲　由信仰者集团发起的以色列定居点运动阿玛纳（Amana）创立。它的主要目标是"在犹地亚、撒马利亚、戈兰高地、加利利、内盖夫和古什卡蒂夫（Gush Katif）发展社区"。

　　　　　　　　　　▲　西岸建立了 2 个定居点内蒂夫哈格杜德（Netiv HaGdud）、罗伊（Ro'i）。

1977 年　　当年　　▲　利库德集团首次在以色列大选中获胜，第一次打破了自 1948 年建国以来工党执政的格局。利库德集团对领土和定居点的纲领是：犹太人拥有埃雷兹以色列的权利；犹地亚和撒马利亚不会被交给任何外国政府；在地中海与约旦之间将只有以色列的主权。无论是城市还是农村，在以色列地的所有地方，都是犹太复国主义为拯救国家、维护重要的安全地区所作努力的中心，并成为恢复开拓精神的力量和灵感的源泉。政府呼吁以色列的年轻一代和流散者定居下来，帮助每一个群体和个人在这块荒地上居住和耕种，同时注意不要剥夺任何人的土地。

　　　　　　　　　　▲　西岸建立了 14 个定居点阿尔莫格（Almog）、贝特埃尔

（Beit El）、贝特荷伦（Beit Horon）、尔卡纳（Elkana）、哈拉米什（Halamish）、凯杜米姆（Kedumim）、科哈夫夏沙哈（Kokhav HaShahar）、米格达兹（Migdal Oz）、尼兰（Niran）、雷汉（Reihan）、里莫尼姆（Rimonim）、萨利特（Sal'it）、沙维肖姆龙（Shavei Shomron）、特科阿（Tekoa）；西奈半岛建立了 1 个定居点塔尔梅约瑟夫（Talmei Yosef）；戈兰高地建立了 1 个定居点卡兹林（Katzrin）。

1978 年	9 月	▲ 9 月 17 日，埃及总统萨达特和以色列总理贝京签署《戴维营协议》。协议包括"中东和平框架"和"埃及与以色列之间缔结和平条约框架"。
	当年	▲ 西岸建立了 6 个定居点阿里埃勒（Ariel）、卡尔尼肖姆龙（Karnei Shomron）、卡法塔普阿赫（Kfar Tapuach）、梅沃多森（Mevo Dothan）、米茨佩耶里霍（Mitzpe Yeriho）、托默尔（Tomer）；西奈半岛建立了 1 个定居点普里尔（Pri'el）；戈兰高地建立了 3 个定居点奥塔尔（Ortal）、阿尼安（Ani'am）、哈斯平（Haspin）。
1979 年	3 月	▲ 3 月 22 日，联合国安理会第 446 号决议以 12 票赞成、0 票反对、3 票弃权获得通过。决议"确定以色列在自 1967 年以来占领的巴勒斯坦和其他阿拉伯领土上建立定居点的政策和做法没有法律效力，严重阻碍了中东实现全面、公正和持久的和平"。这是联合国针对以色列定居点的许多此类决议中的第一项。
		▲ 3 月 26 日，以色列与埃及签订《埃及—以色列和平条约》，内容包括以色列归还西奈半岛，撤离所有定居点。
	7 月	▲ 7 月 20 日，联合国安理会通过第 452 号决议，内容包括要求以色列政府和人民立即停止在 1967 年以来所占领的包括耶路撒冷在内的阿拉伯领土上建立、建筑和规划定居点。
	当年	▲ 犹太复国主义组织发布《1979—1983 年犹地亚和撒马利亚定居点发展总体计划》（Master Plan for the Development of Settlements in Judea and Samaria，1979 - 1983）。该计划由世界犹太复国主义组织定居处（该机构负责规划和建设定居点）的负责人马蒂亚胡·德罗布尔斯（Matitaahu Drobles）撰写，因此该文件又称为《德罗布尔斯计划》。该计划是对时任农业部长阿里埃勒·沙龙

（Ariel Sharon)的定居点扩大计划的详细尝试。

▲ 西岸建立了 4 个定居点沙德莫特梅霍拉（Shadmot Mehola)、卡法尔阿杜明（Kfar Adumin)、希洛（Shilo)、埃隆莫雷（Elon Moreh)；加沙地带建立了 2 个定居点贝多拉（Bedolah)、加内塔尔（Ganei Tal)。

1980 年　3 月　▲ 3 月 1 日,联合国安理会通过第 465 号决议,内容包括要求所有国家不向以色列提供任何具体用于被占领土内的定居点的援助。

6 月　▲ 6 月 30 日,联合国安理会通过第 476 号决议,内容包括重申绝对必须停止以色列自 1967 年以来对阿拉伯领土、包括耶路撒冷的继续占领,重申如果以色列不遵守本决议,决定按照《联合国宪章》的有关规定审查实际的途径和方法,确保本决议的充分执行。

7 月　▲ 7 月 30 日,以色列通过《基本法：耶路撒冷》,宣布统一、完整的耶路撒冷为以色列的首都。

8 月　▲ 8 月 20 日,联合国安理会通过第 478 号决议,内容包括决定不承认以色列颁布的关于耶路撒冷的《基本法》和以色列根据这项法令设法改变耶路撒冷性质和地位的任何其他行动。

当年　▲ 西岸建立了 7 个定居点贝特哈拉瓦（Beit HaArava)、埃弗拉特/埃弗拉塔（Efrat/Efrata)、吉文哈哈达沙（Giv'on HaHadasha)、汉达（Hemdat)、马阿莱肖姆龙（Ma'ale Shomron)、弗里德耶里霍（Vered Yeriho)、雅菲特（Yafit)；戈兰高地建立了 2 个定居点纳特（Natur)、沙阿尔（Sha'al)；加沙地带建立了 2 个定居点尼桑尼特（Nisanit)、斯拉夫（Slav)。

1981 年　1 月　▲ 马蒂亚胡・德罗布尔斯于 1980 年 9 月提交的《犹地亚和撒马利亚的定居点——战略、政策和计划》(Settlement in Judea and Samaria-Strategy, policy and plans)被以色列政府采纳。

12 月　▲ 12 月 14 日,以色列议会通过《戈兰高地法》,将以色列法律扩展到戈兰高地地区。

▲ 12 月 17 日,联合国安理会一致通过第 497 号决议,宣布以色列的《戈兰高地法》无效且没有国际法律效力,并要求以色列撤销其决定。

当年　▲　西岸建立了 14 个定居点阿特雷特（Ateret）、巴坎（Barkan）、贝特阿利耶（Beit Aryeh）、卡梅尔（Carmel）、埃纳夫（Einav）、希纳尼特（Hinanit）、马阿莱阿莫斯（Ma'ale Amos）、马阿莱米赫玛斯（Ma'ale Mikhmas）、马翁（Ma'on）、马蒂亚胡（Matityahu）、尼利（Nili）、普萨戈特（Psagot）、谢克德（Shaked）、雅基尔（Yakir）；戈兰高地建立了 4 个定居点梅萨尔（Metzar）、阿洛内哈巴珊（Alonei HaBashan）、基德马特茨维（Kidmat Tzvi）、克拉阿隆（Kela Alon）。

1982 年　当年　▲　按 1979 年《埃及—以色列和平条约》条款，以色列拆除了在西奈半岛的全部定居点，而建立在亚喀巴湾的定居点奥菲拉（Ofira）、迪扎哈夫（Di-Zahav）、尼维奥特（Neviot）以原状留给了埃及。

　　　　　▲　西岸建立了 9 个定居点阿莱扎哈夫（Alei Zahav）、阿尔蒙（Almon）、埃什科洛特（Eshkolot）、赫尔墨什（Hermesh）、内夫丹尼尔（Neve Daniel）、诺丁（Nokdim）、纳奥米（Na'omi）、马阿莱哈弗（Ma'ale Hever）、特莱姆（Telem）；加沙地带建立了 2 个定居点贝尼阿兹蒙（Bnei Atzmon）、加迪德（Gadid）。

1983 年　当年　▲　西岸建立了 17 个定居点阿尔菲梅纳什（Alfei Menashe）、阿斯法（Asfar）、阿夫纳特（Avnat）、贝特亚提尔（Beit Yatir）、多列夫（Dolev）、吉瓦特泽夫（Giv'at Ze'ev）、哈尔布拉卡（Har Brakha）、伊曼纽尔（Immanuel）、克里亚特内塔菲姆（Kiryat Netafim）、马莱哈沃纳（Ma'ale Levona）、米格达利姆（Migdalim）、奥特尼尔（Otniel）、罗特姆（Rotem）、沙阿雷提克瓦（Sha'arei Tikva）、苏西亚（Susiya）、特内奥马里姆（Teneh Omarim）、以斯哈（Yitzhar）；加沙地带建立了 5 个定居点伊莱西奈（Elei Sinai）、甘奥（Gan Or）、卡夫雅姆（Kfar Yam）、内夫德卡利姆（Neve Dekalim）、内扎里姆（Netzarim）。

1984 年　当年　▲　西岸建立了 8 个定居点阿多拉（Adora）、卡尔梅祖尔（Karmei Tzur）、以利（Eli）、吉瓦本雅明（Geva Binyamin）、贝特哈盖（Beit Hagai）、伊塔马（Itamar）、纳列尔（Nahliel）、佩杜埃尔（Peduel）；加沙地带建立了 1 个定居点拉菲亚亚姆（Rafiah Yam）。

1985 年　　当年　　▲　西岸建立了 6 个定居点贝塔尔伊利特（Beitar Illit）、埃
　　　　　　　　　茨埃弗拉姆（Etz Efraim）、凯达尔（Kedar）、科哈夫雅科夫
　　　　　　　　　（Kokhav Ya'akov）、奥拉尼特（Oranit）、希玛（Shim'a）；东
　　　　　　　　　耶路撒冷建立了 1 个定居点皮斯加特泽耶夫（Pisgat
　　　　　　　　　Ze'ev）；戈兰高地建立了 1 个定居点卡纳夫（Kanaf）。

1986 年　　当年　　▲　西岸建立了 2 个定居点马斯基特（Maskiot）、哈阿达尔
　　　　　　　　　（Har Adar）。

1987 年　　12 月　　▲　在巴勒斯坦被占领土上开始了第一次因提法达，迅速
　　　　　　　　　演变成针对以色列的暴力活动。
　　　　　　　　　▲　伊斯兰抵抗运动（哈马斯）在加沙创立。哈马斯创始
　　　　　　　　　人亚辛主张用武力建立包括从地中海东岸到约旦河西岸
　　　　　　　　　的"全巴勒斯坦"式的伊斯兰共和国。

　　　　　　当年　　▲　西岸建立了 1 个定居点诺菲姆（Nofim）。

1988 年　　7 月　　▲　7 月 31 日，约旦中断与西岸之间的法律关系，承认巴
　　　　　　　　　解组织是"巴勒斯坦人民的唯一合法代表"。

　　　　　　11 月　　▲　11 月 15 日，阿拉法特在阿尔及尔发布《巴勒斯坦独立
　　　　　　　　　宣言》，宣布成立以东耶路撒冷为首都的巴勒斯坦国。

　　　　　　当年　　▲　西岸建立了 2 个定居点哈索莫奈（Hashmonaim）、纳
　　　　　　　　　阿莱（Na'ale）。

1989 年　　当年　　▲　西岸建立了 4 个定居点巴特阿因（Bat Ayin）、丽芙妮
　　　　　　　　　（Livne）、塔尔蒙（Talmon）、托菲姆（Tzofim）；戈兰高地建
　　　　　　　　　立了 1 个定居点哈德尼斯（Had Ness）；加沙地带建立了 1
　　　　　　　　　个定居点佩阿特萨德（Pe'at Sadeh）。

1990 年　　当年　　▲　苏联允许犹太人移民，由此大约 100 万前苏联公民移
　　　　　　　　　居以色列。
　　　　　　　　　▲　西岸建立了 1 个定居点埃夫内伊赫菲茨（Avnei
　　　　　　　　　Hefetz）；加沙地带建立了 1 个定居点杜吉特（Dugit）。

1991 年　　12 月　　▲　12 月 16 日，联合国大会通过第 4686 号决议，撤销
　　　　　　　　　1975 年通过的认定犹太复国主义为种族主义和种族歧视
　　　　　　　　　的一种形式的第 3379 号决议。

　　　　　　当年　　▲　西岸建立了 1 个定居点勒瓦瓦（Revava）；戈兰高地重
　　　　　　　　　建 1 个定居点克拉阿隆（Kela Alon）（1981 年所建的克拉
　　　　　　　　　阿隆定居点因安全原因于 1988 年被放弃）。

1992 年　　6 月　　▲　1992 年工党赢得以色列大选。拉宾于 6 月 26 日承
　　　　　　　　　诺，作为以色列下任总理，他的首要任务之一将是大幅度

减少在约旦河西岸和加沙地带的定居点建设。

| | 当年 | ▲ 加沙地带建立了1个定居点特尔卡蒂法(Tel Katifa)。 |

1993年　9月　▲ 9月13日,以色列总理拉宾和巴勒斯坦解放组织主席阿拉法特签署《奥斯陆协议》(《临时自治安排原则宣言》),协定规定建立巴勒斯坦临时自治政府(即巴勒斯坦民族权力机构)。巴勒斯坦民族权力机构将负责管理其控制下的领土。协议还呼吁以色列国防军从加沙地带和西岸的部分撤出。

1994年　10月　▲ 10月26日,以色列与约旦签署《以色列—约旦和平条约》。

1995年　9月　▲ 9月28日,以色列总理拉宾和巴勒斯坦解放组织主席阿拉法特签署《奥斯陆第二协议》(《以色列—巴勒斯坦关于约旦河西岸和加沙地带的临时协定》)。按照《奥斯陆第二协议》,西岸划分为A区、B区和C区。A区由巴勒斯坦民族权力机构全面控制民事和安全;B区由巴勒斯坦控制民事和以巴联合控制安全;C区由以色列全面控制民事和安全。

　　　　11月　▲ 11月4日,以色列总理拉宾参加在特拉维夫的国王广场上举行的支持和平进程集会,遭犹太极端民族主义者伊加尔·阿米尔(Yigal Amir)射杀。

　　　　当年　▲ 东耶路撒冷建立了1个定居点拉马特什洛莫(Ramat Shlomo)。

1996年　当年　▲ 西岸建立了2个定居点拉皮德(Lapid)、莫迪因伊利特(Modi'in Illit)。

1997年　1月　▲ 1月17日,以色列和巴勒斯坦代表正式签署《希伯伦协议》。

　　　　6月　▲ 以色列政府提出"阿隆＋计划"(Allon Plus Plan)。该计划保留了以色列对西岸约60％土地的权利,包括"大耶路撒冷"地区的古什埃齐翁(Gush Etzion)和马阿莱阿杜姆(Ma'ale Adumim)定居区、西岸其他大型定居区、整个约旦河谷,以及西岸的以色列专用绕行道路。

　　　　当年　▲ 西岸建立了1个定居点桑萨纳(Sansana);东耶路撒冷建立了1个定居点吉瓦特哈马托斯(Givat Hamatos)。

1998年　10月　▲ 10月23日,以色列总理内塔尼亚胡和巴勒斯坦民族权力机构主席阿拉法特签署《怀伊河备忘录》,这是为执行

《奥斯陆协议》而谈判达成的一项政治协定,内容包括以色列在 3 个月内从约旦河西岸 13.1%的领土上撤军。

当年　　▲　西岸建立了 1 个定居点卡法哈拉尼姆(Kfar HaOranim)。

1999 年　当年　▲　西岸建立了 1 个定居点内哥霍特(Negohot)。

2000 年　9 月　▲　9 月 28 日,利库德集团党主席、以色列住房与建设部部长阿里埃勒·沙龙强行参观位于东耶路撒冷圣殿山的伊斯兰教圣地阿克萨清真寺,重新引发了巴以暴力冲突,并导致第二次因提法达爆发。

　　　　12 月　▲　12 月 23 日,美国总统克林顿提出一项巴以达成最终地位协议的过渡性建议(即"克林顿参数")。其中关于领土方面的细节是:建立一个包括 94%—96%的约旦河西岸和整个加沙地带的巴勒斯坦国。以色列将吞并剩下的领土,其中包括以色列定居点,包括 80%的定居者人口,主要是共识定居点。以色列将在土地交换中割让 1%—3%的土地给巴勒斯坦,以作为吞并的补偿。

2001 年　当年　▲　加沙地带建立了 2 个定居点凯雷姆阿兹莫纳(Kerem Atzmona)、希拉哈亚姆(Shirat Hayam)。

2002 年　3 月　▲　3 月 27 日,阿盟首脑会议通过《阿拉伯和平倡议》,呼吁以色列:从 1967 年以来被占领的所有领土,撤出到 1967 年边界;接受在西岸和加沙地带被占领的巴勒斯坦领土上建立一个以东耶路撒冷为首都的主权独立的巴勒斯坦国。同时,阿拉伯国家在阿以冲突结束后,与以色列签订和平协议,在全面和平的框架内与以色列建立正常关系。

　　　　　　▲　3 月 29 日,在第二次因提法达期间自杀式恐怖袭击剧增,3 月 27 日逾越节在以色列度假城市内坦尼公园饭店发生 27 死 140 伤自杀式爆炸袭击后,以色列军队开始实施自 1967 年以来西岸规模最大的军事行动"防御盾行动"(Operation Defensive Shield)。行动持续至 5 月 10 日。

　　　　6 月　▲　以色列政府正式批准并开始在约旦河西岸建造隔离墙。

　　　　当年　▲　美国、欧盟、俄罗斯和联合国建立"中东四方"(Quartet on the Middle East),"中东四方"办公室设在东耶路撒冷。

2003 年　6 月　▲　美国、欧盟、俄罗斯和联合国"中东四方"提出解决以色列与巴勒斯坦冲突的路线图,并提出了独立的巴勒斯坦国的建议。以色列和巴勒斯坦都同意和平计划路线图,其中以色列承诺冻结在所有巴勒斯坦被占领土上建造定居点,同时巴勒斯坦人无条件停止暴力。

当年 ▲ 以色列建造完成西岸隔离墙 180 公里。

2004 年 6 月 ▲ 6 月 6 日,以色列政府通过了由总理阿里埃勒·沙龙于 2003 年提出、后经修订的《脱离接触计划》。该计划意图旨在通过以色列的单边行动,缓和第二次因提法达引发的暴力冲突。根据该计划,以色列将从加沙地带撤离以色列全部 21 个定居点和从撒马利亚北部撤离 4 个定居点。

7 月 ▲ 7 月 9 日,国际法院发布咨询意见,认为建造西岸隔离墙是非法的,以色列必须立即停止建造并且应赔偿造成的所有损害。

2005 年 2 月 ▲ 2 月 16 日,以色列议会投票通过《脱离接触计划实施法》(Disengagement Plan Implementation Law)。

3 月 ▲ 3 月 8 日,以色列政府发布官方《萨森报告》(Sasson Report),该报告由总理阿里埃勒·沙龙委托,国家检察官刑事部门前负责人塔利亚·萨森(Talia Sasson)组织撰写。报告得出的结论是,以色列国家机构转移了数百万谢克尔,以建设未经以色列政府授权、在以色列法律下属于非法的那些西岸定居点和前哨基地。

8 月 ▲ 8 月 17 日,沙龙政府实施《脱离接触计划》,加沙地带的全部 21 个定居点开始撤离。

9 月 ▲ 9 月 11 日,在以色列国防军加沙地带司令部总部降下最后一面以色列国旗,至此,以色列从加沙地带撤出所有犹太定居者和军事人员,同时保持对领空、沿海水域和边境口岸的控制。西岸的 4 个定居点霍姆什(Homesh)、沙努尔(Sanur)、加尼姆(Ganim)、卡丁(Kadim)同时撤离。

2006 年 1 月 ▲ 1 月 25 日,哈马斯(伊斯兰抵抗运动)赢得巴勒斯坦议会选举。

当年 ▲ 以色列累计建造完成西岸隔离墙 362 公里。

2007 年 11 月 ▲ 11 月 27 日,美国提议并主持召开中东问题安纳波利斯会议,与会的以色列总理奥尔默特和巴勒斯坦民族权力机构主席阿巴斯都表示要致力于巴以最终地位的谈判以尽早达成和平协议,通过谈判实现巴勒斯坦建国。

| 2008 年 | 8 月 | ▲　在西岸冻结定居点建设 9 年后，以色列新批准在西岸约旦河谷的马斯基特定居点建造 22 套新住房。 |

2008 年　8 月　▲　在西岸冻结定居点建设 9 年后，以色列新批准在西岸约旦河谷的马斯基特定居点建造 22 套新住房。

　　　　　9 月　▲　以色列总理奥尔默特向巴勒斯坦民族权力机构主席阿巴斯提出和平倡议。奥尔默特基本上同意放弃对犹太教圣地耶路撒冷圣殿山的主权，并提议在和平协议的框架内，包含耶路撒冷宗教场所的地区将由一个沙特阿拉伯、约旦、巴勒斯坦、美国和以色列代表组成的特别委员会管理，以色列从约旦河谷撤离。9 月 16 日，阿巴斯在与奥尔默特会晤后，根据记忆绘制画出了巴勒斯坦国的边界。阿巴斯标记了以色列要求保留的定居区：阿里埃勒定居区、耶路撒冷-马阿莱阿杜姆定居区（包括 E1）和古什埃齐翁定居区，两者合计占西岸土地的 6.3%。另一方面，阿巴斯还勾勒出以色列为交换定居区而提供的地区：阿富拉-提拉兹维（Afula-Tirat Tzvi）一带，拉吉城（Lachish）地区，哈阿达尔（Har Adar）附近地区以及犹地亚沙漠和加沙边沿（Gaza envelope）地区（指距加沙边界 7 公里内的以色列人口稠密地区，这些地区占以色列领土的 5.8%）。

　　　　　当年　▲　激进的西岸犹太定居者开始实施"代价标签"（price tag）攻击。他们以暴力攻击巴勒斯坦等目标为手段，报复以色列政府拆除未经授权的定居点的行动。

2009 年　8 月　▲　美国总统奥巴马要求彻底冻结包括东耶路撒冷在内的西岸的定居点建设。以色列政府表示同意冻结。

　　　　　12 月　▲　以色列政府下令暂停批准新建西岸定居点房屋，为期 10 个月。该项冻结不适用于东耶路撒冷、市政建筑物、学校、犹太教堂和其他社区基础设施，约 3 000 个已经在建的定居点房屋将不在其列。

2010 年　11 月　▲　11 月 22 日，以色列议会通过了一项法案，要求议会在退出东耶路撒冷或戈兰高地之前必须获得议会三分之二的多数票，如果未满足多数票的要求，必须进行全民公决。

2011 年　2 月　▲　2 月 18 日，联合国安理会表决由联合国 192 个成员国中的 120 多个国家提出的第 S/2011/24 号决议案。该决议案重申要求以色列立即完全停止包括东耶路撒冷境内的被占领巴勒斯坦领土上的一切定居活动。表决结果，安理会 14 个成员国投赞成票，美国行使否决权投反对票，决议案未获通过。

2012 年	12 月	▲　12 月 29 日，联合国大会以 138 票赞成、9 票反对、41 票弃权通过第 67/19 号决议，授予巴勒斯坦非会员观察员国地位。决议强调有必要将以色列撤出自 1967 年以来占领的包括东耶路撒冷在内的巴勒斯坦领土，并完全停止在包括东耶路撒冷在内的被占领巴勒斯坦领土上的所有以色列定居活动。
	当年	▲　西岸建立了 1 个定居点布鲁金（Brukhin）。
		▲　以色列累计建造完成西岸隔离墙 440 公里。
2013 年	当年	▲　西岸建立了 1 个定居点雷赫利姆（Rehelim）。
2014 年	12 月	▲　12 月 15 日，联合国中东和平进程特别协调员（United Nations Special Coordinator for the Middle East Peace Process）罗伯特·塞里（Robert Serry）向安理会介绍以巴情况，形容 2014 年是严峻的一年，通过谈判达成解决方案的认真努力陷入停滞，加沙地带发生了为期 51 天的"护刃行动"（Operation Protective Edge），包括东耶路撒冷在内的整个约旦河西岸的暴力和紧张加剧。
		▲　12 月 30 日，联合国安理会举行会议，对约旦提出的第 S/2014/916 号决议草案进行表决。该决议案重申要求以色列彻底停止自 1967 年以来占领的包括东耶路撒冷在内的巴勒斯坦领土上的所有定居活动。结果 8 票赞成，5 票弃权，2 票（美国、澳大利亚）反对，决议案未获通过。
2015 年	7 月	▲　7 月 31 日，激进的西岸犹太定居者阿米拉姆·本-尤利尔（Amiram Ben-Uliel），在纳布卢斯附近的杜马（Duma）村向一户巴勒斯坦家庭的卧室投掷炸弹，所引发的大火烧毁了房子。18 个月的幼童阿里·达瓦布西（Ali Dawabsheh）和其父亲萨阿德（Saad）、母亲里哈姆（Riham）遇害。本-尤利尔在逃离现场时在墙上涂鸦"弥赛亚万岁"、"复仇"以及大卫星。事件系"山顶青年"的"代价标签"攻击。2020 年 9 月 14 日，袭击者被判处无期徒刑。
	11 月	▲　11 月 11 日，欧盟批准了对约旦河西岸和戈兰高地等犹太定居点的产品贴标签的新规则。该规则并且确定仅将产品标签为"来自戈兰高地的产品"或"来自西岸的产品"是不够的，标签上还必须在括号中包含"以色列定居点"一词。以色列批评此举为一种歧视，并在以巴谈判中暂停了与欧盟官员的接触。

2016 年　7 月　▲　7 月 7 日，"中东四方"报告提交安理会主席。该报告
指出，持续建设和扩建西岸以及东耶路撒冷定居点的政
策，指定以色列专用土地以及对巴勒斯坦人房屋的高拆毁
率，一直在逐步侵蚀着两国解决方案的可行性。

　　　　　12 月　▲　12 月 23 日，联合国安理会通过第 2334 号决议，决议
内容包括重申以色列在 1967 年以来被占领的巴勒斯坦领
土包括东耶路撒冷设立定居点没有任何法律效力，再次要
求以色列在被占领的巴勒斯坦领土包括东耶路撒冷立即
完全停止一切定居点活动。奥巴马政府打破了美国此前
始终行使否决权阻止针对以色列的议案在安理会通过的
做法，投了弃权票，使该决议获得通过。第 2334 号决议通
过后，以色列中止了与投票支持安理会第 2334 号决议的
12 个国家的工作关系。

2017 年　2 月　▲　2 月 6 日，以色列议会通过《犹地亚和撒马利亚定居点
管理法》（The Judea and Samaria Settlement Regulation
Law）。该法案使以色列政府能够在补偿巴勒斯坦所有者
的条件下为建立犹太定居点而征收属于巴勒斯坦人的私
有土地。

　　　　　5 月　▲　5 月 22 日—23 日，美国总统特朗普访问以色列和西
岸，其间访问了耶路撒冷的西墙，成为首位访问西墙的美
国现任总统。

　　　　　12 月　▲　12 月 6 日，美国总统特朗普宣布承认耶路撒冷为以色
列的首都，并启动美国大使馆从特拉维夫迁往耶路撒冷的
计划。［根据 1995 年生效的《耶路撒冷大使馆法》（The
Jerusalem Embassy Act），美国驻以色列大使馆必须迁至
耶路撒冷，但特朗普之前的历任美国总统都会每六个月签
署一份豁免声明，以国家安全为由暂缓迁馆。］

　　　　　▲　12 月 18 日，联合国安理会对一项针对美国驻以色列
大使馆迁馆计划的决议案进行表决。为了争取最大的支
持，这项由埃及提出并与巴勒斯坦代表团一同起草的决议
案避免提及美国，敦促"所有国家不要在圣城耶路撒冷建
立外交使团"，要求"所有国家都遵守安全理事会关于耶路
撒冷圣城的决议，并且不承认任何违反这些决议的行动或
措施"。该决议案获得 14 票赞成，美国行使否决权使决议
未获通过。

当年　　▲　以色列累计建造完成西岸隔离墙550公里。全部计划共为726公里。

2018年　5月　▲　5月14日，在耶路撒冷举行仪式，美国大使馆正式从特拉维夫迁往耶路撒冷。

2019年　3月　▲　3月25日，美国总统特朗普签署声明，正式承认以色列对戈兰高地的主权。

　　　　11月　▲　11月18日，美国国务卿蓬佩奥在国务院宣布，美国不再将以色列在西岸的定居点视为非法。

2020年　1月　▲　1月28日，美国与以色列公布"中东和平新计划"（《从和平走向繁荣：改善巴勒斯坦和以色列人民生活的愿景》(Peace to Prosperity：A Vision to Improve the Lives of the Palestinian and Israeli People，简称PtP)）。按该计划，未来四年中经过以巴之间的谈判，签订《以色列—巴勒斯坦和平协定》。

　　　　6月　▲　6月9日，以色列高等法院命令政府取消2017年议会通过后备受争议的《犹地亚和撒马利亚定居点管理法》。

　　　　7月　▲　"中东和平新计划"公布之后，内塔尼亚胡许诺7月1日之前启动对西岸定居点和约旦河谷实施主权的立法程序。7月1日成为世界关注焦点，但至该日，以色列并未实施此步骤。

　　　　8月　▲　8月13日，美国、以色列、阿联酋发表联合声明，并签署《亚伯拉罕协议宣言》(The Abraham Accords Declaration)。以色列与阿拉伯国家阿联酋实现关系正常化。联合声明中称，美国总统特朗普、以色列总理内塔尼亚胡、阿布扎比王储本·扎耶德"同意以色列和阿拉伯联合酋长国之间的关系完全正常化"，"由于这一外交突破，并应特朗普总统的要求和阿拉伯联合酋长国的支持，以色列将暂停对特朗普今年1月在美国宣布的一项计划中设想的西岸地区宣布主权"。

　　　　9月　▲　9月15日，美国总统、以色列总理以及阿联酋和巴林外交部长出席签字仪式，以色列与阿拉伯国家阿联酋、巴林分别签署协议，实现关系正常化。

　　　　10月　▲　10月23日，美国、以色列、苏丹发表联合声明，以色列与阿拉伯国家苏丹签署协议，实现关系正常化。

　　　　11月　▲　11月19日，美国国务卿蓬佩奥访问西岸以色列工业区沙尔本雅明（Shaar Binyamin）和普萨戈特（Psagot）定居点，成为首位访问西岸犹太定居点的美国最高级别外交官。同日，蓬佩奥国务卿访问戈兰高地。

12月   ▲   12月22日，美国、以色列、摩洛哥发表联合声明，以色列与阿拉伯国家摩洛哥签署协议，实现关系正常化。

参考文献

（一）希伯来文文献

חוק יישום תוכנית ההתנתקות (2005). חוק_יישום_תוכנית_ההתנתקות/org/wiki/
https://he. wikipedia.

חוק להסדרת ההתיישבות ביהודה והשומרון (2017). חוק_להסדרת_ההתיישבות_ביהודה
https://he. wikipedia. org/wiki/והשומרון_

חגי הוברמן, אברהם ושבות. כנגד כל הסיכויים: 40 שנות התיישבות ביהודה ושומרון, בנימין
והבקעה, תשכ"ז-תשס"ז. אריאל: ספריית נצרים, 2008

שאול אריאלי. כל גבולות ישראל: מאה שנים של מאבק על עצמאות, זהות, התיישבות
וטריטוריה. ידיעות ספרים, 2018

הונידה ע'אנם. מקובניה עד אל-בוארה: גנאלוגיה של ההמשגה הפלסטינית להתיישבות היהודית
בפלסטין/ישראל. תיאוריה וביקורת, 2016, No. 47, pp. 15 – 39

יפה זילברשץ. שליטת צה"ל ביהודה, שומרון ועזה: תפישה לוחמתית או כיבוש קולוניאלי.
מחקרי משפט, 2004, No. 2, pp. 547 – 560

אלישע אפרת. גאוגרפיה פוליטית-עירונית ביהודה ושומרון. אופקים בגאוגרפיה, 2016,
No. 88, pp. 28 – 40

בתיה רודד. המרחב האפור שבין מבצר לגטו: המקרה של היישוב היהודי בחברון. סוציולוגיה
ישראלית, 2011, No. 2, pp. 303 – 330

לי כהנר ויוסף שלהב. התבחלויות חרדיות ביהודה ושומרון. סוגיות חברתיות בישראל, 2013, No. 16,
pp. 41 – 62

（二）阿拉伯文文献

شادي الشديفات, علي الجبرة. موقف القانون الدولي من المستوطنات الإسرائيلية على الأراضي

الفلسطينية. مجلة المناره للبحوث والدراسات, 21 .Vol , 4 .No , 2015

عدنان عبد الرحمن ابو عامر. تجنيد المخابرات الإسرائيلية "للعملاء" في الأراضي المحتلة 1967-

2005. مجلة الجامعة الإسلامية للبحوث الإنسانية, 22 .Vol , 1 .No , 2014

عايده فوزي عبدالله شحادة. الوضع القانوني لأملاك الغائبين في الأراضي المحتلة عام 1967م.

جامعة القدس, 2016

عبد الرحمن عبد العزيز القيق. سياسة الاستيطان الإسرائيلي 1967-2006: الخليل نموذجاً (دراسة حالة).

جامعة القدس, 2009

（三）英文文献

著作：

Adam T. Smith. The Political Landscape: Constellations of Authority in Early Complex Polities [M]. University of California Press 2003.

Anita Shapira. Yigal Allon, Native Son: A Biography [M]. University of Pennsylvania Press, 2007.

Anselm Franke (ed.). Kunst-Werke Berlin [M], Cologne: Verlag der Buchhandlung Walther könig, 2003.

Ami Pedahzur. The Triumph of Israel's Radical Right [M]. Oxford University Press, 2012.

Ami Pedahzur, Arie Perliger. Jewish Terrorism in Israel [M]. Columbia University Press, 2009.

Avi Shlaim. The iron wall: Israel and the Arab world [M]. Penguin, 2001.

Ben Halpern, Yehuda Reinharz. Zionism and the Creation of a New Society [M]. Hanover, NH: University Press of New England, 2000.

Benny Morris. 1948: A History of the First Arab-Israeli War [M]. Yale University Press, 2009.

Benny Morris. One State, Two States: Resolving the Israel-Palestine Conflict [M]. Yale University Press, 2009.

Benny Morris. Righteous Victims: A History of the Zionist-Arab Conflict, 1881 - 1999 [M]. New York: Vintage, 2001.

Benny Morris. The Birth of the Palestinian Refugee Problem, 1947 - 1949 [M]. Cambridge University Press, 1988.

Benny Morris. The Birth of the Palestinian Refugee Problem Revisited [M]. Cambridge University Press, 2003.

Bill Mullen, Ashley Dawson. Against Apartheid: The Case for Boycotting Israeli Universities [M]. Haymarket Books, 2015.

C. Moskos, J. Chambers (ed.). The New Conscientious Objection [M]. Oxford: Oxford University Press, 1993.

Carta's Official Guide to Israel: And Complete Gazetteer to all Sites in the Holy Land [M]. Jerusalem: Ministry of Defence Publishing House, 1993.

Cheryl A. Rubenberg (ed.). Encyclopedia of the Israeli-Palestinian Conflict [M]. 3 vols. Boulder, CO: Lynne Rienner, 2010.

Chibli Mallat. Philosophy of Nonviolence: Revolution, Constitutionalism, and Justice Beyond the Middle East [M]. Oxford University Press, 2015.

Collusion across the Jordan: King Abdullah, the Zionist Movement and the Partition of Palestine [M]. New York: Columbia University Press, 1988.

Daniel Byman. A High Price: The Triumphs and Failures of Israeli Counterterrorism [M]. Audible Studios, 2011.

Daniel Dishon (ed.). Middle East Record, Volume Four, 1968 [M]. New York: John Wiley and Sons, Jerusalem: Israel Universities Press, 1973.

David Kretzmer. The Occupation of Justice: The Supreme Court of Israel and the Occupied Territories [M]. Albany: State University of New York Press, 2002.

David Mitrany. The progress of international government [M]. London: Allen & Unwin, 1933.

David Vital. The Origins of Zionism [M]. Oxford University Press, USA, 1980.

David Vital. Zionism: The Crucial Phase [M]. Oxford University Press, 1987.

David Vital. Zionism the Formative Years [M]. Oxford University Press, 1989.

Doron S. Ben-Atar, Andrew Pessin (ed.). Anti-Zionism on Campus: The University, Free Speech, and BDS [M]. Indiana University Press, 2018.

Dov Waxman. The Israeli-Palestinian Conflict: What Everyone Needs to Know [M]. New York: Oxford University Press, 2019.

Edward C. Keefer, Harriet Dashiell Schwar (ed.). Foreign Relations of the United States, 1964 - 1968, Vol. XIX: Arab-Israeli Crisis and War, 1967 [M]. United States Government Printing Office, 2004.

Efraim Karsh. Fabricating Israel's History: The New Historians [M]. London: Frank Cass, 1997.

Efraim Karsh. Palestine Betrayed [M]. Yale University Press, 2011.

Efraim Karsh, P. R. Kumaraswamy (ed.). Israel, the Hashemites and the Palestinians: The Fateful Triangle [M]. Routledge, 2003.

Emma Playfair (ed.). International Law and the Administration of Occupied Territories: Two Decades of Israeli Occupation of the West Bank and Gaza [M]. Oxford: Clarendon, 1992.

Erica Chenoweth, Maria J. Stephan. Why Civil Resistance Works: The Strategic Logic of Nonviolent Conflict [M]. Columbia University Press, 2013.

Eyal Benvenisti. The International Law of Occupation [M]. Oxford University Press, 2012.

Gabriel Sheffer, Oren Barak. Israel's Security Networks: A Theoretical and Comparative Perspective [M]. NY: Cambridge University Press, 2013.

Galia Golan. Soviet Policies in the Middle East: From World War Two to Gorbachev [M]. England Cambridge: Cambridge University Press. 1990.

Gershom Gorenberg. The Accidental Empire: Israel and the Birth of the Settlements, 1967 – 1977 [M]. New York: Times Books, 2007.

Gershon Shafir. A Half Century of Occupation: Israel, Palestine, and the World's Most Intractable Conflict [M]. Oakland: University of California Press, 2017.

Hassan A. Barari. Israeli Politics and the Middle East Peace Process, 1988 – 2002 [M]. Routledge, 2004.

Howard Grief. The Legal Foundation and Borders of Israel Under International Law: A Treatise on Jewish Sovereignty Over the Land of Israel [M]. Mazo Publishers, 2008.

Idith Zertal, Akiva Eldar. Lords of the Land: The War over Israel's Settlements in the Occupied Territories [M]. New York: Nation, 2007.

Ilan Pappe. The Ethnic Cleansing of Palestine [M]. Oxford: Oneworld Publications, 2006.

Ilan Pappe, Jamil Hilal (ed.). Across the Wall: Narratives of Israeli-Palestinian History [M]. I. B. Tauris, 2010.

J. Beinin, Rebecca L. Stein (ed.). The Struggle for Sovereignty: Palestine and Israel, 1993 – 2005 [M]. Stanford University Press, 2006.

James L. Gelvin. The Israel-Palestine Conflict: One Hundred Years of War [M]. 3rd ed. Cambridge, UK: Cambridge University Press, 2014.

Joel Beinin, Rebecca L. Stein (ed.). The Struggle for Sovereignty: Palestine and Israel, 1993 – 2005. Stanford University Press, 2006.

Joel Peters, David Newman (ed.). The Routledge Handbook on the Israeli-Palestinian Conflict [M]. London: Routledge, 2013.

John Mueller. Retreat from Doomsday; The Obsolescence of Major War [M]. Basic Books, 1989.

John Mueller. The Remnants of War [M]. Cornell University Press, 2004.

John Quigley. The Case for Palestine; An International Law Perspective [M]. Durham, NC, and London; Duke University Press, 2005.

Jonathan R. White. Terrorism and Homeland Security (9 Edition) [M]. Grand Valley State University, 2017.

Judy Carter, George Irani, Vamik D. Volkan (ed.). Regional and Ethnic Conflicts; Perspectives from the Front Lines [M]. Routledge, 2015.

Maia Carter Hallward. Transnational Activism and the Israeli-Palestinian Conflict [M]. Palgrave Macmillan, 2013.

Mark Tessler. A History of the Israeli-Palestinian Conflict [M]. 2rd ed. Bloomington; Indiana University Press, 2009.

Mazen Masri. The Dynamics of Exclusionary Constitutionalism; Israel as a Jewish and Democratic State [M]. Oxford; Hart, 2017.

Meir Shamgar. Military Government in the Territories Administered by Israel 1967 – 1980; The Legal Aspects [M]. Jerusalem; Hemed Press, 1982.

Meron Benvenisti. City of Stone; The Hidden History of Jerusalem [M]. University of California Press, 1996.

Moshe Hellinger, Isaac Hershkowitz, Bernard Susser. Religious Zionism and the Settlement Project; Ideology, Politics, and Civil Disobedience [M]. Albany; State University of New York Press, 2018.

Moslih Kanaaneh, Stig-Magnus Thorsén, Heather Bursheh, David A. McDonald (ed.). Palestinian Music and Song; Expression and Resistance since 1900. Indiana University Press, 2013.

Mia Bloom. Dying to Kill; The Allure of Suicide Terror [M]. New York; Columbia University Press, 2005.

Michael B. Oren. Six Days of War; June 1967 and the Making of the Modern Middle East [M]. Oxford University Press, 2002.

Michael Brenner. In Search of Israel; The History of an Idea [M]. Princeton, NJ; Princeton University Press, 2018.

Michael Feige. Settling in the Hearts; Jewish Fundamentalism in the Occupied Territories [M]. Detroit; Wayne State University Press, 2009.

Neil Caplan. The Israeli-Palestinian Conflict; Contested Histories [M]. Chichester, UK; Wiley-Blackwell, 2010.

Neve Gordon. Israel's Occupation [M]. Berkeley; University of California Press,

2008.

Omar Barghouti. Boycott, Divestment, Sanctions: The Global Struggle for Palestinian Rights [M]. Haymarket Books, 2011.

Paul Wilkinson. Terrorism and the Liberal State [M]. N. Y.: New York University Press, 1986.

Peter Beinart. The Crisis of Zionism [M]. Picador, 2013.

Peter Brock. Pacifism in Europe to 1914 [M]. Princeton University Press, 1972.

Ravitsky, Aviezer. Messianism, Zionism, and Jewish Religious Radicalism [M]. Chicago: University of Chicago Press, 1996.

Reuven Y. Hazan, Alan Dowty, Menachem Hofnung, Gideon Rahat (ed.). The Oxford Handbook of Israeli Politics and Society [M]. Oxford University Press, 2020.

Robert Fisk. The Great War for Civilisation: The Conquest of the Middle East [M]. Knopf Doubleday Publishing Group, 2007.

Ronald Ranta. Political Decision Making and Non-Decisions: The Case of Israel and the Occupied Territories [M]. Palgrave Macmillan, 2015.

Routledge Studies. Middle Eastern Politics [M]. Taylor & Francis, 2013.

Ruth Linn. Conscience at War: The Israeli Soldier as a Moral Critic [M]. SUNY Press, 2012.

Rüdiger Wolfrum (ed.). The Max Planck Encyclopedia of Public International Law [M]. New York: Oxford University Press, 2012.

S. Ilan Troen. Imagining Zion: Dreams, Designs, and Realities in a Century of Jewish Settlement [M]. New Haven, London, Yale University Press, 2003.

Sean Jacobs, Jon Soske. Apartheid Israel: The Politics of an Analogy [M]. Haymarket Books, 2015.

Shelef, Nadav G. Evolving Nationalism: Homeland, Identity, and Religion in Israel, 1925 - 2005 [M]. Ithaca, NY: Cornell University Press, 2010.

Shimi Friedman. The Hilltop Youth: A Stage of Resistance and Counter culture Practice [M]. Lexington Books, 2017.

Shimoni, Gideon. The Zionist Ideology [M]. Hanover, NH: University Press of New England, 1995.

Shindler, Colin. The Rise of the Israeli Right: From Odessa to Hebron [M]. Cambridge, UK: Cambridge University Press, 2015.

Simha Flapan. The Birth of Israel: Myths and Realities [M]. Pantheon Books, 1987.

Udi Manor. Yigal Allon: A Neglected Political Legacy, 1949 - 1980 [M]. Sussex

Academic Press, 2017.

William B. Quandt, Paul Jabber, Ann Mosely Lesch. The Politics of Palestinian Nationalism [M], University of California Press, 1973.

W. Streeck, K. Thelen (ed.). Beyond continuity: nstitutional change in advanced political economies [M]. Oxford: Oxford University Press, 2005.

Willem de Lint, Marinella Marmo, Nerida Chazal (ed.). Criminal Justice in International Society [M], Routledge, 2014.

Yehuda Lukacs. Israel, Jordan, and the Peace Process [M]. New York: Syracuse University Press, 1977.

Yoram Dinstein. The International Law of Belligerent Occupation [M]. Cambridge, UK: Cambridge University Press, 2009.

期刊:

Alek D. Epstein. In search of legitimacy: development of conscientious objection in Israel from the founding of the state to the Lebanon campaign [J]. Israeli Sociology, 1(2),1999 (Hebrew).

Alek D. Epsten. The freedom of conscience and sociological perspectives on dilemmas of collective secular disobedience: the case of Israel [J]. Journal of Human Rights, Vol. 1, No. 3,2002.

Anders Persson. Introduction: The Occupation at 50: EU-Israel/Palestine Relations Since 1967 [J]. Middle East Critique, Vol. 27,2018.

Bennis Phyllis. The United Nations and Palestine: Partition and Its Aftermath [J]. Arab Studies Quarterly, Vol. 19, No. 3,1997.

Cyrus R. Vance, M. Dayan. The Egyptian-Israeli Peace Treaty [J]. Middle East Journal, Vol. 33, No. 3,1979.

Daniel Byman, Natan Sachs. The Rise of Settler Terrorism: The West Bank's Other Violent Extremists [J]. Foreign Affairs, Vol. 91, No. 5,2012.

David Ohana. Kfar Etzion: The Community of Memory and the Myth of Return [J]. Israel Studies, Vol. 7, No. 2,2002.

Geoffrey Aronson. Settlement Monitor (Netanyahu Presents His "Allon Plus" Final Status Map) [J]. Journal of Palestine Studies, Vol. 27, No. 1,1997.

Gwyn Rowley. Developing Perspectives upon the Areal Extent of Israel: An Outline Evaluation [J]. Geo Journal, Vol. 19, No. 2,1989.

Gwyn Rowley. The Areal Extent of Israel: Passions, Prejudices and Realities [J]. Geo Journal, Vol. 23, No. 4,1991.

Hillel Gershuni. A Jewish ISIS Rises in the West Bank [J]. Tablet, 2016 − 01 − 12.

John Quigley. Soviet Immigration to the West Bank: Is it Legal? [J]. Int'l and Comp,

Vol. 21, 1991.

Laura Zittrain Eisenberg, Neil Caplan. The Israel-Jordan Peace Treaty: Patterns of Negotiation, Problems of Implementation [J]. Israel Affairs, Vol. 9, No. 3, 2003.

Margaret P. Battin. The Ethics of Self-Sacrifice: What's Wrong with Suicide Bombing? [J]. Archives of Suicide Research, Vol. 8, No. 1, 2004.

Mark A. Pollack. Who supports international law, and why?: The United States, the European Union, and the international legal order [J]. International Journal of Constitutional Law, Vol. 13, No. 4, 2015.

Michel Ben-Josef Hirsch. From Taboo to the Negotiable: The Israeli New Historians and the Changing Representation of the Palestinian Refugee Problem [J]. Perspectives on Politics, Vol. 5, No. 2, 2007.

Michał Wojnarowicz. The Political Significance of the Trump Israeli-Palestinian Peace Plan [J]. PISM Bulletin, No. 33(1463), 27 February 2020.

Moshe Feigelin. The Ideological Failure and the Tactical Blunder [J]. Nekuda, No. 180, September 1994 (Hebrew).

Quincy Wright. The Middle East Problem [J]. The Middle East Problem, Vol. 4, No. 2, 1970.

Ron Skolnik. Has Israel Ever Truly Intended to Withdraw from the West Bank? [J]. Jewish Currents, Summer 2017.

S. M. Berkowicz. Developing Perspectives upon the Areal Extent of Israel: A Reply [J]. Geo Journal, vol. 23, No. 3, 1991.

Samuel P. Huntington. The Clash of Civilizations? [J]. Foreign Affairs, Vol. 72, No. 3, 1993.

Sanford R. Silverburg. Pakistan and the West Bank: A Research Note [J]. Middle Eastern Studies, Vol. 19, No. 2, 1983.

Simon Perry, Robert Apel, Graeme R. Newman, Ronald V. Clarke. The Situational Prevention of Terrorism: An Evaluation of the Israeli West Bank Barrier [J]. Journal of Quantitative Criminology, Vol. 33, No. 4, 2017.

Steven J. Rosen. Israeli Settlements, American Pressure, and Peace [J]. Jewish Political Studies Review, Vol. 24, No. 1/2, 2012.

Tom Hickey, Philip Marfleet. The "South Africa moment": Palestine, Israel and the boycott [J]. International Socialism, Vol. 128, 2010.

Uri Davis. The Arab Labour Force in Israel [J]. Journal of Palestine Studies, Vol. 3, No. 1, 1973.

报告：

Aqraba Town Profile (including Yanun Locality) [R]. The Applied Research Institute-

Jerusalem，2014.

Arkadi Mazin. Russian Immigrants in Israeli Politics：The Past，The Recent Elections and the Near Future［R］. Friedrich-Ebert-Stiftung，Israel Office，2006.

Awarta Village Profile［R］. The Applied Research Institute-Jerusalem，2014.

Bill Van Esveld. Separate and Unequal：Israel's Discriminatory Treatment of Palestinians in the Occupied Palestinian Territories［R］. Human Rights Watch，2010－12.

Data-sheet Settlements and Outposts Numbers and Data［R］. Peace Now，2013.

Esra Bulut Aymat（ed.）. EU Institute for Security Studies［R］. 2010. ISBN 978－92－9198－176－2.

Hugh Lovatt. EU Differentiation and Israeli settlements［R］. European Council on Foreign Relations（ECFR），2015.

Hugh Lovatt. EU Differentiation and the Push for Peace in Israel-Palestine［R］. London：Published by the European Council on Foreign Relations（ECFR），2016. ISBN：978－1－910118－94－8.

Jaba Village Profile［R］. The Applied Research Institute-Jerusalem，2012.

学位论文：

Jennifer Megan Hitchcock. A Rhetorical Frame Analysis of Palestinian-Led Boycott，Divestment，Sanctions（BDS）Movement Discourse［D］. Old Dominion University，2020.

Lien Van Rechem. The EU's Aid-Policy in Area C of the West Bank-Palestine：How the EU Deals With the Israeli Demolitions［D］. Ghent University，2019.

Michael Bueckert. Boycotts and Backlash：Canadian Opposition to Boycott，Divestment，and Sanctions（BDS）Movements from South Africa to Israel［D］. Carleton University，2020.

Petrus Buwalda. They did not dwell alone. The emigration from the Soviet Union. 1967－1990. During the representation of Israeli Interests by the Netherlands Embassy in Moscow［D］. University of Groningen，1996.

（四）中文文献

著作（著/主编）：

陈天社.阿拉伯世界与巴勒斯坦问题［M］.北京：世界知识出版社，2013.

陈天社.哈马斯研究［M］.北京：人民出版社，2017.

范雨臣，张零贵.生活在约旦河西岸［M］.中国广播电视出版社，2006.

冯基华.犹太文化与以色列社会政治发展［M］.北京：社会科学文献出版社，2010.

雷钰，苏瑞林.中东国家通史·埃及卷［M］.北京：商务印书馆，2003.

李强.军事占领制度研究［M］.北京：法律出版社，2014.

李兴刚.阿以冲突中的犹太定居点问题研究[M].昆明：云南大学出版社,2011.

刘擎.悬而未决的时刻：现代性论域中的西方思想[M].北京：新星出版社,2006.

潘光,余建华,王健.犹太民族复兴之路[M].上海：上海社会科学院出版社,1998.

彭树智(主编).阿拉伯国家简史(修订版)[M].福州：福建人民出版社,1999.

彭树智(主编).二十世纪中东史(第二版)[M].北京：北京高等教育出版社,2001.

肖宪.中东国家通史·以色列卷[M].北京：商务印书馆,2001.

徐向群,宫少明(主编).中东和谈史：1913—1995 年[M].北京：中国社会科学出版社, 1998.

徐新.反犹主义：历史与现状[M].北京：人民出版社,2015.

徐新,凌继尧(主编).犹太百科全书[M].上海：上海人民出版社,1993.

杨辉.中东国家通史·巴勒斯坦卷[M].北京：商务印书馆,2002.

杨曼苏.今日以色列[M].昆明：云南人民出版社,2014.

杨伟国,王燕芬.见证巴勒斯坦[M].北京：世界知识出版社,2014.

王立新.古代以色列历史文献、历史框架、历史观念研究[M].北京：北京大学出版社, 2004.

王铁铮.中东国家通史·约旦卷[M].北京：商务印书馆,2005.

王新刚.中东国家通史·叙利亚和黎巴嫩卷[M].北京：商务印书馆,2003.

王新刚,王立红.中东和平进程[M].北京：时事出版社,2012.

王彦敏.以色列政党政治研究[M].北京：人民出版社,2014.

阎瑞松(主编).以色列政治[M].西安：西北大学出版社,1995.

伊崇敬(主编).中东问题 100 年(1897—1997)[M].北京：新华出版社,1999.

殷罡(主编).阿以冲突——问题与出路[M].北京：国际文化出版公司,2002.

张倩红.以色列史[M].北京：人民出版社,2008.

张倩红,胡浩,艾仁贵.犹太史研究新维度：国家形态·历史观念·集体记忆[M].北京： 人民出版社,2015.

著作(译著)：

[以]阿伦·布雷格曼.以色列史[M].杨军,译,上海：东方出版中心,2015.

[英]巴里·布赞,等.地区安全复合体与国际安全结构[M].潘忠岐,孙霞,等译,上海：上 海人民出版社,2010.

[以]丹·拉维夫,[以]尼西姆·米沙尔.犹太民族的领袖们[M].施冬键,编译,北京：清 华大学出版社,2019.

[比]布鲁诺·考彼尔斯特斯,[美]尼克·福臣,[中]时殷虹(主编).战争的道德制约：冷战 后局部战争的哲学思考[M],北京：法律出版社,2003.

[美]查姆·伯曼特.犹太人[M].冯玮,译,上海：上海三联书店,1991.

[以]格瓦蒂.以色列移民与开发百年史:1880—1980年[M].何大明,译,北京:中国社会
　科学出版社,1996.

[荷]胡果·格劳秀斯,[美]A.C.坎贝尔,英译.战争与和平法[M].何勤华,等,译,上海:
　上海人民出版社,2017.

[德]卡尔·冯·克劳塞维茨.战争论[M].时殷弘,译,北京:商务印书馆,2016.

[德]卡尔·施密特.大地的法[M].刘毅,张陈果,译,上海:上海人民出版社,2017.

[美]肯尼思·华尔兹.国际政治理论[M].信强,译,上海:上海人民出版社,2017.

[美]劳伦斯·迈耶.今日以色列[M].钱乃复,李越,章蟾华,译,北京:新华出版社,1987.

[英]马尔科姆·N.肖.国际法(第六版)[M].白桂梅,高健军,朱利江,李永胜,梁晓晖,
　译,北京:北京大学出版社,2011.

[美]威廉·匡特.中东和平进程:1967年以来的美国外交关系和阿以冲突[M].饶淑莹·
　郭素琴,夏慧芳译,上海:华东师范大学出版社,2009.

[英]沃尔特·拉克.犹太复国主义史[M].徐方,阎瑞松,译,上海:上海三联书店,1992.

[美]塞缪尔·亨廷顿.文明的冲突与世界秩序的重建[M].周琪,刘绯,张立平,等译,北
　京:新华出版社,2002.

[英]塞西尔·罗斯.简明犹太民族史[M].黄福武,王丽丽,等译,济南:山东大学出版
　社,2005.

[以]S.N.艾森斯塔特.比较视野下的犹太文化[M].胡浩,刘丽娟,张瑞,译,北京:中信
　出版社,2019.

[以]唐纳·罗森塔尔.以色列人——特殊国土上的普通人[M].徐文晓,程伟民,译,上·
　海:华东师范大学出版社,2009.

[古希腊]亚里士多德.政治学[M].吴寿彭,译,北京:商务印书馆,1965.

[以]依高·普里莫拉兹,编.恐怖主义研究——哲学上的争议[M].周展,曹瑞涛,王俊,
　译,杭州:浙江大学出版社,2010.

[德]尤利乌斯·威尔豪森.古以色列史[M].乔戈,译,上海:上海三联书店,2015.

[美]约翰·米勒.残留的战争[M].王俊生,文雅,译,北京:中国人民大学出版社,2011.

[英]詹姆斯·巴尔.瓜分沙洲:英国、法国与塑造中东的斗争[M].北京:社会科学文献
　出版社,2018.

圣经(中文本)[M].中国基督教协会,南京:2000.苏出准印JSE-002666.

　　期刊:

艾仁贵.一个还是多个:认同极化与当代以色列的身份政治困境[J].西亚非洲,2020(4).

包澄章.巴勒斯坦问题与中东地缘政治的发展[J].阿拉伯世界研究,2015(3).

车效梅.苏联对以色列建国政策透析[J].西亚非洲,2003(4).

陈双庆.巴勒斯坦问题:中国可发挥更大作用[J].现代国际关系,2015(12).

陈天社.约旦对巴勒斯坦问题的政策及影响[J].郑州大学学报(哲学社会科学版),
    2008(4).

贺雅琴.犹太定居点问题研究[J].长治学院学报,2009(4).

李平民.巴以冲突与国际政治[J].阿拉伯世界研究,2001(3).

李玮.浅析巴以关系中以色列的不对称共处策略[J].宁夏社会科学,2015(1).

林燕.欧盟在巴以冲突中的外交政策[J].西亚非洲,2004(3).

隆娅琳.巴勒斯坦历史记忆中的认同建构[J].湖北第二师范学院学报,2019(5).

欧振华,傅有德.信仰者集团与西岸犹太宗教-政治定居点问题研究[J].山东大学学报
    (哲学社会科学版),2018(5).

逄锐之.美国在亚太地区的离岸制衡战略——从小布什政府到特朗普政府[J].南开学报
    (哲学社会科学版),2019(6).

邵丽英.俄国对以色列外交政策的演变及发展趋势[J].西亚非洲,1999(4).

宋德星.以色列犹太移民定居点政策探析[J].西亚非洲,1998(1).

王宁.论以色列阿拉伯人的政治参与[J].阿拉伯世界研究,2010(3).

王亚宁.论以色列与联合国的关系[J].山西师大学报(社会科学版),2006,33(2).

王亚宁.犹太民族与土地的特殊关系[J].世界民族,2006(6).

王京烈.巴以冲突:理论建构与前瞻分析[J].阿拉伯世界研究,2006(1).

杨曼苏.苏以关系发展的历程[J].俄罗斯研究,2004(1).

吴诗尧.政党意识形态视角下的以色列工党兴衰分析[J].阿拉伯世界研究,2020(5).

张玉龙.巴勒斯坦问题的由来与中东和平进程[J].渤海学刊,1996(3/4).

张腾欢.谁拥有巴勒斯坦:爱因斯坦、卡勒与希提关于犹太民族权利的争论[J].阿拉伯世
    界研究,2020(5).

张馨心.俄罗斯裔犹太移民在以色列的地位及影响[J].阿拉伯世界研究,2020(3).

周士新.以色列国家安全的现实主义解读[J].江南社会学院学报,2008(1).

赵克仁.阿拉伯国家在巴以问题上的民族主义[J].阿拉伯世界研究,2002(3).

赵克仁.联合国与中东和平进程[J].现代国际关系,2002(5).

赵克仁.因提法达与巴以和平进程[J].世界历史,1996(6).

赵萱.重建领土观:东耶路撒冷的领土/土地争夺——批判地缘政治视角下的巴以冲突
    [J].世界民族,2019(5).

姚惠娜.论巴勒斯坦建国困境形成的因素[J].郑州大学学报(哲学社会科学版),2017(4).

殷罡.以色列—巴勒斯坦最终地位谈判要点[J].亚非纵横,1999(4).

    学位论文:

田俊才.阿拉伯联盟对巴勒斯坦政策的演变(1945—1989 年)[D].河北师范大学,2006.

王颖.巴勒斯坦被占领土犹太定居点问题研究[D].延安大学,2017.

张艳明. 以色列在巴勒斯坦被占领土上的政策与实践研究[D]. 西北大学, 2005.

（五）电子文献

电子书籍：

Germany Virtual Jewish History Tour [M/OL]. Jewish Virtual Library. https://www. jewishvirtuallibrary. org/germany-virtual-jewish-history-tour

电子期刊：

Anita Shapira. The Failuer of Israel's "New Historians" to Explain War and Peace [J/OL]. The New Republic, 2000 – 12 – 01. http://ontology. buffalo. edu/smith/courses01/rrtw/Shapira. htm

Anne Irfan. Is Jerusalem International or Palestinian? Rethinking UNGA Resolution 181 [J/OL]. Jerusalem Quarterly, Vol. 70, 2017, PDF: pp. 52 – 61. https://oldwebsite. palestine-studies. org/jq/abstract/214129

Howard Grief. Applying Constitutional Law to the 1967 Liberation of Judea, Samaria and Gaza (Biblical Israel) [J/OL]. THINK-ISRAEL, 2007 – 09/10. http://www. think-israel. org/grief. letterstoshamgar. html

Howard Grief. The Origin of the Occupation Myth [J/OL]. THINK-ISRAEL, 2007 – 09/10. http://www. think-israel. org/grief. occupationmyth. html

Jonathan Marks. How BDS Is Undermining Academic Freedom [J/OL]. Mosaic Magazine, 2018 – 04 – 18. https://mosaicmagazine. com/observation/israel-zionism/2018/04/how-bds-is-undermining-academic-freedom/

Ian Manners. The Concept of Normative Power in World Politics [J/OL]. Danish Institute for International Studies (DIIS), 2009. http://www. jstor. com/stable/resrep13211

Steven J. Rosen. Israeli Settlements, American Pressure, and Peace [J/OL]. Jewish Political Studies Review, 2012 – 05 – 04. https://jcpa. org/article/israeli-settlements-american-pressure-and-peace-2/

Team. Boycott Movement Claims Victory as Veolia Ends All Investment in Israel [J/OL]. Newsweek, 2015 – 06 – 30. https://jewishbusinessnews. com/2015/09/04/boycott-movement-claims-victory-as-veolia-ends-all-investment-in-israel/

电子综合文献：

AFP. Germany condemns Israeli settlement plans [EB/OL]. The Local, 2012 – 12 – 03. https://www. thelocal. de/20121203/46535/

Avishay Ben-Sasson Gordis. Israel's National Security and West Bank Settlements [EB/PDF]. Molad, 2017. http://www. molad. org/images/upload/files/settleeng. pdf

Avi Shlaim. By recognising Palestine, Britain can help right the wrongs of the Balfour declaration [EB/OL]. https://balfourproject. org/right-the-wrongs/

Bernard Avishai. The EU vs BDS: the Politics of Israel Sanctions [EB/OL]. New Yorker, 2016 - 01 - 22. https://newyorker. com/news/news-desk/the-e-u-vs-b-d-s-the-politics-of-israel-sanctions

Cablegram Dated 15 May 1948 Addressed to the Secretary-General by the Secretary-General of the League of Arab States [EB/OL]. United Nations Security Council, S/745, 15 May 1948.

Clyde R. Mark. Israeli-United States Relations [EB/PDF]. CRS Issue Brief for Congress, 2004. https://www. econstor. eu/bitstream/10419/59817/1/718157125. pdf

Emil Grunzweig. The officers letter. 2002 - 02 - 02 [EB/OL]. https://www. peacelink. nu/Militarnekt/Israel_officers_letter. html

EU statement on the Eighth Meeting of the EU-Israel Association Council [EB/PDF]. Council of the European Union, 2008 - 06 - 16. http://www. europarl. europa. eu/meetdocs/2004_2009/documents/dv/association_counc/association_council. pdf

European Council Conclusions on the Middle East Peace Process [EB/PDF]. Council of the European Union, 2013 - 12 - 16. http://www. consilium. europa. eu/uedocs/cms data/docs/pressdata/EN/foraff/140097. pdf

Israel's Wall and the International Court of Justice [EB/OL]. 2004 - 07 - 01. https://www. nad. ps/en/publication-resources/faqs/israel% E2% 80% 99s-wall-and-international-court-justice

OQR to be renamed Office of the Quartet [EB/OL]. 2015 - 06 - 11. https://unispal. un. org/DPA/DPR/unispal. nsf/0/F4B0732299D7FDC885257E62004A2306

Peace to Prosperity: A Vision to Improve the Lives of the Palestinian and Israeli People [EB/PDF]. https://www. whitehouse. gov/wp-content/uploads/2020/01/Peace-to-Prosperity-0120. pdf

Susan Rice. Speech to the UN Security Council on Settlement Res [EB/OL]. New York, 2011 - 02 - 18. https://www. americanrhetoric. com/speeches/susanriceunstmtisraelisettlements. htm

The Question of Palestine and the United Nations [EB/PDF]. United Nations, New York, 2008. https://unispal. un. org/pdfs/DPI2499. pdf

Yehuda Shaul. Trump's Middle East Peace Plan Isn't New. It Plagiarized a 40-Year-Old Israeli Initiative. [EB/OL]. https://foreignpolicy. com/2020/02/11/trump-middle-east-peace-plan-isnt-new-israeli-palestinian-drobles/

中东四方报告-报告 [EB/OL]. 2016 - 01 - 07. https://www. un. org/unispal/document/auto-insert-181686/

（六）机构与媒体网址

机构组织类：

联合国"联合国文件"（中文）：https://www. un. org/zh/sections/documents/general-assembly-resolutions/index. html

联合国巴勒斯坦问题(中文)：https：//www.un.org/unispal/zh

联合国人道主义事务协调厅(OCHA)：https：//www.unocha.org

联合国人权高级专员办事处(中文)：https：//www.ohchr.org/CH/Pages/Home.aspx

以色列议会：https：//main.knesset.gov.il

以色列外交部：https：//mfa.gov.il/MFA/Pages/default.aspx

以色列中央统计局：https：//www.cbs.gov.il

巴勒斯坦解放组织(巴解)：http：//www.plo.ps/en

阿拉伯国家联盟(阿盟)：http：//www.leagueofarabstates.net/ar/Pages/default.aspx

抵制、撤资和制裁(BDS)网：https：//bdsmovement.net

中东和平基金会：http：//www.fmep.org

现在就和平(Peace Now)：https：//peacenow.org.il

莫拉德(Mmolad,以色列民主复兴中心)主页：http：//www.molad.org;定居点问题入
　　口：http：//www.molad.org/en/projects/items.php? fields＝202

神形(以色列占领领土人权信息中心)(B'tselem)：https：//www.btselem.org

凡事有个极限(Yesh Dvul)：http：//www.yesh-gvul.org.il

打破沉默(Breaking the Silence)：https：//www.breakingthesilence.org.il

媒体资源类：

国土报(Haaretz)(以色列报纸)：https：//www.haaretz.com

耶路撒冷邮报(The Jerusalem Post)：https：//www.jpost.com

以色列时报(The Timesof Israel)：https：//www.timesofisrael.com

Ynet(以色列在线希伯来语新闻媒体)：https：//www.ynet.co.il/home/0,7340,L-8,
　　00.html

WAFA 通讯社(巴勒斯坦的通讯社)：https：//english.wafa.ps/

Al-Ayyam("الأيام",巴勒斯坦阿拉伯语报纸)：https：//www.al-ayyam.ps/

巴勒斯坦纪事报(Palestine Chronicle)：https：//www.palestinechronicle.com/

阿拉伯新闻(Arab News)(沙特阿拉伯报纸)：https：//www.arabnews.com

BBC：https：//www.bbc.com/

路透社(Reuters)：https：//www.reuters.com/

美联社：https：//apnews.com/

思想-以色列(THINK-ISRAEL)线上杂志：http：//think-israel.org

政治事实(Politifact)：https：//www.politifact.com

以巴冲突交互式数据库(The Israeli-Palestinian Conflict：Interactive Database)：
　　https：//ecf.org.il

维基解密：https：//Wikipedia.org